Curiosités Esthétiques: Salon 1845-1859

Charles Baudelaire

ŒUVRES COMPLÈTES

DE

CHARLES BAUDELAIRE

II

CURIOSITÉS ESTHÉTIQUES

PARIS. — J. CLAYE, IMPRIMEUR, 7, RUE SAINT-BENOIT. — [668]

CURIOSITÉS

ESTHÉTIQUES

PAR

CHARLES BAUDELAIRE

M · L

PARIS

MICHEL LÉVY FRÈRES, LIBRAIRES ÉDITEURS

RUE VIVIENNE, 2 BIS, ET BOULEVARD DES ITALIENS, 15

A LA LIBRAIRIE NOUVELLE

—

1868

CURIOSITÉS ESTHÉTIQUES

I

SALON DE 1845

I

QUELQUES MOTS D'INTRODUCTION

Nous pouvons dire au moins avec autant de justesse qu'un écrivain bien connu à propos de ses petits livres : ce que nous disons, les journaux n'oseraient l'imprimer. Nous serons donc bien cruels et bien insolents? non pas, au contraire, impartiaux. Nous n'avons pas d'amis, c'est un grand point, et pas d'ennemis. — Depuis M. G. Planche, un paysan du Danube dont l'éloquence impérative et savante s'est tue au grand regret des sains esprits, la critique des journaux, tantôt niaise, tantôt furieuse, jamais indépendante, a, par ses mensonges et ses camaraderies effrontées, dégoûté le bourgeois de ces utiles guide-ânes qu'on nomme comptes rendus de Salons[1].

Et tout d'abord, à propos de cette impertinente appellation, le *bourgeois,* nous déclarons que nous ne partageons nullement les préjugés de nos grands confrères *artistiques* qui se sont évertués depuis plusieurs années à jeter l'anathème sur cet être inoffensif qui ne demanderait pas mieux que d'aimer la bonne peinture, si ces messieurs savaient la lui faire comprendre, et si les artistes la lui montraient plus souvent.

Ce mot, qui sent l'argot d'atelier d'une lieue, devrait être supprimé du dictionnaire de la critique.

Il n'y a plus de bourgeois, depuis que le bourgeois — ce qui prouve sa bonne volonté à devenir artistique, à l'égard des feuilletonistes — se sert lui-même de cette injure.

En second lieu le bourgeois — puisque bourgeois il y a — est fort respectable; car il faut plaire à ceux aux frais de qui l'on veut vivre.

Et enfin, il y a tant de bourgeois parmi les artistes, qu'il vaut mieux, en somme, supprimer un mot qui ne caractérise aucun vice particulier de caste, puisqu'il peut s'appliquer également aux uns, qui ne demandent pas mieux que de ne plus le mériter, et aux

1. Citons une belle et honorable exception, M. Delécluze, dont nous ne partageons pas toujours les opinions, mais qui a toujours su sauvegarder ses franchises, et qui sans fanfares ni emphase a eu souvent le mérite de dénicher les talents jeunes et inconnus.

autres, qui ne se sont jamais doutés qu'ils en étaient dignes.

C'est avec le même mépris de toute opposition et de toutes criailleries systématiques, opposition et criailleries devenues banales et communes[1], c'est avec le même esprit d'ordre, le même amour du bon sens, que nous repoussons loin de cette petite brochure toute discussion, et sur les jurys en général, et sur le jury de peinture en particulier, et sur la réforme du jury devenue, dit-on, nécessaire, et sur le *mode et la fréquence* des expositions, etc... D'abord il faut un jury, ceci est clair — et quant au retour annuel des expositions, que nous devons à l'esprit éclairé et libéralement paternel d'un roi à qui le public et les artistes doivent la jouissance de six musées (la galerie des Dessins, le supplément de la galerie Française, le musée Espagnol, le musée Standish, le musée de Versailles, le musée de Marine), un esprit juste verra toujours qu'un grand artiste n'y peut que gagner, vu sa fécondité naturelle, et qu'un médiocre n'y peut trouver que le châtiment mérité.

Nous parlerons de tout ce qui attire les yeux de la foule et des artistes; — la conscience de notre métier nous y oblige. — Tout ce qui plaît a une raison de plaire, et mépriser les attroupements de ceux qui s'égarent n'est pas le moyen de les ramener où ils devraient être.

1. Les réclamations sont peut-être justes, mais elles sont criailleries, parce qu'elles sont devenues systématiques.

Notre méthode de discours consistera simplement à diviser notre travail en tableaux d'histoire et portraits — tableaux de genre et paysages — sculpture — gravures et dessins, et à ranger les artistes suivant l'ordre et le grade que leur a assignés l'estime publique.

8 mai 1845.

II

TABLEAUX D'HISTOIRE

DELACROIX

M. Delacroix est décidément le peintre le plus original des temps anciens et des temps modernes. Cela est ainsi, qu'y faire? Aucun des amis de M. Delacroix, et des plus enthousiastes, n'a osé le dire simplement, crûment, impudemment, comme nous. Grâce à la justice tardive des heures qui amortissent les rancunes, les étonnements et les mauvais vouloirs, et emportent lentement chaque obstacle dans la tombe, nous ne sommes plus au temps où le nom de M. Delacroix était un motif à signe de croix pour les *arriéristes,* et un symbole de ralliement pour toutes les oppositions, intelligentes ou non; ces *beaux temps* sont passés. M. Delacroix restera toujours un peu contesté, juste autant qu'il faut pour ajouter quelques éclairs à son auréole. Et tant mieux! Il a le droit d'être toujours jeune, car il ne nous a pas trompés, lui, il ne nous a pas menti comme quelques idoles ingrates que nous avons portées dans nos panthéons. M. Delacroix n'est pas encore de l'Académie, mais il en fait partie moralement; dès longtemps il a tout dit, dit tout ce qu'il faut pour être le premier — c'est convenu; — il ne lui reste plus — prodigieux tour de force d'un génie sans cesse en quête du neuf — qu'à progresser dans la voie du bien — où il a toujours marché.

M. Delacroix a envoyé cette année quatre tableaux :

1° LA MADELEINE DANS LE DÉSERT

C'est une tête de femme renversée dans un cadre très-étroit. A droite dans le haut, un petit bout de ciel ou de rocher — quelque chose de bleu; — les yeux de la Madeleine sont fermés, la bouche est molle et languissante, les cheveux épars. Nul, à moins de la voir, ne peut imaginer ce que l'artiste a mis de poésie intime, mystérieuse et romantique dans cette simple tête. Elle est peinte presque par hachures comme beaucoup de peintures de M. Delacroix; les tons, loin d'être éclatants ou intenses, sont très-doux et très-modérés; l'aspect est presque gris, mais d'une harmonie parfaite. Ce tableau nous démontre une vérité soupçonnée depuis longtemps et plus claire encore dans un autre tableau dont nous parlerons tout à l'heure; c'est que M. Delacroix est plus fort que jamais, et dans une voie de progrès sans cesse renaissante, c'est-à-dire qu'il est plus que jamais harmoniste.

2° DERNIÈRES PAROLES DE MARC-AURÈLE

Marc-Aurèle lègue son fils aux stoïciens. — Il est à moitié nu et mourant, et présente le jeune Commode, jeune, rose, mou et voluptueux et qui a l'air de s'ennuyer, à ses sévères amis groupés autour de lui dans des attitudes désolées.

Tableau splendide, magnifique, sublime, incompris. — Un critique connu a fait au peintre un grand éloge d'avoir placé Commode, c'est-à-dire l'avenir, dans la lumière; les stoïciens, c'est-à-dire le passé, dans l'ombre; — que d'esprit! Excepté deux figures dans la demi-teinte, tous les personnages ont leur portion de lumière. Cela nous rappelle l'admiration d'un littérateur républicain qui félicitait sincèrement le grand Rubens d'avoir, dans un de ses tableaux officiels de la galerie Médicis, débraillé l'une des bottes et le bas de Henri IV, trait de satire indépendante, coup de griffe libéral contre la débauche royale. Rubens sans-culotte! ô critique! ô critiques!...

Nous sommes ici en plein Delacroix, c'est-à-dire que nous avons devant les yeux l'un des spécimens les plus complets de ce que peut le génie dans la peinture.

Cette couleur est d'une science incomparable, il n'y a pas une seule faute, — et, néanmoins, ce ne sont que tours de force — tours de force invisibles à l'œil inattentif, car l'harmonie est sourde et profonde; la couleur, loin de perdre son originalité cruelle dans cette science nouvelle et plus complète, est toujours sanguinaire et terrible. — Cette pondération du vert et du rouge plaît à notre âme. M. Delacroix a même introduit dans ce tableau, à ce que nous croyons du moins, quelques tons dont il n'avait pas encore l'usage habituel. — Ils se font bien valoir les uns les autres. — Le fond est aussi sérieux qu'il le fallait pour un pareil sujet.

Enfin, disons-le, car personne ne le dit, ce tableau est parfaitement bien dessiné, parfaitement bien modelé. — Le public se fait-il bien une idée de la difficulté qu'il y a à modeler avec de la couleur? La difficulté est double, — modeler avec un seul ton, c'est modeler avec une estompe, la difficulté est simple; — modeler avec de la couleur, c'est dans un travail subit, spontané, compliqué, trouver d'abord la logique des ombres et de la lumière, ensuite la justesse et l'harmonie du ton; autrement dit, c'est, si l'ombre est verte et une lumière rouge, trouver du premier coup une harmonie de vert et de rouge, l'un obscur, l'autre lumineux, qui rendent l'effet d'un objet monochrome et *tournant*.

Ce tableau est parfaitement bien dessiné. Faut-il, à propos de cet énorme paradoxe, de ce blasphème impudent, répéter, réexpliquer ce que M. Gautier s'est donné la peine d'expliquer dans un de ses feuilletons de l'année dernière, à propos de M. Couture — car M. Th. Gautier, quand les œuvres vont bien à son tempérament et à son éducation littéraires, commente bien ce qu'il sent juste — à savoir qu'il y a deux genres de dessins, le dessin des coloristes et le dessin des dessinateurs? Les procédés sont inverses; mais on peut bien dessiner avec une couleur effrénée, comme on peut trouver des masses de couleur harmonieuses, tout en restant dessinateur exclusif.

Donc, quand nous disons que ce tableau est bien dessiné, nous ne voulons pas faire entendre qu'il est dessiné comme un Raphaël; nous voulons dire qu'il est dessiné d'une manière impromptue et spirituelle; que ce genre de dessin, qui a quelque analogie avec celui de tous les grands coloristes, de Rubens par exemple, rend bien, rend parfaitement le mouvement, la physionomie, le caractère insaisissable et tremblant de la nature, que le dessin de Raphaël ne rend jamais. — Nous ne connaissons, à Paris, que deux hommes qui dessinent aussi bien que M. Delacroix, l'un d'une manière analogue, l'autre dans une méthode contraire. — L'un est M. Daumier, le caricaturiste; l'autre, M. Ingres, le grand peintre, l'adorateur rusé de Raphaël. — Voilà certes qui doit stupéfier les amis et les ennemis, les séides et les antagonistes; mais avec une attention lente et studieuse, chacun verra que ces trois *dessins* différents ont ceci de commun, qu'ils rendent parfaitement et complétement le côté de la nature qu'ils veulent rendre, et qu'ils disent juste ce qu'ils veulent dire. — Daumier dessine peut-être mieux que Delacroix, si l'on veut préférer les qualités saines, bien portantes, aux facultés étranges et éton-

nantes d'un grand génie malade de génie; M. Ingres, si amoureux du détail, dessine peut-être mieux que tous les deux, si l'on préfère les finesses laborieuses à l'harmonie de l'ensemble, et le caractère du morceau au caractère de la composition, mais . . . . . .
. . . .
. . . .
. . . .
. . . .
. . . .
aimons-les tous les trois.

3° UNE SIBYLLE QUI MONTRE LE RAMEAU D'OR

C'est encore d'une belle et originale couleur. — La tête rappelle un peu l'indécision charmante des dessins sur Hamlet. — Comme modelé et comme pâte, c'est incomparable ; l'épaule nue vaut un Corrége.

4° LE SULTAN DU MAROC ENTOURÉ DE SA GARDE ET DE SES OFFICIERS

Voilà le tableau dont nous voulions parler tout à l'heure quand nous affirmions que M. Delacroix avait progressé dans la science de l'harmonie. — En effet, déploya-t-on jamais en aucun temps une plus grande coquetterie musicale? Véronèse fut-il jamais plus féerique? Fit-on jamais chanter sur une toile de plus capricieuses mélodies? un plus prodigieux accord de tons nouveaux, inconnus, délicats, charmants? Nous en appelons à la bonne foi de quiconque connaît son vieux Louvre; — qu'on cite un tableau de grand coloriste, où la couleur ait autant d'esprit que dans celui de M. Delacroix. — Nous savons que nous serons compris d'un petit nombre, mais cela nous suffit. — Ce tableau est si harmonieux, malgré la splendeur des tons, qu'il en est gris — gris comme la nature — gris comme l'atmosphère de l'été, quand le soleil étend comme un crépuscule de poussière tremblante sur chaque objet. — Aussi ne l'aperçoit-on pas du premier coup; — ses voisins l'assomment. — La composition est excellente; — elle a quelque chose d'inattendu parce qu'elle est vraie et naturelle. . . . . . .

. . . .

. . . .

P. S. On dit qu'il y a des éloges qui compromettent, et que mieux vaut un sage ennemi..., etc. Nous ne croyons pas, nous, qu'on puisse compromettre le génie en l'expliquant.

HORACE VERNET

Cette peinture africaine est plus froide qu'une belle journée d'hiver. — Tout y est d'une blancheur et d'une clarté désespérantes. L'unité, nulle; mais une foule de petites anecdotes intéressantes — un vaste panorama de cabaret; — en général, ces sortes de décorations sont divisées en manière de compartiments ou d'actes, par un arbre, une grande montagne, une caverne, etc. M. Horace Vernet a suivi la même méthode; grâce à cette méthode de feuilletoniste, la mémoire du spectateur retrouve ses jalons, à savoir : un grand chameau, des biches, une tente, etc... — vraiment c'est une douleur que de voir un homme d'esprit patauger dans l'horrible. — M. Horace Vernet n'a donc jamais vu les Rubens, les Véronèse, les Tintoret, les Jouvenet, morbleu!...

WILLIAM HAUSSOULLIER

Que M. William Haussoullier ne soit point surpris, d'abord, de l'éloge violent que nous allons faire de son tableau, car ce n'est qu'après l'avoir consciencieusement et minutieusement analysé que nous en avons pris la résolution; en second lieu, de l'accueil brutal et malhonnête que lui fait un public français, et des éclats de rire qui passent devant lui. Nous avons vu plus d'un critique, important dans la presse, lui jeter en passant son petit mot pour rire — que l'auteur n'y prenne pas garde. — Il est beau d'avoir un succès à la *Saint-Symphorien*.

Il y a deux manières de devenir célèbre : par agrégation de succès annuels, et par coup de tonnerre. Certes le dernier moyen est le plus original. Que l'auteur songe aux clameurs qui accueillirent le *Dante et Virgile*, et qu'il persévère dans sa propre voie; bien des railleries malheureuses tomberont encore sur cette œuvre, mais elle restera dans la mémoire de quiconque a de l'œil et du sentiment; puisse son succès aller toujours croissant, car il doit y avoir succès.

Après les tableaux merveilleux de M. Delacroix, celui-ci est véritablement le morceau capital de l'Exposition; disons mieux, il est, dans un certain sens toutefois, le tableau unique du Salon de 1845; car M. Delacroix est depuis longtemps un génie illustre, une gloire acceptée et accordée; il a donné cette année quatre tableaux; M. William Haussoullier hier était inconnu, et il n'en a envoyé qu'un.

Nous ne pouvons nous refuser le plaisir d'en donner d'abord une description, tant cela nous paraît gai et délicieux à faire. — C'est la *Fontaine de Jouvence;* — sur le premier plan trois groupes; — à gauche, deux jeunes gens, ou plutôt deux rajeunis, les yeux dans les yeux, causent de fort près, et ont l'air de faire l'amour allemand. — Au milieu, une femme vue de dos, à moitié nue, bien blanche, avec des cheveux bruns crespelés, jase aussi en souriant avec son partenaire; elle a l'air plus sensuel, et tient encore un miroir où elle vient de se regarder — enfin, dans le coin à droite, un homme vigoureux et élégant— une tête ravissante, le front un peu bas, les lèvres un peu fortes — pose en souriant son verre sur le gazon pendant que sa compagne verse quelque élixir merveilleux dans le verre d'un long et mince jeune homme debout devant elle.

Derrière eux, sur le second plan, un autre groupe

étendu tout de son long sur l'herbe : — ils s'embrassent. — Sur le milieu du second, une femme nue et debout, tord ses cheveux d'où dégouttent les derniers pleurs de l'eau salutaire et fécondante; une autre, nue et à moitié couchée, semble comme une chrysalide, encore enveloppée dans la dernière vapeur de sa métamorphose. — Ces deux femmes, d'une forme délicate, sont vaporeusement, outrageusement blanches; elles commencent pour ainsi dire à reparaître. Celle qui est debout a l'avantage de séparer et de diviser symétriquement le tableau. Cette statue, presque vivante, est d'un excellent effet, et sert, par son contraste, les tons violents du premier plan, qui en acquièrent encore plus de vigueur. La fontaine, que quelques critiques trouveront sans doute un peu *Séraphin,* cette fontaine fabuleuse nous plaît; elle se partage en deux nappes, et se découpe, se fend en franges vacillantes et minces comme l'air. — Dans un sentier tortueux qui conduit l'œil jusqu'au fond du tableau, arrivent, courbés et barbus, d'heureux sexagénaires. — Le fond de droite est occupé par des bosquets où se font des ballets et des réjouissances.

Le sentiment de ce tableau est exquis; dans cette composition l'on aime et l'on boit, — aspect voluptueux — mais l'on boit et l'on aime d'une manière très-sérieuse, presque mélancolique. Ce ne sont pas des jeunesses fougueuses et remuantes, mais de secondes jeunesses qui connaissent le prix de la vie et qui en jouissent avec tranquillité.

Cette peinture a, selon nous, une qualité très-importante, dans un musée surtout — elle est très-voyante. — Il n'y a pas moyen de ne pas la voir. La couleur est d'une crudité terrible, impitoyable, téméraire même, si l'auteur était un homme moins fort; mais... elle est *distinguée*, mérite si couru par MM. de l'école d'Ingres.— Il y a des alliances de tons heureuses; il se peut que l'auteur devienne plus tard un franc coloriste. — Autre qualité énorme et qui fait les hommes, les vrais hommes, cette peinture a la foi — elle a la foi de sa beauté, — c'est de la peinture absolue, convaincue, qui crie : je veux, je veux être belle, et belle comme je l'entends, et je sais que je ne manquerai pas de gens à qui plaire.

Le dessin, on le devine, est aussi d'une grande volonté et d'une grande finesse; les têtes ont un joli caractère. — Les attitudes sont toutes bien trouvées. — L'élégance et la *distinction* sont partout le signe particulier de ce tableau.

Cette œuvre aura-t-elle un succès prompt? Nous l'ignorons. — Un public a toujours, il est vrai, une conscience et une bonne volonté qui le précipitent vers le vrai; mais il faut le mettre sur une pente et lui imprimer l'élan, et notre plume est encore plus ignorée que le talent de M. Haussoullier.

Si l'on pouvait, à différentes époques et à diverses reprises, faire une exhibition de la même œuvre, nous pourrions garantir la justice du public envers cet artiste.

Du reste, sa peinture est assez osée pour bien porter les affronts, et elle promet un homme qui sait assumer la responsabilité de ses œuvres; il n'a donc qu'à faire un nouveau tableau.

Oserons-nous, après avoir si franchement déployé nos sympathies (mais notre vilain devoir nous oblige à penser à tout), oserons-nous dire que le nom de Jean Bellin et de quelques Vénitiens des premiers temps nous a traversé la mémoire, après notre douce contemplation? M. Haussoullier serait-il de ces hommes qui en savent trop long sur leur art? C'est là un fléau bien dangereux, et qui comprime dans leur naïveté bien d'excellents mouvements. Qu'il se défie de son érudition, qu'il se défie même de son goût — mais c'est là un illustre défaut, — et ce tableau contient assez d'originalité pour promettre un heureux avenir.

DECAMPS

Approchons vite — car les Decamps allument la curiosité d'avance — on se promet toujours d'être surpris — on s'attend à du nouveau — M. Decamps nous a ménagé cette année une surprise qui dépasse toutes celles qu'il a travaillées si longtemps avec tant d'amour, voire les Crochets et les Cimbres; M. Decamps a fait du Raphaël et du Poussin. — Eh! mon Dieu! — oui.

Hâtons-nous de dire que, pour corriger ce que cette phrase a d'exagéré, que jamais imitation ne fut mieux dissimulée ni plus savante — il est bien permis, il est louable d'imiter ainsi.

Franchement — malgré tout le plaisir qu'on a à lire dans les œuvres d'un artiste les diverses transformations de son art et les préoccupations successives de son esprit, nous regrettons un peu l'ancien Decamps.

Il a, avec un esprit de choix qui lui est particulier, entre tous les sujets bibliques, mis la main sur celui qui allait le mieux à la nature de son talent; c'est l'histoire étrange, baroque, épique, fantastique, mythologique de Samson, l'homme aux travaux impossibles, qui dérangeait les maisons d'un coup d'épaule — de cet antique cousin d'Hercule et du baron de Munchhausen. — Le premier de ces dessins — l'apparition de l'ange dans un grand paysage — a le tort de rappeler des choses que l'on connaît trop — ce ciel cru, ces quartiers de roches, ces horizons graniteux sont sus dès longtemps par toute la jeune école — et quoiqu'il soit vrai de dire que c'est M. Decamps qui les lui a enseignés, nous souffrons devant un Decamps de penser à M. Guignet.

Plusieurs de ces compositions ont, comme nous l'avons dit, une tournure très-italienne — et ce mélange de l'esprit des vieilles et grandes écoles avec l'esprit de M. Decamps, intelligence très-flamande à certains égards, a produit un résultat des plus curieux. — Par exemple, on trouvera à côté de figures qui affectent, heureusement du reste, une allure de grands tableaux, une idée de fenêtre ouverte par où le soleil vient éclairer le parquet de manière à réjouir le Flamand le plus *étudieur.* — Dans le dessin qui représente l'ébranlement du Temple, dessin composé comme un grand et magnifique tableau, — gestes, attitudes d'histoire — on reconnaît le génie de Decamps tout pur dans cette ombre volante de l'homme qui enjambe plusieurs marches, et qui reste éternellement suspendu en l'air. — Combien d'autres n'auraient pas songé à ce détail, ou du moins l'auraient rendu d'une autre manière! mais M. Decamps aime prendre la nature sur le fait, par son côté fantastique et réel à la fois — dans son aspect le plus subit et le plus inattendu.

Le plus beau de tous est sans contredit le dernier — le Samson aux grosses épaules, le Samson invincible est condamné à tourner une meule — sa chevelure, ou plutôt sa crinière n'est plus — ses yeux sont crevés — le héros est courbé au labeur comme un animal de trait — la ruse et la trahison ont dompté cette force terrible qui aurait pu déranger les lois de la nature. — A la bonne heure — voilà du Decamps, du vrai et du meilleur — nous retrouvons donc enfin cette ironie, ce fantastique, j'allais presque dire ce comique que nous regrettions tant à l'aspect des premiers. — Samson tire la machine comme un cheval; il marche pesamment et voûté avec une naïveté grossière — une naïveté de lion dépossédé, la tristesse résignée et presque l'abrutissement du roi des forêts, à qui l'on ferait traîner une charrette de vidanges ou du mou pour les chats.

Un surveillant, un geôlier, sans doute, dans une attitude attentive et faisant silhouette sur un mur, dans l'ombre, au premier plan — le regarde faire. — Quoi de plus complet que ces deux figures et cette meule? Quoi de plus intéressant? Il n'était même pas besoin de mettre ces curieux derrière les barreaux d'une ouverture — la chose était déjà belle et assez belle.

M. Decamps a donc fait une magnifique illustration et de grandioses vignettes à ce poëme étrange de Samson — et cette série de dessins où l'on pourrait peut-être blâmer quelques murs et quelques objets trop bien faits, et le mélange minutieux et rusé de la peinture et du crayon — est, à cause même des intentions nouvelles qui y brillent, une des plus belles surprises que nous ait faites cet artiste prodigieux, qui, sans doute, nous en prépare d'autres.

ROBERT FLEURY

M. Robert Fleury reste toujours semblable et égal à lui-même, c'est-à-dire un très-bon et très-curieux peintre. — Sans avoir précisément un mérite éclatant, et, pour ainsi dire, un genre de génie involontaire comme les premiers maîtres, il possède tout ce que donnent la volonté et le bon goût. La volonté fait une grande partie de sa réputation comme de celle de M. Delaroche. — Il faut que la volonté soit une faculté bien belle et toujours bien fructueuse, pour qu'elle suffise à donner un cachet, un style quelquefois violent à des œuvres méritoires, mais d'un ordre secondaire, comme celles de M. Robert Fleury. — C'est à cette volonté tenace, infatigable et toujours en haleine, que les tableaux de cet artiste doivent leur charme presque sanguinaire. — Le spectateur jouit de l'effort et l'œil boit la sueur. — C'est là surtout, répétons-le, le caractère principal et glorieux de cette peinture, qui, en somme, n'est ni du dessin, quoique M. Robert Fleury dessine très-spirituellement, ni de la couleur, quoiqu'il colore vigoureusement; cela n'est ni l'un ni l'autre, parce que cela n'est pas exclusif. — La couleur est chaude, mais la manière est pénible; le dessin habile, mais non pas original.

Son *Marino Faliero* rappelle imprudemment un magnifique tableau qui fait partie de nos plus chers souvenirs. — Nous voulons parler du *Marino Faliero* de M. Delacroix.— La composition était analogue; mais combien plus de liberté, de franchise et d'abondance!...

Dans l'*Auto-da-fé,* nous avons remarqué avec plaisir quelques souvenirs de Rubens, habilement transformés. — Les deux condamnés qui brûlent, et le vieillard qui s'avance les mains jointes. — C'est encore là, cette année, le tableau le plus original de M. Robert Fleury. — La composition en est excellente, toutes les intentions louables, presque tous les morceaux sont bien réussis. — Et c'est là surtout que brille cette faculté de volonté cruelle et patiente, dont nous parlions tout à l'heure. — Une seule chose est choquante, c'est la femme demi-nue, vue de face au premier plan; elle est froide à force d'efforts dramatiques. — De ce tableau, nous ne saurions trop louer l'exécution de certains morceaux. — Ainsi certaines parties nues des hommes qui se contorsionnent dans les flammes sont de petits chefs-d'œuvre. — Mais nous ferons remarquer que ce n'est que par l'emploi succèssif et patient de plusieurs moyens secondaires que l'artiste s'efforce d'obtenir l'effet grand et large du tableau d'histoire.

Son étude de *Femme nue* est une chose commune et qui a trompé son talent.

L'Atelier de Rembrandt est un pastiche très-curieux, mais il faut prendre garde à ce genre d'exercice. On risque parfois d'y perdre ce qu'on a.

Au total, M. Robert Fleury est toujours et sera longtemps un artiste éminent, distingué, chercheur, à qui il ne manque qu'un millimètre ou qu'un milligramme de n'importe quoi pour être un beau génie.

GRANET

a exposé *Un Chapitre de l'ordre du Temple*. Il est généralement reconnu que M. Granet est un maladroit plein de sentiment, et l'on se dit devant ses tableaux : « Quelle simplicité de moyens et pourtant quel effet! » Qu'y a-t-il donc là de si contradictoire? Cela prouve tout simplement que c'est un artiste fort adroit et qui déploie une science très-apprise dans sa spécialité de vieilleries gothiques ou religieuses, un talent très-roué et très-décoratif.

ACHILLE DEVÉRIA

Voilà un beau nom, voilà un noble et vrai artiste à notre sens.

Les critiques et les journalistes se sont donné le mot pour entonner un charitable *De profundis* sur le défunt talent de M. Eugène Devéria, et chaque fois qu'il prend à cette vieille gloire romantique la fantaisie de se montrer au jour, ils l'ensevelissent dévotement dans la *Naissance de Henri IV*, et brûlent quelques cierges en l'honneur de cette ruine. C'est bien, cela prouve que ces messieurs aiment le beau consciencieusement; cela fait honneur à leur cœur. Mais d'où vient que nul ne songe à jeter quelques fleurs sincères et à tresser quelques loyaux articles en faveur de M. Achille Devéria? Quelle ingratitude! Pendant de longues années, M. Achille Devéria a puisé, pour notre plaisir, dans son inépuisable fécondité, de ravissantes vignettes, de charmants petits tableaux d'intérieur, de gracieuses scènes de la vie élégante, comme nul keepsake, malgré les prétentions des réputations nouvelles, n'en a depuis édité. Il savait colorer la pierre lithographique; tous ses dessins étaient pleins de charmes, distingués, et respiraient je ne sais quelle rêverie amène. Toutes ses femmes coquettes et doucement sensuelles étaient les idéalisations de celles que l'on avait vues et désirées le soir dans les concerts, aux Bouffes, à l'Opéra ou dans les grands salons. Ces lithographies, que les marchands achètent trois sols et qu'ils vendent un franc, sont les représentantes fidèles de cette vie élégante et parfumée de la restauration, sur laquelle plane comme un ange protecteur le romantique et blond fantôme de la duchesse de Berry.

Quelle ingratitude! Aujourd'hui l'on n'en parle plus, et tous nos ânes routiniers et antipoétiques se sont amoureusement tournés vers les âneries et les niaiseries vertueuses de M. Jules David, vers les paradoxes pédants de M. Vidal.

Nous ne dirons pas que M. Achille Devéria a fait un excellent tableau — mais il a fait un tableau — *Sainte Anne instruisant la Vierge,* — qui vaut surtout par des qualités d'élégance et de composition habile, — c'est plutôt, il est vrai, un coloriage qu'une peinture, et par ces temps de *critique picturale, d'art catholique* et *de crâne facture,* une pareille œuvre doit nécessairement avoir l'air naïf et dépaysé. — Si les ouvrages d'un homme célèbre, qui a fait votre joie, vous paraissent aujourd'hui naïfs et dépaysés, enterrez-le donc au moins avec un certain bruit d'orchestre, égoïstes populaces!

BOULANGER

a donné une *Sainte Famille,* détestable;

Les Bergers de Virgile, médiocres;

Des *Baigneuses,* un peu meilleures que des Duval Lecamus et des Maurin, et un *Portrait d'homme* qui est d'une bonne pâte.

Voilà les dernières ruines de l'ancien romantisme — voilà ce que c'est que de venir dans un temps où il est reçu de croire que l'inspiration suffit et remplace le reste ; — voilà l'abîme où mène la course désordonnée de Mazeppa. — C'est M. Victor Hugo qui a perdu M. Boulanger — après en avoir perdu tant d'autres — c'est le poëte qui a fait tomber le peintre dans la fosse. Et pourtant M. Boulanger peint convenablement (voyez ses portraits) ; mais où diable a-t-il pris son brevet de peintre d'histoire et d'artiste inspiré? est-ce dans les préfaces ou les odes de son illustre ami ?

BOISSARD

Il est à regretter que M. Boissard, qui possède les qualités d'un bon peintre, n'ait pas pu faire voir cette année un tableau allégorique représentant la Musique, la Peinture et la Poésie. Le jury, trop fatigué sans doute ce jour-là de sa rude tâche, n'a pas jugé convenable de l'admettre. M. Boissard a toujours surnagé au-dessus des eaux troubles de la mauvaise époque dont nous parlions à propos de M. Boulanger, et s'est sauvé du danger, grâce aux qualités sérieuses et pour ainsi dire naïves de sa peinture. — Son *Christ en croix* est d'une pâte solide et d'une bonne couleur.

SCHNETZ

Hélas! que faire de ces gros tableaux italiens? — nous sommes en 1845 — nous craignons fort que Schnetz en fasse encore de semblables en 1855.

CHASSERIAU

LE KALIFE DE CONSTANTINE SUIVI DE SON ESCORTE

Ce tableau séduit tout d'abord par sa composition. — Cette défilade de chevaux et ces grands cavaliers ont quelque chose qui rappelle l'audace naïve des grands maîtres. — Mais pour qui a suivi avec soin les études de M. Chasseriau, il est évident que bien des révolutions s'agitent encore dans ce jeune esprit, et que la lutte n'est pas finie.

La position qu'il veut se créer entre Ingres, dont il est élève, et Delacroix qu'il cherche à détrousser, a quelque chose d'équivoque pour tout le monde et d'embarrassant pour lui-même. Que M. Chasseriau *trouve son bien* dans Delacroix, c'est tout simple; mais que, malgré tout son talent et l'expérience précoce qu'il a acquise, il le laisse si bien voir, là est le mal. Ainsi, il y a dans ce tableau des contradictions. — En certains endroits c'est déjà de *la couleur,* en d'autres ce n'est encore que coloriage — et néanmoins l'aspect en est agréable, et la composition, nous nous plaisons à le répéter, excellente.

Déjà, dans les illustrations d'Othello, tout le monde avait remarqué la préoccupation d'imiter Delacroix. — Mais, avec des goûts aussi distingués et un esprit aussi actif que celui de M. Chasseriau, il y a tout lieu d'espérer qu'il deviendra un peintre, et un peintre éminent.

DEBON

BATAILLE D'HASTINGS

Encore un pseudo-Delacroix; — mais que de talent! quelle énergie! C'est une vraie bataille. — Nous voyons dans cette œuvre toutes sortes d'excellentes choses; — une belle couleur, la recherche sincère de la vérité, et la facilité hardie de composition qui fait les peintres d'histoire.

VICTOR ROBERT

Voilà un tableau qui a eu du guignon; — il a été suffisamment *blagué* par les savants du feuilleton, et nous croyons qu'il est temps de redresser les torts. — Aussi quelle singulière idée que de montrer à ces messieurs *la religion, la philosophie, les sciences et les arts éclairant l'Europe,* et de représenter chaque peuple de l'Europe *par une figure qui occupe dans le tableau sa place géographique!* Comment faire goûter à ces articliers quelque chose d'audacieux, et leur faire comprendre que l'allégorie est un des plus beaux genres de l'art?

Cette énorme composition est d'une bonne couleur, par morceaux, du moins; nous y trouvons même la recherche de tons nouveaux; de quelques-unes de ces belles femmes qui figurent les diverses nations, les attitudes sont élégantes et originales.

Il est malheureux que l'idée baroque d'assigner à chaque peuple sa place géographique ait nui à l'ensemble de la composition, au charme des groupes, et ait éparpillé les figures comme un tableau de Claude Lorrain, dont les bonshommes s'en vont à la débandade.

M. Victor Robert est-il un artiste consommé ou un génie étourdi? Il y a du pour et du contre, des bévues de jeune homme et de savantes intentions. — En somme, c'est là un des tableaux les plus curieux et les plus dignes d'attention du salon de 1845.

BRUNE

a exposé *le Christ descendu de la croix*. Bonne couleur, dessin suffisant. — M. Brune a été jadis plus original. — Qui ne se rappelle *l'Apocalypse et l'Envie?* — Du reste il a toujours eu à son service un talent de facture ferme et solide, en même temps que très-facile, qui lui donne dans l'école moderne une place honorable et presque égale à celle de Guerchin et des Carrache, dans les commencements de la décadence italienne.

GLAIZE

M. Glâize a un talent — c'est celui de bien peindre les femmes. — C'est la Madeleine et les femmes qui l'entourent qui sauvent son tableau de la *Conversion de Madeleine* — et c'est la molle et vraiment féminine tournure de Galathée qui donne à son tableau de *Galathée et Acis* un charme un peu original. — Tableaux qui visent à la couleur, et malheureusement n'arrivent qu'au coloriage de cafés, ou tout au plus d'opéra, et dont l'un a été imprudemment placé auprès du *Marc-Aurèle* de Delacroix.

LÉPAULLE

Nous avons vu de M. Lépaulle une femme tenant un vase de fleurs dans ses bras; — c'est très-joli, c'est très-bien peint, et même — qualité plus grave — c'est naïf. — Cet homme réussit toujours ses tableaux quand il ne s'agit que de bien peindre et qu'il a un joli modèle; — c'est dire qu'il manque de goût et d'esprit. — Par exemple, dans le *Martyre de saint Sébastien,* que fait cette grosse figure de vieille avec son urne, qui occupe le bas du tableau et lui donne un faux air d'ex-voto de village? Et pourtant c'est une peinture dont le *faire* a tout l'aplomb des grands maîtres. — Le torse de saint Sébastien, parfaitement bien peint, gagnera encore à vieillir.

MOUCHY

MARTYRE DE SAINTE CATHERINE D'ALEXANDRIE

M. Mouchy doit aimer Ribera et tous les vaillants factureurs ; n'est-ce pas faire de lui un grand éloge ? Du reste son tableau est bien composé. — Nous avons souvenance d'avoir vu dans une église de Paris — Saint-Gervais ou Saint-Eustache — une composition signée *Mouchy*, qui représente des moines. — L'aspect en est très-brun, trop peut-être, et d'une couleur moins variée que le tableau de cette année, mais elle a les mêmes qualités sérieuses de peinture.

APPERT

L'Assomption de la Vierge a des qualités analogues — bonne peinture — mais la couleur, quoique vraie couleur, est un peu commune. — Il nous semble que nous connaissons un tableau du Poussin, situé dans la même galerie, non loin de la même place, et à peu près de la même dimension, avec lequel celui-ci a quelque ressemblance.

BIGAND

LES DERNIERS INSTANTS DE NÉRON

Eh quoi ! c'est là un tableau de M. Bigand ! Nous l'avons bien longtemps cherché. — M. Bigand le coloriste a fait un tableau tout brun — qui a l'air d'un conciliabule de gros sauvages.

PLANET

est un des rares élèves de Delacroix qui brillent par quelques-unes des qualités du maître.

Rien n'est doux, dans la vilaine besogne d'un compte-rendu, comme de rencontrer un vraiment bon tableau, un tableau original, illustré déjà par quelques huées et quelques moqueries.

Et, en effet, ce tableau a été bafoué; — nous concevons la haine des architectes, des maçons, des sculpteurs et des mouleurs, contre tout ce qui ressemble à de la peinture; mais comment se fait-il que des artistes ne voient pas tout ce qu'il y a dans ce tableau, et d'originalité dans la composition, et de simplicité même dans la couleur?

Il y a là je ne sais quel aspect de peinture espagnole et galante, qui nous a séduit tout d'abord. M. Planet a fait ce que font tous les coloristes de premier ordre, à savoir, de la couleur avec un petit nombre de tons — du rouge, du blanc, du brun, et c'est délicat et caressant pour les yeux. La sainte Thérèse, telle que le peintre l'a représentée, s'affaissant, tombant, palpitant, à l'attente du dard dont l'amour divin va la percer, est une des plus heureuses trouvailles de la peinture moderne. — Les mains sont charmantes. — L'attitude, naturelle pourtant, est aussi poétique que possible. —

Ce tableau respire une volupté excessive, et montre dans l'auteur un homme capable de très-bien comprendre un sujet — *car sainte Thérèse était brûlante d'un si grand amour de Dieu, que la violence de ce feu lui faisait jeter des cris... Et cette douleur n'était pas corporelle, mais spirituelle, quoique le corps ne laissât pas d'y avoir beaucoup de part.*

Parlerons-nous du petit Cupidon mystique suspendu en l'air, et qui va la percer de son javelot? — Non. — A quoi bon? M. Planet a évidemment assez de talent pour faire une autre fois un tableau complet.

DUGASSEAU

JÉSUS-CHRIST ENTOURÉ DES PRINCIPAUX FONDATEURS DU CHRISTIANISME

Peinture sérieuse, mais pédante — ressemble à un Lehman très-solide.

Sa *Sapho* faisant le saut de Leucade est une jolie composition.

GLEYRE

Il avait volé le cœur du public sentimental avec le tableau du *Soir*.— Tant qu'il ne s'agissait que de peindre des femmes solfiant de la musique romantique dans un bateau, ça allait; — de même qu'un pauvre opéra triomphe de sa musique à l'aide des objets décolletés ou plutôt déculottés et agréables à voir; — mais cette année, M. Gleyre, voulant peindre des apôtres, — des apôtres, M. Gleyre! — n'a pas pu triompher de sa propre peinture.

PILLIARD

est évidemment un artiste érudit; il vise à imiter les anciens maîtres et leurs sérieuses allures — ses tableaux de chaque année se valent — c'est toujours le même mérite, froid, consciencieux et tenace.

AUGUSTE HESSE

L'ÉVANOUISSEMENT DE LA VIERGE

Voilà un tableau évidemment choquant par la couleur — c'est d'une couleur dure, malheureuse et amère — mais ce tableau plaît, à mesure qu'on s'y attache, par des qualités d'un autre genre. — Il a d'abord un mérite singulier — c'est de ne rappeler, en aucune manière, les motifs convenus de la peinture actuelle, et les poncifs qui traînent dans tous les jeunes ateliers; — au contraire, il ressemble au *Passé;* trop peut-être. — M. Auguste Hesse connaît évidemment tous les grands morceaux de la peinture italienne, et a vu une quantité innombrable de dessins et de gravures. — La composition est du reste belle et habile, et a quelques-unes des qualités traditionnelles des grandes écoles — la dignité, la pompe, et une harmonie ondoyante de lignes.

JOSEPH FAY

M. Joseph Fay n'a envoyé que des dessins, comme M. Decamps — c'est pour cela que nous le classons dans les peintres d'histoire; il ne s'agit pas ici de la matière avec laquelle on fait, mais de la manière dont on fait.

M. Joseph Fay a envoyé six dessins représentant la vie des anciens Germains; — ce sont les cartons d'une frise exécutée à fresque à la grande salle des réunions du conseil municipal de l'hôtel de ville d'Ebersfeld, en Prusse.

Et, en effet, cela nous paraissait bien un peu allemand, et, les regardant curieusement, et avec le plaisir qu'on a à voir toute œuvre de bonne foi, nous songions à toutes ces célébrités modernes d'outre-Rhin qu'éditent les marchands du boulevard des Italiens.

Ces dessins, dont les uns représentent la grande lutte entre Arminius et l'invasion romaine, d'autres, les jeux sérieux et toujours militaires de la Paix, ont un noble air de famille avec les bonnes compositions de Pierre de Cornélius. — Le dessin est curieux, savant, et visant un peu au néo-Michel-Angelisme. — Tous les mouvements sont heureusement trouvés — et accusent un esprit sincèrement amateur de la forme, si ce n'est amoureux. — Ces dessins nous ont attiré parce qu'ils sont beaux, nous plaisent parce qu'ils sont beaux; — mais au total, devant un si beau déploiement des forces de l'esprit, nous regrettons toujours, et nous réclamons à grands cris l'originalité. Nous voudrions voir déployer ce même talent au profit d'idées plus modernes, — disons mieux, au profit d'une nouvelle manière de voir et d'entendre les arts — nous ne voulons pas parler ici du choix des sujets; en ceci les artistes ne sont pas toujours libres, — mais de la manière de les comprendre et de les dessiner.

En deux mots — à quoi bon tant d'érudition, quand on a du talent?

JOLLIVET

Le *Massacre des Innocents*, de M. Jollivet, dénote un esprit sérieux et appliqué. — Son tableau est, il est vrai, d'un aspect froid et laiteux. — Le dessin n'est pas très-original; mais ses femmes sont d'une belle forme, grasse, résistante et solide.

LAVIRON

JÉSUS CHEZ MARTHE ET MARIE

Tableau sérieux plein d'inexpériences pratiques. — Voilà ce que c'est que de trop s'y connaître, — de trop penser et de ne pas assez peindre.

MATOUT

a donné trois sujets antiques, où l'on devine un esprit sincèrement épris de la forme, et qui repousse les tentations de la couleur pour ne pas obscurcir les intentions de sa pensée et de son dessin.

De ces trois tableaux c'est le plus grand qui nous plaît le plus, à cause de la beauté intelligente des lignes, de leur harmonie sérieuse, et surtout à cause du parti-pris de la manière, parti-pris qu'on ne retrouve pas dans *Daphnis* et *Naïs*.

Que M. Matout songe à M. Haussoullier, et qu'il voie tout ce que l'on gagne ici-bas, en art, en littérature, en politique, à être radical et absolu, et à ne jamais faire de concessions.

Bref, il nous semble que M. Matout connaît trop bien son affaire, et qu'il a trop *ça* dans la main — *Indè* une impression moins forte.

D'une œuvre laborieusement faite il reste toujours quelque chose.

JANMOT

Nous n'avons pu trouver qu'une seule figure de M. Janmot, c'est une femme assise avec des fleurs sur les genoux. — Cette simple figure, sérieuse et mélancolique, et dont le dessin fin et la couleur un peu crue rappellent les anciens maîtres allemands, ce gracieux Albert Durer, nous avait donné une excessive curiosité de trouver le reste. Mais nous n'avons pu y réussir. C'est certainement là une belle peinture. — Outre que le modèle est très-beau et très-bien choisi, et très-bien ajusté, il y a, dans la couleur même et l'alliance de ces tons verts, roses et rouges, un peu douloureux à l'œil, une certaine mysticité qui s'accorde avec le reste. — Il y a harmonie naturelle entre cette couleur et ce dessin.

Il nous suffit, pour compléter l'idée qu'on doit se faire du talent de M. Janmot, de lire dans le livret le sujet d'un autre tableau :

Assomption de la Vierge — partie supérieure : — la sainte Vierge est entourée d'anges dont les deux principaux représentent la *Chasteté* et l'*Harmonie*. Partie inférieure : *Réhabilitation de la femme; un ange brise ses chaînes.*

ÉTEX

O sculpteur, qui fîtes quelquefois de bonnes statues, vous ignorez donc qu'il y a une grande différence entre dessiner sur une toile et modeler avec de la terre, — et que la couleur est une science mélodieuse dont la triture du marbre n'enseigne pas les secrets? — Nous comprendrions plutôt qu'un musicien voulût singer Delacroix, — mais un sculpteur, jamais! — *O grand tailleur de pierre!* pourquoi voulez-vous jouer du violon?

III

PORTRAITS

LÉON COIGNET

Un très-beau portrait de femme, dans le Salon carré.

M. Léon Coignet est un artiste d'un rang très-élevé dans les régions moyennes du goût et de l'esprit. — S'il ne se hausse pas jusqu'au génie, il a un de ces talents complets dans leur modération qui défient la critique. M. Coignet ignore les caprices hardis de la fantaisie et le parti pris des absolutistes. Fondre, mêler, réunir tout en choisissant, a toujours été son rôle et son but; il l'a parfaitement bien atteint. Tout dans cet excellent portrait, les chairs, les ajustements, le fond, est traité avec le même bonheur.

DUBUFE

M. Dubufe est depuis plusieurs années la victime

de tous les feuilletonistes *artistiques*. Si M. Dubufe est bien loin de sir Thomas Lawrence, au moins n'est-ce pas sans une certaine justice qu'il a hérité de sa gracieuse popularité. — Nous trouvons, quant à nous, que le *Bourgeois* a bien raison de chérir l'homme qui lui a créé de si jolies femmes, presque toujours bien ajustées.

M. Dubufe a un fils qui n'a pas voulu marcher sur les traces de son père, et qui s'est fourvoyé dans la peinture sérieuse.

Mlle EUGÉNIE GAUTIER

Beau coloris, — dessin ferme et élégant. — Cette femme a l'intelligence des maîtres; — elle a du Van Dyck; — elle peint comme un homme. — Tous ceux qui se connaissent en peinture se rappellent le modelé de deux bras nus dans un portrait exposé au dernier Salon. La peinture de mademoiselle Eugénie Gautier n'a aucun rapport avec la peinture de femme, qui, en général, nous fait songer aux préceptes du bonhomme Chrysalde.

BELLOC

M. Belloc a envoyé plusieurs portraits. — Celui de M. Michelet nous a frappé par son excellente couleur. — M. Belloc, qui n'est pas assez connu, est un des hommes d'aujourd'hui les plus savants dans leur art.

— Il a fait des élèves remarquables, — mademoiselle Eugénie Gautier, par exemple, à ce que nous croyons. — L'an passé, nous avons vu de lui, aux galeries du boulevard Bonne-Nouvelle, une tête d'enfant qui nous a rappelé les meilleurs morceaux de Lawrence.

TISSIER

est vraiment coloriste, mais n'est peut-être que cela ; — c'est pourquoi son portrait de femme, qui est d'une couleur distinguée et dans une gamme de ton très-grise, est supérieur à son tableau de religion.

RIESENER

est avec M. Planet un des hommes qui font honneur à M. Delacroix. — Le portrait du docteur H. de Saint-A..... est d'une franche couleur et d'une franche facture.

DUPONT

Nous avons rencontré un pauvre petit portrait de demoiselle avec un petit chien, qui se cache si bien qu'il est fort difficile à trouver ; mais il est d'une grâce exquise. — C'est une peinture d'une grande innocence, — apparente, du moins, mais très-bien composée, — et d'un très-joli aspect ; — un peu anglais.

HAFFNER

Encore un nouveau nom, pour nous, du moins. M. Haffner a, dans la petite galerie, à une très-mauvaise place, un portrait de femme du plus bel effet. Il est difficile à trouver, et vraiment c'est dommage. Ce portrait dénote un coloriste de première force. Ce n'est point de la couleur éclatante, pompeuse ni commune, mais excessivement distinguée, et d'une harmonie remarquable. La chose est exécutée dans une gamme de ton très-grise. L'effet est très-savamment combiné, doux et frappant à la fois. La tête, romantique et doucement pâle, se détache sur un fond gris, encore plus pâle autour d'elle, et qui, se rembrunissant vers les coins, a l'air de lui servir d'auréole. — M. Haffner a, de plus, fait un paysage d'une couleur très-hardie — un chariot avec un homme et des chevaux, faisant presque silhouette sur la clarté équivoque d'un crépuscule. — Encore un chercheur consciencieux... que c'est rare!...

PÉRIGNON

a envoyé neuf portraits, dont six de femmes. — Les têtes de M. Pérignon sont dures et lisses comme des objets inanimés. — Un vrai musée de Curtius.

HORACE VERNET

M. Horace Vernet, comme portraitiste, est inférieur à M. Horace Vernet, peintre héroïque. Sa couleur surpasse en crudité la couleur de M. Court.

HIPPOLYTE FLANDRIN

M. Flandrin n'a-t-il pas fait autrefois un gracieux portrait de femme appuyée sur le devant d'une loge, avec un bouquet de violettes au sein? Mais il a échoué dans le portrait de M. Chaix-d'Est-Ange. Ce n'est qu'un semblant de peinture sérieuse; ce n'est pas là le caractère si connu de cette figure fine, mordante, ironique. — C'est lourd et terne.

Nous venons de trouver, ce qui nous a fait le plus vif plaisir, un portrait de femme de M. Flandrin, une simple tête qui nous a rappelé ses bons ouvrages. L'aspect en est un peu trop doux et a le tort de ne pas appeler les yeux comme le portrait de la princesse Belg..., de M. Lehman. Comme ce morceau est petit, M. Flandrin l'a parfaitement réussi. Le modelé en est beau, et cette peinture a le mérite, rare chez ces messieurs, de paraître faite tout d'une haleine et du premier coup.

RICHARDOT

a peint une jeune dame vêtue d'une robe noire et

verte, — coiffée avec une afféterie de keepsake. — Elle a un certain air de famille avec les saintes de Zurbaran, et se promène gravement derrière un grand mur d'un assez bon effet. C'est bon — il y a là dedans du courage, de l'esprit, de la jeunesse.

VERDIER

a fait un portrait de mademoiselle Garrique, dans *le Barbier de Séville*. Cela est d'une meilleure facture que le portrait précédent, mais manque de délicatesse.

HENRI SCHEFFER

Nous n'osons pas supposer, pour l'honneur de M. Henri Scheffer, que le portrait de Sa Majesté ait été fait d'après nature. — Il y a dans l'histoire contemporaine peu de têtes aussi accentuées que celle de Louis-Philippe. — La fatigue et le travail y ont imprimé de belles rides, que l'artiste ne connaît pas. — Nous regrettons qu'il n'y ait pas en France un seul portrait du Roi. — Un seul homme est digne de cette œuvre : c'est M. Ingres.

Tous les portraits de Henri Scheffer sont faits avec la même probité, minutieuse et aveugle; la même conscience, patiente et monotone.

LEIENDECKER

En passant devant le portrait de mademoiselle Brohan, nous avons regretté de ne pas voir au Salon un autre portrait, — qui aurait donné au public une idée plus juste de cette charmante actrice, — par M. Ravergie, à qui le portrait de madame Guyon avait fait une place importante parmi les portraitistes.

DIAZ

M. Diaz fait d'habitude de petits tableaux dont la couleur magique surpasse les fantaisies du kaléidoscope. — Cette année, il a envoyé de petits portraits en pied. Un portrait est fait, non-seulement de couleur, mais de lignes et de modelé. — *C'est l'erreur d'un peintre de genre qui prendra sa revanche.*

IV

TABLEAUX DE GENRE

BARON

a donné *les Oies du frère Philippe,* un conte de la Fontaine.

C'est un prétexte à jolies femmes, à ombrages, et à tons variés quand même.

C'est d'un aspect fort attirant, mais c'est le rococo du romantisme. — Il y a là dedans du Couture, un peu du faire de Célestin Nanteuil, beaucoup de tons de Roqueplan et de C. Boulanger. — Réfléchir devant ce tableau combien une peinture excessivement savante et brillante de couleur peut rester froide quand elle manque d'un tempérament particulier.

ISABEY

UN INTÉRIEUR D'ALCHIMISTE

Il y a toujours là dedans des crocodiles, des oiseaux

empaillés, de gros livres de maroquin, du feu dans des fourneaux, et un vieux en robe de chambre, — c'est-à-dire une grande quantité de tons divers. C'est ce qui explique la prédilection de certains coloristes pour un sujet si commun.

M. Isabey est un vrai coloriste — toujours brillant, — souvent délicat. Ç'a été un des hommes les plus justement heureux du mouvement rénovateur.

LÉCURIEUX

SALOMON DE CAUS A BICÊTRE

Nous sommes à un théâtre du boulevard qui s'est mis en frais de littérature; on vient de lever le rideau, tous les acteurs regardent le public.

Un seigneur, avec Marion Delorme onduleusement appuyée à son bras, *n'écoute pas* la complainte du Salomon qui gesticule comme un forcené dans le fond.

La mise en scène est bonne; tous les fous sont pittoresques, aimables, et savent parfaitement leur rôle.

Nous ne comprenons pas l'effroi de Marion Delorme à l'aspect de ces aimables fous.

Ce tableau a un aspect uniforme de café au lait. La couleur en est roussâtre comme un vilain temps plein de poussière.

Le dessin, — dessin de vignette et d'illustration. A quoi bon faire de la peinture dite sérieuse, quand on n'est pas coloriste et qu'on n'est pas dessinateur?

Mme CÉLESTE PENSOTTI

Le tableau de madame Céleste Pensotti s'appelle *Rêverie du soir*. Ce tableau, un peu maniéré comme son titre, mais joli comme le nom de l'auteur, est d'un sentiment fort distingué. — Ce sont deux jeunes femmes, l'une appuyée sur l'épaule de l'autre, qui regardent à travers une fenêtre ouverte. — Le vert et le rose, ou plutôt le verdâtre et le rosâtre y sont doucement combinés. Cette jolie composition, malgré ou peut-être à cause de son afféterie naïve d'album romantique, ne nous déplaît pas; — cela a une qualité trop oubliée aujourd'hui. C'est élégant, — cela sent bon.

TASSAERT

Un petit tableau de religion presque galante — La Vierge allaite l'enfant Jésus — sous une couronne de fleurs et de petits amours. L'année passée nous avions déjà remarqué M. Tassaert. Il y a là une bonne couleur, modérément gaie, unie à beaucoup de goût.

LELEUX FRÈRES

Tous leurs tableaux sont très-bien faits, très-bien peints, et très-monotones comme manière et choix de sujets.

LEPOITEVIN

Sujets à la Henri Berthoud (voyez le livret). — Tableaux de genre, vrais tableaux de genre trop bien peints. Du reste, tout le monde aujourd'hui peint trop bien.

GUILLEMIN

M. Guillemin, qui a certainement du mérite dans l'exécution, dépense trop de talent à soutenir une mauvaise cause; — la cause de l'*esprit en peinture.* — J'entends par là envoyer à l'imprimeur du livret des légendes pour le public du dimanche.

MULLER

M. Muller croit-il plaire au public du samedi en choisissant ses sujets dans Shakspeare et Victor Hugo? — De gros amours *Empire* sous prétexte de sylphes. — Il ne suffit donc pas d'être coloriste pour avoir du goût. — Sa *Fanny* est mieux.

DUVAL LECAMUS PÈRE

« .... Sait d'une voix légère
Passer du grave au doux, du plaisant au sévère. »

DUVAL LECAMUS JULES

a été imprudent d'aborder un sujet traité déjà par M. Roqueplan.

GIGOUX

M. Gigoux nous a procuré le plaisir de relire dans le livret le récit de la *Mort de Manon Lescaut*. Le tableau est mauvais; pas de style; mauvaise composition, mauvaise couleur. Il manque de caractère, il manque de son sujet. Quel est ce Des Grieux? je ne le connais pas.

Je ne reconnais pas non plus là M. Gigoux, que la faveur publique faisait, il y a quelques années, marcher de pair avec les plus sérieux novateurs.

M. Gigoux, l'auteur du *Comte de Cominges*, de *François Ier assistant Léonard de Vinci à ses derniers moments*, M. Gigoux du *Gil Blas*, M. Gigoux est une réputation que chacun a joyeusement soulevée sur ses épaules. Serait-il donc aujourd'hui embarrassé de sa réputation de peintre?

RUDOLPHE LEHMANN

Ses Italiennes de cette année nous font regretter celles de l'année passée.

DE LA FOULHOUZE

a peint un parc plein de belles dames et d'élégants messieurs, au temps jadis. C'est certainement fort joli, fort élégant, et d'une très-bonne couleur. Le paysage est bien composé. Le tout rappelle beaucoup Diaz; mais c'est peut-être plus solide.

PERESSE

La saison des roses. — C'est un sujet analogue, — une peinture galante et d'un aspect agréable, qui malheureusement fait songer à Wattier, comme Wattier fait songer à Watteau.

DE DREUX

est un peintre de la vie élégante, *high life.* — Sa *Châtelaine* est jolie; mais les Anglais font mieux dans le genre paradoxal. — Ses scènes d'animaux sont bien peintes; mais les Anglais sont plus spirituels dans ce genre animal et intime.

Mme CALAMATTA

a peint une *Femme nue à sa toilette,* vue de face, la tête de profil — fond de décoration romaine. L'attitude est belle et bien choisie. En somme, cela est bien fait. Madame Calamatta a fait des progrès. Cela ne manque pas de style, ou plutôt d'une certaine prétention au style.

PAPETY

promettait beaucoup, dit-on. Son retour d'Italie fut précédé par des éloges imprudents. Dans une toile énorme, où se voyaient trop clairement les habitudes récentes de l'Académie de peinture, M. Papety avait néanmoins trouvé des poses heureuses et quelques motifs de composition; et malgré sa couleur d'éventail, il y avait tout lieu d'espérer pour l'auteur un avenir sérieux. Depuis lors, il est resté dans la classe secondaire des hommes qui peignent bien et ont des cartons pleins de motifs tout prêts. La couleur de ses deux tableaux (*Memphis.* — *Un assaut*) est commune. Du reste, ils sont d'un aspect tout différent, ce qui induit à croire que M. Papety n'a pas encore trouvé sa manière.

ADRIEN GUIGNET

M. Adrien Guignet a certainement du talent; il sait composer et arranger. Mais pourquoi donc ce doute perpétuel ? Tantôt Decamps, tantôt Salvator. Cette année, on dirait qu'il a colorié sur papyrus des motifs de sculpture égyptienne ou d'anciennes mosaïques (*les Pharaons*). Cependant Salvator et Decamps, s'ils faisaient Psammenit ou Pharaon, les feraient à la Salvator et à la Decamps. Pourquoi donc M. Guignet. . . ?

MEISSONIER

Trois tableaux : *Soldats jouant aux dès — Jeune homme feuilletant un carton — Deux buveurs jouant aux cartes.*

Autre temps, autres mœurs; autres modes, autres écoles. M. Meissonier nous fait songer malgré nous à M. Martin Drolling. Il y a dans toutes les réputations, même les plus méritées, une foule de petits secrets.— Quand on demandait au célèbre M. X*** ce qu'il avait vu au Salon, il disait n'avoir vu qu'un Meissonier, pour éviter de parler du célèbre M. Y***, qui en disait autant de son côté. Il est donc bon de servir de massue à des rivaux.

En somme, M. Meissonier exécute admirablement ses petites figures. C'est un Flamand moins la fantaisie, le charme, la couleur et la naïveté — et la pipe !

JACQUAND

fabrique toujours du Delaroche, vingtième qualité.

ROEHN

Peinture *aimable* (argot de marchand de tableaux).

RÉMOND

Jeune école de dix-huit cent vingt.

HENRI SCHEFFER

Auprès de *Madame Roland allant au supplice,* la *Charlotte Corday* est une œuvre pleine de témérité. (Voir aux portraits.)

HORNUNG

« *Le plus têtu des trois n'est pas celui qu'on pense.* »

BARD

Voir le précédent.

GEFFROY

Voir le précédent.

V

PAYSAGES

COROT

A la tête de l'école moderne du paysage, se place M. Corot. — Si M. Théodore Rousseau voulait exposer, la suprématie serait douteuse, M. Théodore Rousseau unissant à une naïveté, à une originalité au moins égales, un plus grand charme et une plus grande sûreté d'exécution. — En effet, ce sont la naïveté et l'originalité qui constituent le mérite de M. Corot. — Évidemment cet artiste aime sincèrement la nature, et sait la regarder avec autant d'intelligence que d'amour. — Les qualités par lesquelles il brille sont tellement fortes, — parce qu'elles sont des qualités d'âme et de fond — que l'influence de M. Corot est actuellement visible dans presque toutes les œuvres des jeunes paysagistes — surtout de quelques-uns qui avaient déjà le bon esprit de l'imiter et de tirer parti de sa manière avant qu'il fût célèbre et sa réputation ne dépassant pas encore le monde des artistes. M. Corot, du fond de sa modestie, a agi sur une foule d'esprits. — Les uns se sont appliqués à choisir dans la nature les motifs, les sites, les couleurs qu'il affectionne, à choyer les mêmes sujets; d'autres ont essayé même de pasticher sa gaucherie. — Or, à propos de cette prétendue gaucherie de M. Corot, il nous semble qu'il y a ici un petit préjugé à relever. — Tous les demi-savants, après avoir consciencieusement admiré un tableau de Corot et lui avoir loyalement payé leur tribut d'éloges, trouvent que cela pèche par l'exécution, et s'accordent en ceci, que définitivement M. Corot ne sait pas peindre. — Braves gens! qui ignorent d'abord qu'une œuvre de génie — ou si l'on veut — une œuvre d'âme — où tout est bien vu, bien observé, bien compris, bien imaginé — est toujours très-bien exécutée, quand elle l'est suffisamment — Ensuite — qu'il y a une grande différence entre un morceau *fait* et un morceau *fini* — qu'en général ce qui est *fait* n'est pas *fini,* et qu'une chose très-*finie* peut n'être pas *faite* du tout — que la valeur d'une touche spirituelle, importante et bien placée est énorme... etc... etc... d'où il suit que M. Corot peint comme les grands maîtres. — Nous n'en voulons d'autre exemple que son tableau de l'année dernière — dont l'impression était encore plus tendre et mélancolique que d'habitude. — Cette verte campagne où était assise une femme jouant du violon — cette nappe de soleil au second plan, éclairant le gazon et le colorant d'une manière différente que le premier, était certainement une audace et une audace très-réussie. — M. Corot est tout aussi fort cette année que les précédentes; — mais l'œil du public a été tellement accoutumé aux morceaux luisants, propres et industrieusement *astiqués,* qu'on lui fait toujours le même reproche.

Ce qui prouve encore la puissance de M. Corot, ne fût-ce que dans le métier, c'est qu'il sait être coloriste avec une gamme de tons peu variée — et qu'il est toujours harmoniste même avec des tons assez crus et assez vifs. — Il compose toujours parfaitement bien. — Ainsi dans *Homère et les Bergers,* rien n'est inutile, rien n'est à retrancher; pas même les deux petites figures qui s'en vont causant dans le sentier. — Les trois petits bergers avec leur chien sont ravissants, comme ces bouts d'excellents bas-reliefs qu'on retrouve dans certains piédestaux des statues antiques. — Homère ressemble peut-être trop à Bélisaire. — Un autre tableau plein de charme est *Daphnis et Chloé* — et dont la composition a comme toutes les bonnes compositions — c'est une remarque que nous avons souvent faite — le mérite de l'inattendu.

FRANÇAIS

est aussi un paysagiste de premier mérite — d'un mérite analogue à Corot, et que nous appellerions volontiers *l'amour de la nature* — mais c'est déjà moins naïf, plus rusé — cela sent beaucoup plus son peintre

— aussi est-ce plus facile à comprendre. — *Le soir* est d'une belle couleur.

PAUL HUET

Un vieux château sur des rochers. — Est-ce que par hasard M. Paul Huet voudrait modifier sa manière? — Elle était pourtant excellente.

HAFFNER

Prodigieusement original — surtout par la couleur. C'est la première fois que nous voyons des tableaux de M. Haffner — nous ignorons donc s'il est paysagiste ou portraitiste de son état — d'autant plus qu'il est excellent dans les deux genres.

TROYON

fait toujours de beaux et de verdoyants paysages, les fait en coloriste et même en observateur, mais fatigue toujours les yeux par l'aplomb imperturbable de sa manière et le papillotage de ses touches. — On n'aime pas voir un homme si sûr de lui-même.

CURZON

a peint un site très-original appelé *les Houblons.* —

C'est tout simplement un horizon auquel les feuilles et les branchages des premiers plans servent de cadre. — Du reste, M. Curzon a fait aussi un très-beau dessin dont nous aurons tout à l'heure occasion de parler.

FLERS

Je vais revoir ma Normandie,
C'est le pays....

Voilà ce qu'ont chanté longtemps toutes les toiles de M. Flers. — Qu'on ne prenne pas ceci pour une moquerie. — C'est qu'en effet tous ces paysages étaient poétiques, et donnaient l'envie de connaître ces éternelles et grasses verdures qu'ils exprimaient si bien — mais cette année l'application ne serait pas juste, car nous ne croyons pas que M. Flers, soit dans ses dessins, soit dans ses tableaux, ait placé une seule Normandie. — M. Flers est toujours resté un artiste éminent.

WICKEMBERG

peint toujours très-bien ses *Effets d'hiver;* mais nous croyons que les bons Flamands dont il semble préoccupé ont une manière plus large.

CALAME ET DIDAY

Pendant longtemps on a cru que c'était le même

artiste atteint de *dualisme chronique;* mais depuis l'on s'est aperçu qu'il affectionnait le nom de Calame les jours qu'il peignait bien...

DAUZATS

Toujours de l'Orient et de l'Algérie — c'est toujours d'une ferme exécution!

FRÈRE

(Voyez le précédent).

CHACATON

en revanche a quitté l'Orient; mais il y a perdu.

LOUBON

fait toujours des paysages d'une couleur assez fine : ses *Bergers des Landes* sont une heureuse composition.

GARNEREY

Toujours des beffrois et des cathédrales très-adroitement peints.

JOYANT

Un palais des papes d'Avignon, et encore *une Vue de Venise.* — Rien n'est embarrassant comme de rendre compte d'œuvres que chaque année ramène avec leurs mêmes désespérantes perfections.

BORGET

Toujours des vues indiennes ou chinoises. — Sans doute c'est très-bien fait; mais ce sont trop des articles de voyages ou de mœurs; — il y a des gens qui regrettent ce qu'ils n'ont jamais vu, le boulevard du Temple ou les galeries de Bois! — Les tableaux de M. Borget nous font regretter cette Chine où le vent lui-même, dit H. Heine, prend un son comique en passant par les clochettes, — et où la nature et l'homme ne peuvent pas se regarder sans rire.

PAUL FLANDRIN

Qu'on éteigne les reflets dans une tête pour mieux faire voir le modelé, cela se comprend, surtout quand on s'appelle Ingres. — Mais quel est donc l'extravagant et le fanatique qui s'est avisé le premier d'*ingriser* la campagne?

BLANCHARD

Ceci est autre chose, — c'est plus sérieux, ou moins *sérieux*, comme on voudra. — C'est un compromis assez adroit entre les purs coloristes et les exagérations précédentes.

LAPIERRE ET LAVIEILLE

sont deux bons et sérieux élèves de M. Corot. — M. Lapierre a fait aussi un tableau de *Daphnis et Chloé*, qui a bien son mérite.

BRASCASSAT

Certainement, l'on parle trop de M. Brascassat, qui, homme d'esprit et de talent comme il l'est, ne doit pas ignorer que dans la galerie des Flamands il y a beaucoup de tableaux du même genre, tout aussi *faits* que les siens, et plus largement peints, — et d'une meilleure couleur. — L'on parle trop aussi de

SAINT-JEAN

qui est de l'école de Lyon, le bagne de la peinture, — l'endroit du monde connu où l'on travaille le mieux les infiniment petits. — Nous préférons les fleurs et les fruits de Rubens, et les trouvons plus naturels. —

Du reste, le tableau de M. Saint-Jean est d'un fort vilain aspect, — c'est monotonement jaune. — Au total, quelque bien faits qu'ils soient, les tableaux de M. Saint-Jean sont des tableaux de salle à manger, — mais non des peintures de cabinet et de galerie; de vrais tableaux de salle à manger.

KIÖRBOE

Des tableaux de chasse, — à la bonne heure! Voilà qui est beau, voilà qui est de la peinture et de la vraie peinture; c'est large, — c'est vrai, — et la couleur en est belle. — Ces tableaux ont une grande tournure commune aux anciens tableaux de chasse ou de nature morte que faisaient les grands peintres, — et ils sont tous habilement composés.

PHILIPPE ROUSSEAU

LE RAT DE VILLE ET LE RAT DES CHAMPS

est un tableau très-coquet et d'un aspect charmant. — Tous les tons sont à la fois d'une grande fraîcheur et d'une grande richesse. — C'est réellement faire des natures mortes, librement, en paysagiste, en peintre de genre, en homme d'esprit, et non pas en ouvrier, comme MM. de Lyon. — Les petits rats sont fort jolis.

BÉRANGER

Les petits tableaux de M. Béranger sont charmants — comme des Meissonier.

ARONDEL

Un grand entassement de gibier de toute espèce. — Ce tableau, mal composé, et dont la composition a l'air bousculé, comme si elle visait à la quantité, a néanmoins une qualité très-rare par le temps qui court — il est peint avec une grande naïveté — sans aucune prétention d'école ni aucun pédantisme d'atelier. — D'où il suit qu'il y a des parties fort bien peintes. — Certaines autres sont malheureusement d'une couleur brune et rousse, qui donne au tableau je ne sais quel aspect obscur — mais tous les tons clairs ou riches sont bien réussis. — Ce qui nous a donc frappé dans ce tableau est la maladresse mêlée à l'habileté — des inexpériences comme d'un homme qui n'aurait pas peint depuis longtemps, et de l'aplomb comme d'un homme qui aurait beaucoup peint.

CHAZAL

a peint le *Yucca gloriosa,* fleuri en 1844 dans le parc de Neuilly. Il serait bon que tous les gens qui se cramponnent à la vérité microscopique et se croient des peintres, vissent ce petit tableau, et qu'on leur insufflât dans l'oreille avec un cornet les petites réflexions que voici : ce tableau est très-bien, non parce que tout y est et que l'on peut compter les feuilles, mais parce qu'il rend en même temps le caractère général de la nature — parce qu'il exprime bien l'aspect vert cru d'un parc au bord de la Seine et de notre soleil froid; bref, parce qu'il est fait avec une profonde naïveté — tandis que vous autres, vous êtes trop... artistes. — (*Sic*).

VI

DESSINS — GRAVURES

BRILLOUIN

M. Brillouin a envoyé cinq dessins au crayon noir qui ressemblent un peu à ceux de M. de Lehmud; mais ceux-ci sont plus fermes et ont peut-être plus de caractère. — En général, ils sont bien composés. — *Le Tintoret donnant une leçon de dessin à sa fille,* est certainement une très-bonne chose. — Ce qui distingue surtout ces dessins est leur noble tournure, leur sérieux et le choix des têtes.

CURZON

Une sérénade dans un bateau, — est une des choses les plus distinguées du Salon. — L'arrangement de toutes ces figures est très-heureusement conçu; le vieillard au bout de la barque, étendu au milieu de ses guirlandes, est une très-jolie idée. — Les compositions de M. Brillouin et celle de M. Curzon ont quelque analogie; elles ont surtout ceci de commun, qu'elles sont bien dessinées — et dessinées avec esprit.

DE RUDDER

Nous croyons que M. de Rudder a eu le premier l'heureuse idée des dessins sérieux et *serrés;* des cartons, comme on disait autrefois. — Il faut lui en savoir gré. — Mais quoique ses dessins soient toujours estimables et gravement conçus, combien néanmoins ils nous paraissent inférieurs à ce qu'ils veulent être! Que l'on compare, par exemple, *le Berger et l'Enfant,* aux dessins nouveaux dont nous venons de parler.

MARÉCHAL

La *Grappe* est sans doute un beau pastel, et d'une bonne couleur; mais nous reprocherons à tous ces messieurs de l'école de Metz de n'arriver en général qu'à un *sérieux* de convention et qu'à la singerie de la *maestria,* — ceci soit dit sans vouloir le moins du monde diminuer l'honneur de leurs efforts. — Il en est de même de

TOURNEUX

dont, malgré tout son talent et tout son goût, l'exécution n'est jamais à la hauteur de l'intention.

POLLET

a fait deux fort bonnes aquarelles, d'après le Titien, où brille réellement l'intelligence du modèle.

CHABAL

Des fleurs à la gouache, — consciencieusement étudiées et d'un aspect agréable.

ALPHONSE MASSON

Les portraits de M. Masson sont bien dessinés. — Ils doivent être très-ressemblants; car le dessin de l'artiste indique une volonté ferme et laborieuse; mais aussi il est un peu dur et sec, et ressemble peu au dessin d'un peintre.

ANTONIN MOINE

Toutes ces *fantaisies* ne peuvent être que celles d'un sculpteur. — Voilà pourtant où le romantisme a conduit quelques-uns !

VIDAL

C'est l'an passé, à ce que nous croyons, qu'a commencé le préjugé des dessins Vidal. — Il serait bon d'en finir tout de suite. — On veut à toute force nous présenter M. Vidal comme un dessinateur sérieux. — Ce sont des dessins *très-finis*, mais non *faits ;* néanmoins cela, il faut l'avouer, est plus élégant que les Maurin et les Jules David. — Qu'on nous pardonne d'insister si fort à ce sujet ; — mais nous connaissons un critique qui, à propos de M. Vidal, s'est avisé de parler de Watteau.

Mme DE MIRBEL

est ce qu'elle a toujours été ; — ses portraits sont parfaitement bien exécutés, et madame de Mirbel a le grand mérite d'avoir apporté la première, dans le genre si ingrat de la miniature, les intentions viriles de la peinture sérieuse.

HENRIQUEL DUPONT

nous a procuré le plaisir de contempler une seconde fois le magnifique portrait de M. Bertin, par M. Ingres, le seul homme en France qui fasse vraiment des portraits. — Celui-ci est sans contredit le plus beau qu'il ait fait, sans en excepter le Cherubini. — Peut-être la fière tournure et la majesté du modèle a-t-elle doublé l'audace de M. Ingres, l'homme audacieux par excellence. — Quant à la gravure, quelque consciencieuse qu'elle soit, nous craignons qu'elle ne rende pas tout le parti pris de la peinture. — Nous n'oserions pas affirmer, mais nous craignons que le graveur n'ait omis certain petit détail dans le nez ou dans les yeux.

JACQUE

M. Jacque est une réputation nouvelle qui ira toujours grandissant, espérons-le. — Son *eau-forte* est très-hardie, et son sujet très-bien conçu. — Tout ce que fait M. Jacque sur le cuivre est plein d'une liberté et d'une franchise qui rappelle les vieux maîtres. On sait d'ailleurs qu'il s'est chargé d'une reproduction remarquable des eaux-fortes de Rembrandt.

VII

SCULPTURES

BARTOLINI

Nous avons le droit de nous défier à Paris des réputations étrangères. — Nos voisins nous ont si souvent pipé notre estime crédule avec des chefs-d'œuvre qu'ils ne montraient jamais, ou qui, s'ils consentaient enfin à les faire voir, étaient un objet de confusion pour eux et pour nous, que nous nous tenons toujours en garde contre de nouveaux piéges. Ce n'est donc qu'avec une excessive défiance que nous nous sommes approchés de la *Nymphe au Scorpion.* — Mais cette fois il nous a été réellement impossible de refuser notre admiration à l'artiste étranger. — Certes nos sculpteurs sont plus adroits, et cette préoccupation excessive du métier absorbe aujourd'hui nos sculpteurs comme nos peintres; — or, c'est justement à cause des qualités un peu mises en oubli chez les nôtres, à savoir : le goût, la noblesse, la grâce — que nous regardons l'œuvre de M. Bartolini comme le morceau capital du salon de sculpture. — Nous savons que quelques-uns des *sculptiers* dont nous allons parler sont très-aptes à relever les quelques défauts d'exécution de ce marbre, un peu trop de mollesse, une absence de fermeté; bref, certaines parties veules et des bras un peu grêles; — mais aucun d'eux n'a su trouver un aussi joli motif; aucun d'eux n'a ce grand goût et cette pureté d'intentions, cette chasteté de lignes qui n'exclut pas du tout l'originalité. — Les jambes sont charmantes; la tête est d'un caractère mutin et gracieux; il est probable que c'est tout simplement un modèle bien choisi [1]. — Moins l'ouvrier se laisse voir dans une œuvre et plus l'intention en est pure et claire, plus nous sommes charmés.

DAVID

Ce n'est pas là, par exemple, le cas de M. David, dont les ouvrages nous font toujours penser à Ribéra. — Et encore, il y a ceci de faux dans notre comparaison, que Ribéra n'est homme de métier que par-dessus le marché — qu'il est en outre plein de fougue, d'originalité, de colère et d'ironie.

Certainement il est difficile de mieux modeler et de mieux faire le morceau que M. David. Cet enfant qui se pend à une grappe, et qui était déjà connu par quel-

1. Nous sommes d'autant plus fier de notre avis, que nous le savons partagé par un des grands peintres de l'école moderne.

ques charmants vers de Sainte-Beuve, est une chose curieuse à examiner ; c'est de la chair, il est vrai ; mais c'est bête comme la nature, et c'est pourtant une vérité incontestée que le but de la sculpture n'est pas de rivaliser avec des moulages. — Ceci conclu, admirons la beauté du travail tout à notre aise.

BOSIO

au contraire se rapproche de Bartolini par les hautes qualités qui séparent le grand goût d'avec le goût du trop vrai. — Sa *Jeune Indienne* est certainement une jolie chose — mais cela manque un peu d'originalité. — Il est fâcheux que M. Bosio ne nous montre pas à chaque fois des morceaux aussi complets que celui qui est au Musée du Luxembourg, et que son magnifique buste de la reine.

PRADIER

On dirait que M. Pradier a voulu sortir de lui-même et s'élever, d'un seul coup, vers les régions hautes. Nous ne savons comment louer sa statue — elle est incomparablement habile — elle est jolie sous tous les aspects — on pourrait sans doute en retrouver quelques parties au Musée des Antiques ; car c'est un mélange prodigieux de dissimulations. — L'ancien Pradier vit encore sous cette peau nouvelle, pour donner un charme exquis à cette figure ; — c'est là certainement un noble tour de force; mais la nymphe de M. Bartolini, avec ses imperfections, nous paraît plus originale.

FEUCHÈRE

Encore un habile — mais quoi! n'ira-t-on jamais plus loin?

Ce jeune artiste a déjà eu de beaux salons — sa statue est évidemment destinée à un succès; outre que son sujet est heureux, car les pucelles ont en général un public, comme tout ce qui touche aux affections publiques, cette Jeanne d'Arc que nous avions déjà vue en plâtre gagne beaucoup à des proportions plus grandes. Les draperies tombent bien, et non pas comme tombent en général les draperies des sculpteurs — les bras et les pieds sont d'un très-beau travail — la tête est peut-être un peu commune.

DAUMAS

M. Daumas est, dit-on, un chercheur. — En effet, il y a des intentions d'énergie et d'élégance dans son *Génie maritime*; mais c'est bien grêle.

ÉTEX

M. Étex n'a jamais rien pu faire de complet. Sa conception est souvent heureuse — il y a chez lui une certaine fécondité de pensée qui se fait jour assez vite et qui nous plaît; mais des morceaux assez considérables déparent toujours son œuvre. Ainsi, vu par derrière, son groupe d'Héro et Léandre a l'air lourd et les lignes ne se détachent pas harmonieusement. Les épaules et le dos de la femme ne sont pas dignes de ses hanches et de ses jambes.

GARRAUD

avait fait autrefois une assez belle bacchante dont on a gardé le souvenir — c'était de la chair — son groupe de la *première Famille humaine* contient certainement des morceaux d'une exécution très-remarquable; mais l'ensemble en est désagréable et rustique, surtout par devant. — La tête d'Adam, quoiqu'elle ressemble à celle du Jupiter olympien, est affreuse. — Le petit Caïn est le mieux réussi.

DEBAY

est un peintre qui a fait un groupe charmant, le *Berceau primitif*. — Ève tient ses deux enfants sur un genou et leur fait une espèce de panier avec ses deux bras. — La femme est belle, les enfants jolis — c'est surtout la composition de ceci qui nous plaît; car il est malheureux que M. Debay n'ait pu mettre au service d'une idée aussi originale qu'une exécution qui ne l'est pas assez.

CUMBERWORTH

LA LESBIE DE CATULLE PLEURANT SUR LE MOINEAU

C'est de la belle et bonne sculpture. — De belles lignes, de belles draperies, — c'est un peu trop de l'antique, dont

SIMART

s'est néanmoins encore plus abreuvé, ainsi que

FORCEVILLE-DUVETTE

qui a évidemment du talent, mais qui s'est trop souvenu de la *Polymnie.*

MILLET

a fait une jolie bacchante — d'un bon mouvement; mais n'est-ce pas un peu trop connu, et n'avons-nous pas vu ce motif-là bien souvent?

DANTAN

a fait quelques bons bustes, nobles, et évidemment ressemblants, ainsi que

CLESINGER

qui a mis beaucoup de distinction et d'élégance dans les portraits du duc de Nemours et de madame Marie de M...

CAMAGNI

A fait un buste romantique de Cordelia, dont le type est assez original pour être un portrait. . . . . .
. . . .
. . . .
. . . .

Nous ne croyons pas avoir fait d'omissions graves. — Le Salon, en somme, ressemble à tous les salons précédents, sauf l'arrivée soudaine, inattendue, éclatante de M. William Haussoullier — et quelques très-belles choses, des Delacroix et des Decamps. Du reste, constatons que tout le monde peint de mieux en mieux, ce qui nous paraît désolant ; — mais d'invention, d'idées, de tempérament, pas davantage qu'avant. — Au vent qui soufflera demain nul ne tend l'oreille ; et pourtant l'héroïsme *de la vie moderne* nous entoure et nous presse. — Nos sentiments vrais nous étouffent assez pour que nous les connaissions. — Ce ne sont ni les sujets ni les couleurs qui manquent aux épopées. Celui-là sera le *peintre,* le vrai peintre, qui saura arracher à la vie actuelle son côté épique, et nous faire voir et comprendre, avec de la couleur ou du dessin, combien nous sommes grands et poétiques dans nos cravates et nos bottes vernies. — Puissent les vrais chercheurs nous donner l'année prochaine cette joie singulière de célébrer l'avénement du *neuf!*

II

SALON DE 1846

AUX BOURGEOIS

Vous êtes la majorité, — nombre et intelligence; — donc vous êtes la force, — qui est la justice.

Les uns savants, les autres propriétaires; — un jour radieux viendra où les savants seront propriétaires, et les propriétaires savants. Alors votre puissance sera complète, et nul ne protestera contre elle.

En attendant cette harmonie suprême, il est juste que ceux qui ne sont que propriétaires aspirent à devenir savants; car la science est une jouissance non moins grande que la propriété.

Vous possédez le gouvernement de la cité, et cela est juste, car vous êtes la force. Mais il faut que vous soyez aptes à sentir la beauté; car comme aucun d'entre vous ne peut aujourd'hui se passer de puissance, nul n'a le droit de se passer de poésie.

Vous pouvez vivre trois jours sans pain; — sans

poésie, jamais; et ceux d'entre vous qui disent le contraire se trompent : ils ne se connaissent pas.

Les aristocrates de la pensée, les distributeurs de l'éloge et du blâme, les accapareurs des choses spirituelles, vous ont dit que vous n'aviez pas le droit de sentir et de jouir : — ce sont des pharisiens.

Car vous possédez le gouvernement d'une cité où est le public de l'univers, et il faut que vous soyez dignes de cette tâche.

Jouir est une science, et l'exercice des cinq sens veut une initiation particulière, qui ne se fait que par la bonne volonté et le besoin.

Or vous avez besoin d'art.

L'art est un bien infiniment précieux, un breuvage rafraîchissant et réchauffant, qui rétablit l'estomac et l'esprit dans l'équilibre naturel de l'idéal.

Vous en concevez l'utilité, ô bourgeois, — législateurs, ou commerçants, — quand la septième ou la huitième heure sonnée incline votre tête fatiguée vers les braises du foyer et les oreillards du fauteuil.

Un désir plus brûlant, une rêverie plus active, vous délasseraient alors de l'action quotidienne.

Mais les accapareurs ont voulu vous éloigner des pommes de la science, parce que la science est leur comptoir et leur boutique, dont ils sont infiniment jaloux. S'ils vous avaient nié la puissance de fabriquer des œuvres d'art ou de comprendre les procédés d'après lesquels on les fabrique, ils eussent affirmé une vérité dont vous ne vous seriez pas offensés, parce que les affaires publiques et le commerce absorbent les trois quarts de votre journée. Quant aux loisirs, ils doivent donc être employés à la jouissance et à la volupté.

Mais les accapareurs vous ont défendu de jouir, parce que vous n'avez pas l'intelligence de la technique des arts, comme les lois et les affaires.

Cependant il est juste, si les deux tiers de votre temps sont remplis par la science, que le troisième soit occupé par le sentiment, et c'est par le sentiment seul que vous devez comprendre l'art; — et c'est ainsi que l'équilibre des forces de votre âme sera constitué.

La vérité, pour être multiple, n'est pas double; et comme vous avez dans votre politique élargi les droits et les bienfaits, vous avez établi dans les arts une plus grande et plus abondante communion.

Bourgeois, vous avez — roi, législateur ou négociant, — institué des collections, des musées, des galeries. Quelques-unes de celles qui n'étaient ouvertes il y a seize ans qu'aux accapareurs ont élargi leurs portes pour la multitude.

Vous vous êtes associés, vous avez formé des compagnies et fait des emprunts pour réaliser l'idée de l'avenir avec toutes ses formes diverses, formes politique, industrielle et artistique. Vous n'avez jamais en aucune noble entreprise laissé l'initiative à la minorité protestante et souffrante, qui est d'ailleurs l'ennemie naturelle de l'art.

Car se laisser devancer en art et en politique, c'est se suicider, et une majorité ne peut pas se suicider.

Ce que vous avez fait pour la France, vous l'avez fait pour d'autres pays. Le musée espagnol est venu augmenter le volume des idées générales que vous devez posséder sur l'art; car vous savez parfaitement que, comme un musée national est une communion dont la douce influence attendrit les cœurs et assouplit les volontés, de même un musée étranger est une communion internationale, où deux peuples, s'observant et s'étudiant plus à l'aise, se pénètrent mutuellement, et fraternisent sans discussion.

Vous êtes les amis naturels des arts, parce que vous êtes, les uns riches, les autres savants.

Quand vous avez donné à la société votre science, votre industrie, votre travail, votre argent, vous réclamez votre payement en jouissances du corps, de la raison et de l'imagination. Si vous récupérez la quantité de jouissances nécessaire pour rétablir l'équilibre de toutes les parties de votre être, vous êtes heureux, repus et bienveillants, comme la société sera repue, heureuse et bienveillante, quand elle aura trouvé son équilibre général et absolu.

C'est donc à vous, bourgeois, que ce livre est naturellement dédié; car tout livre qui ne s'adresse pas à la majorité, — nombre et intelligence, — est un sot livre.

1er mai 1846.

SALON DE 1846

I

A QUOI BON LA CRITIQUE?

A quoi bon? — Vaste et terrible point d'interrogation, qui saisit la critique au collet dès le premier pas qu'elle veut faire dans son premier chapitre.

L'artiste reproche tout d'abord à la critique de ne pouvoir rien enseigner au bourgeois, qui ne veut ni peindre ni rimer, — ni à l'art, puisque c'est de ses entrailles que la critique est sortie.

Et pourtant que d'artistes de ce temps-ci doivent à elle seule leur pauvre renommée! C'est peut-être là le vrai reproche à lui faire.

Vous avez vu un Gavarni représentant un peintre courbé sur sa toile; derrière lui un monsieur, grave, sec, roide et cravaté de blanc, tenant à la main son dernier feuilleton. « Si l'art est noble, la critique est sainte. » — « Qui dit cela? » — « La critique! » Si l'artiste joue si facilement le beau rôle, c'est que le critique est sans doute un critique comme il y en a tant.

En fait de moyens et procédés tirés des ouvrages eux-mêmes[1], le public et l'artiste n'ont rien à apprendre ici. Ces choses-là s'apprennent à l'atelier, et le public ne s'inquiète que du résultat.

Je crois sincèrement que la meilleure critique est celle qui est amusante et poétique; non pas celle-ci, froide et algébrique, qui, sous prétexte de tout expliquer, n'a ni haine ni amour, et se dépouille volontairement de toute espèce de tempérament; mais, — un beau tableau étant la nature réfléchie par un artiste, — celle qui sera ce tableau réfléchi par un esprit intelligent et sensible. Ainsi le meilleur compte rendu d'un tableau pourra être un sonnet ou une élégie.

Mais ce genre de critique est destiné aux recueils de poésie et aux lecteurs poétiques. Quant à la critique proprement dite, j'espère que les philosophes comprendront ce que je vais dire : pour être juste, c'est-à-dire pour avoir sa raison d'être, la critique doit être partiale, passionnée, politique, c'est-à-dire faite à un point de vue exclusif, mais au point de vue qui ouvre le plus d'horizons.

Exalter la ligne au détriment de la couleur, ou la couleur aux dépens de la ligne, sans doute c'est un point de vue; mais ce n'est ni très-large ni très-juste,

1. Je sais bien que la critique actuelle a d'autres prétentions; c'est ainsi qu'elle recommandera toujours le dessin aux coloristes et la couleur aux dessinateurs. C'est d'un goût très-raisonnable et très-sublime !

et cela accuse une grande ignorance des destinées particulières.

Vous ignorez à quelle dose la nature a mêlé dans chaque esprit le goût de la ligne et le goût de la couleur, et par quels mystérieux procédés elle opère cette fusion, dont le résultat est un tableau.

Ainsi un point de vue plus large sera l'individualisme bien entendu : commander à l'artiste la naïveté et l'expression sincère de son tempérament, aidée par tous les moyens que lui fournit son métier [1]. Qui n'a pas de tempérament n'est pas digne de faire des tableaux, et, — comme nous sommes las des imitateurs, et surtout des éclectiques, — doit entrer comme ouvrier au service d'un peintre à tempérament. C'est ce que je démontrerai dans un des derniers chapitres.

Désormais muni d'un criterium certain, criterium tiré de la nature, le critique doit accomplir son devoir avec passion ; car pour être critique on n'en est pas moins homme, et la passion rapproche les tempéraments analogues et soulève la raison à des hauteurs nouvelles.

Stendhal a dit quelque part : « La peinture n'est que de la morale construite ! » — Que vous entendiez ce mot de morale dans un sens plus ou moins libéral, on en peut dire autant de tous les arts. Comme ils sont

1. A propos de l'individualisme bien entendu, voir dans le Salon de 1845 l'article sur William Haussoullier. Malgré tous les reproches qui m'ont été faits à ce sujet, je persiste dans mon sentiment ; mais il faut comprendre l'article.

toujours le beau exprimé par le sentiment, la passion et la rêverie de chacun, c'est-à-dire la variété dans l'unité, ou les faces diverses de l'absolu, — la critique touche à chaque instant à la métaphysique.

Chaque siècle, chaque peuple ayant possédé l'expression de sa beauté et de sa morale, — si l'on veut entendre par romantisme l'expression la plus récente et la plus moderne de la beauté, — le grand artiste sera donc, — pour le critique raisonnable et passionné, — celui qui unira à la condition demandée ci-dessus, la naïveté, — le plus de romantisme possible.

II

QU'EST-CE QUE LE ROMANTISME?

Peu de gens aujourd'hui voudront donner à ce mot un sens réel et positif; oseront-ils cependant affirmer qu'une génération consent à livrer une bataille de plusieurs années pour un drapeau qui n'est pas un symbole?

Qu'on se rappelle les troubles de ces derniers temps, et l'on verra que, s'il est resté peu de romantiques, c'est que peu d'entre eux ont trouvé le romantisme; mais tous l'ont cherché sincèrement et loyalement.

Quelques-uns ne se sont appliqués qu'au choix des sujets; ils n'avaient pas le tempérament de leurs sujets. — D'autres, croyant encore à une société catholique, ont cherché à refléter le catholicisme dans leurs œuvres. — S'appeler romantique et regarder systématiquement le passé, c'est se contredire. — Ceux-ci, au nom du romantisme, ont blasphémé les Grecs et les Romains : or on peut faire des Romains et des Grecs romantiques, quand on l'est soi-même. — La vérité dans l'art et la couleur looale en ont égaré beaucoup d'autres. Le réalisme avait existé longtemps avant cette grande bataille, et d'ailleurs, composer une tragédie ou un tableau pour M. Raoul Rochette, c'est s'exposer à recevoir un démenti du premier venu, s'il est plus savant que M. Raoul Rochette.

Le romantisme n'est précisément ni dans le choix des sujets ni dans la vérité exacte, mais dans la manière de sentir.

Ils l'ont cherché en dehors, et c'est en dedans qu'il était seulement possible de le trouver,

Pour moi, le romantisme est l'expression la plus récente, la plus actuelle du beau.

Il y a autant de beautés qu'il y a de manières habituelles de chercher le bonheur[1].

La philosophie du progrès explique ceci clairement; ainsi, comme il y a eu autant d'idéals qu'il y a eu pour les peuples de façons de comprendre la morale, l'amour, la religion, etc., le romantisme ne consistera pas dans une exécution parfaite, mais dans une conception analogue à la morale du siècle.

1. Stendhal.

C'est parce que quelques-uns l'ont placé dans la perfection du métier, que nous avons eu le rococo du romantisme, le plus insupportable de tous sans contredit.

Il faut donc, avant tout, connaître les aspects de la nature et les situations de l'homme, que les artistes du passé ont dédaignés ou n'ont pas connus.

Qui dit romantisme dit art moderne, — c'est-à-dire intimité, spiritualité, couleur, aspiration vers l'infini, exprimées par tous les moyens que contiennent les arts.

Il suit de là qu'il y a une contradiction évidente entre le romantisme et les œuvres de ses principaux sectaires.

Que la couleur joue un rôle très-important dans l'art moderne, quoi d'étonnant? Le romantisme est fils du Nord, et le Nord est coloriste; les rêves et les féeries sont enfants de la brume. L'Angleterre, cette patrie des coloristes exaspérés, la Flandre, la moitié de la France, sont plongées dans les brouillards; Venise elle-même trempe dans les lagunes. Quant aux peintres espagnols, ils sont plutôt contrastés que coloristes.

En revanche le Midi est naturaliste, car la nature y est si belle et si claire, que l'homme, n'ayant rien à désirer, ne trouve rien de plus beau à inventer que ce qu'il voit : ici, l'art en plein air, et quelques centaines de lieues plus haut, les rêves profonds de l'atelier et les regards de la fantaisie noyés dans les horizons gris.

Le Midi est brutal et positif comme un sculpteur dans ses compositions les plus délicates; le Nord souffrant et inquiet se console avec l'imagination, et s'il fait de la sculpture, elle sera plus souvent pittoresque que classique.

Raphaël, quelque pur qu'il soit, n'est qu'un esprit matériel sans cesse à la recherche du solide; mais cette canaille de Rembrandt est un puissant idéaliste qui fait rêver et deviner au delà. L'un compose des créatures à l'état neuf et virginal, — Adam et Ève; — mais l'autre secoue des haillons devant nos yeux et nous raconte les souffrances humaines.

Cependant Rembrandt n'est pas un pur coloriste, mais un harmoniste; combien l'effet sera donc nouveau et le romantisme adorable, si un puissant coloriste nous rend nos sentiments et nos rêves les plus chers avec une couleur appropriée aux sujets !

Avant de passer à l'examen de l'homme qui est jusqu'à présent le plus digne représentant du romantisme, je veux écrire sur la couleur une série de réflexions qui ne seront pas inutiles pour l'intelligence complète de ce petit livre.

III

DE LA COULEUR

Supposons un bel espace de nature où tout verdoie, rougeoie, poudroie et chatoie en pleine liberté, où toutes choses, diversement colorées suivant leur constitution moléculaire, changées de seconde en seconde par le déplacement de l'ombre et de la lumière, et agitées par le travail intérieur du calorique, se trouvent en perpétuelle vibration, laquelle fait trembler les lignes et complète la loi du mouvement éternel et universel. — Une immensité, bleue quelquefois et verte souvent, s'étend jusqu'aux confins du ciel : c'est la mer. Les arbres sont verts, les gazons verts, les mousses vertes; le vert serpente dans les troncs, les tiges non mûres sont vertes; le vert est le fond de la nature, parce que le vert se marie facilement à tous les autres tons[1]. Ce qui me frappe d'abord, c'est que partout, — coquelicots dans les gazons, pavots, perroquets, etc., — le rouge chante la gloire du vert; le noir, — quand il y en a, — zéro solitaire et insignifiant, intercède le secours du bleu ou du rouge. Le bleu, c'est-à-dire le ciel, est coupé de légers flocons blancs ou de masses grises qui trempent heureusement sa morne crudité, — et, comme la vapeur de la saison, — hiver ou été, — baigne, adoucit, ou engloutit les contours, la nature ressemble à un toton qui, mû par une vitesse accélérée, nous apparaît gris, bien qu'il résume en lui toutes les couleurs.

La séve monte et, mélange de principes, elle s'épa-

1. Excepté à ses générateurs, le jaune et le bleu; cependant je ne parle ici que des tons purs. Car cette règle n'est pas applicable aux coloristes transcendants qui connaissent à fond la science du contre-point.

nouit en *tons mélangés;* les arbres, les rochers, les granits se mirent dans les eaux et y déposent leurs *reflets;* tous les objets transparents accrochent au passage lumières et couleurs voisines et lointaines. A mesure que l'astre du jour se dérange, les tons changent de valeur, mais, respectant toujours leurs sympathies et leurs haines naturelles, continuent à vivre en harmonie par des concessions réciproques. Les ombres se déplacent lentement, et font fuir devant elles ou éteignent les tons à mesure que la lumière, déplacée elle-même, en veut faire résonner de nouveau. Ceux-ci se renvoient leurs reflets, et, modifiant leurs qualités en les *glaçant* de qualités transparentes et empruntées, multiplient à l'infini leurs mariages mélodieux et les rendent plus faciles. Quand le grand foyer descend dans les eaux, de rouges fanfares s'élancent de tous côtés; une sanglante harmonie éclate à l'horizon, et le vert s'empourpre richement. Mais bientôt de vastes ombres bleues chassent en cadence devant elles la foule des tons orangés et rose tendre qui sont comme l'écho lointain et affaibli de la lumière. Cette grande symphonie du jour, qui est l'éternelle variation de la symphonie d'hier, cette succession de mélodies, où la variété sort toujours de l'infini, cet hymne compliqué s'appelle la couleur.

On trouve dans la couleur l'harmonie, la mélodie et le contre-point.

Si l'on veut examiner le détail dans le détail, sur un objet de médiocre dimension, — par exemple, la main d'une femme un peu sanguine, un peu maigre et d'une peau très-fine, on verra qu'il y a harmonie parfaite entre le vert des fortes veines qui la sillonnent et les tons sanguinolents qui marquent les jointures; les ongles roses tranchent sur la première phalange qui possède quelques tons gris et bruns. Quant à la paume, les lignes de vie, plus roses et plus vineuses, sont séparées les unes des autres par le système des veines vertes ou bleues qui les traversent. L'étude du même objet, faite avec une loupe, fournira dans n'importe quel espace, si petit qu'il soit, une harmonie parfaite de tons gris, bleus, bruns, verts, orangés et blancs réchauffés par un peu de jaune; — harmonie qui, combinée avec les ombres, produit le modelé des coloristes, essentiellement différent du modelé des dessinateurs, dont les difficultés se réduisent à peu près à copier un plâtre.

La couleur est donc l'accord de deux tons. Le ton chaud et le ton froid, dans l'opposition desquels consiste toute la théorie, ne peuvent se définir d'une manière absolue : ils n'existent que relativement.

La loupe, c'est l'œil du coloriste.

Je ne veux pas en conclure qu'un coloriste doit procéder par l'étude minutieuse des tons confondus dans un espace très-limité. Car en admettant que chaque molécule soit douée d'un ton particulier, il faudrait que la matière fût divisible à l'infini; et d'ailleurs, l'art n'étant qu'une abstraction et un sacrifice du détail à l'ensemble, il est important de s'occuper surtout des masses. Mais je voulais prouver que, si le cas était possible, les tons, quelque nombreux qu'ils fussent, mais logiquement juxtaposés, se fondraient naturellement par la loi qui les régit.

Les affinités chimiques sont la raison pour laquelle la nature ne peut pas commettre de fautes dans l'arrangement de ces tons; car, pour elle, forme et couleur sont un.

Le vrai coloriste ne peut pas en commettre non plus; et tout lui est permis, parce qu'il connaît de naissance la gamme des tons, la force du ton, les résultats des mélanges, et toute la science du contre-point, et qu'il peut ainsi faire une harmonie de vingt rouges différents.

Cela est si vrai, que, si un propriétaire anticoloriste s'avisait de repeindre sa campagne d'une manière absurde et dans un système de couleurs charivariques, le vernis épais et transparent de l'atmosphère et l'œil savant de Véronèse redresseraient le tout et produiraient sur une toile un ensemble satisfaisant, conventionnel sans doute, mais logique.

Cela explique comment un coloriste peut être paradoxal dans sa manière d'exprimer la couleur, et comment l'étude de la nature conduit souvent à un résultat tout différent de la nature.

L'air joue un si grand rôle dans la théorie de la couleur, que, si un paysagiste peignait les feuilles des arbres telles qu'il les voit, il obtiendrait un ton faux; attendu qu'il y a un espace d'air bien moindre entre le spectateur et le tableau qu'entre le spectateur et la nature.

Les mensonges sont continuellement nécessaires, même pour arriver au trompe-l'œil.

L'harmonie est la base de la théorie de la couleur.

La mélodie est l'unité dans la couleur, ou la couleur générale.

La mélodie veut une conclusion; c'est un ensemble où tous les effets concourent à un effet général.

Ainsi la mélodie laisse dans l'esprit un souvenir profond.

La plupart de nos jeunes coloristes manquent de mélodie.

La bonne manière de savoir si un tableau est mélodieux est de le regarder d'assez loin pour n'en comprendre ni le sujet ni les lignes. S'il est mélodieux, il a déjà un sens, et il a déjà pris sa place dans le répertoire des souvenirs.

Le style et le sentiment dans la couleur viennent du choix, et le choix vient du tempérament.

Il y a des tons gais et folâtres, folâtres et tristes, riches et gais, riches et tristes, de communs et d'originaux.

Ainsi la couleur de Véronèse est calme et gaie. La couleur de Delacroix est souvent plaintive, et la couleur de M. Catlin souvent terrible.

J'ai eu longtemps devant ma fenêtre un cabaret miparti de vert et de rouge crus, qui étaient pour mes yeux une douleur délicieuse.

J'ignore si quelque analogiste a établi solidement une gamme complète des couleurs et des sentiments, mais je me rappelle un passage d'Hoffmann qui exprime parfaitement mon idée, et qui plaira à tous ceux qui aiment sincèrement la nature : « Ce n'est pas seulement en rêve, et dans le léger délire qui précède le sommeil, c'est encore éveillé, lorsque j'entends de la musique, que je trouve une analogie et une réunion intime entre les couleurs, les sons et les parfums. Il me semble que toutes ces choses ont été engendrées par un même rayon de lumière, et qu'elles doivent se réunir dans un merveilleux concert. L'odeur des soucis bruns et rouges produit surtout un effet magique sur ma personne. Elle me fait tomber dans une profonde rêverie, et j'entends alors comme dans le lointain les sons graves et profonds du hautbois[1]. »

On demande souvent si le même homme peut être à la fois grand coloriste et grand dessinateur.

Oui et non; car il y a différentes sortes de dessins.

La qualité d'un pur dessinateur consiste surtout dans la finesse, et cette finesse exclut la touche : or il y a des touches heureuses, et le coloriste chargé d'exprimer la nature par la couleur perdrait souvent plus à supprimer des touches heureuses qu'à rechercher une plus grande austérité de dessin.

La couleur n'exclut certainement pas le grand dessin, celui de Véronèse, par exemple, qui procède sur-

1. Kreisleriana.

tout par l'ensemble et les masses; mais bien le dessin du détail, le contour du petit morceau, où la touche mangera toujours la ligne.

L'amour de l'air, le choix des sujets à mouvement, veulent l'usage des lignes flottantes et noyées.

Les dessinateurs exclusifs agissent selon un procédé inverse et pourtant analogue. Attentifs à suivre et à surprendre la ligne dans ses ondulations les plus secrètes, ils n'ont pas le temps de voir l'air et la lumière, c'est-à-dire leurs effets, et s'efforcent même de ne pas les voir, pour ne pas nuire au principe de leur école.

On peut donc être à la fois coloriste et dessinateur, mais dans un certain sens. De même qu'un dessinateur peut être coloriste par les grandes masses, de même un coloriste peut être dessinateur par une logique complète de l'ensemble des lignes; mais l'une de ces qualités absorbe toujours le détail de l'autre.

Les coloristes dessinent comme la nature; leurs figures sont naturellement délimitées par la lutte harmonieuse des masses colorées.

Les purs dessinateurs sont des philosophes et des abstracteurs de quintessence.

Les coloristes sont des poëtes épiques.

IV

EUGÈNE DELACROIX

Le romantisme et la couleur me conduisent droit à Eugène Delacroix. J'ignore s'il est fier de sa qualité de romantique; mais sa place est ici, parce que la majorité du public l'a depuis longtemps, et même dès sa première œuvre, constitué le chef de l'école *moderne.*

En entrant dans cette partie, mon cœur est plein d'une joie sereine, et je choisis à dessein mes plumes les plus neuves, tant je veux être clair et limpide, et tant je me sens aise d'aborder mon sujet le plus cher et le plus sympathique. Il faut, pour faire bien comprendre les conclusions de ce chapitre, que je remonte un peu haut dans l'histoire de ce temps-ci, et que je remette sous les yeux du public quelques pièces du procès déjà citées par les critiques et les historiens précédents, mais nécessaires pour l'ensemble de la démonstration. Du reste, ce n'est pas sans un vif plaisir que les purs enthousiastes d'Eugène Delacroix reliront un article du *Constitutionnel* de 1822, tiré du Salon de M. Thiers, journaliste.

« Aucun tableau ne révèle mieux, à mon avis, l'avenir d'un grand peintre que celui de M. Delacroix, représentant *le Dante et Virgile aux enfers.* C'est là surtout qu'on peut remarquer ce jet de talent, cet élan de la supériorité naissante qui ranime les espérances un peu découragées par le mérite trop modéré de tout le reste.

« Le Dante et Virgile, conduits par Caron, traversent le fleuve infernal et fendent avec peine la foule qui se presse autour de la barque pour y pénétrer. Le Dante, supposé vivant, a l'horrible teint des lieux; Virgile, couronné d'un sombre laurier, a les couleurs de la mort. Les malheureux, condamnés éternellement à désirer la rive opposée, s'attachent à la barque : l'un la saisit en vain, et, renversé par son mouvement trop rapide, est replongé dans les eaux; un autre l'embrasse et repousse avec les pieds ceux qui veulent aborder comme lui; deux autres serrent avec les dents le bois qui leur échappe. Il y a là l'égoïsme de la détresse, le désespoir de l'enfer. Dans le sujet si voisin de l'exagération, on trouve cependant une sévérité de goût, une convenance locale, en quelque sorte, qui relève le dessin, auquel des juges sévères, *mais peu avisés ici,* pourraient reprocher de manquer de noblesse. Le pinceau est large et ferme, la couleur simple et vigoureuse, quoiqu'un peu crue.

« L'auteur a, outre cette imagination poétique qui est commune au peintre comme à l'écrivain, cette imagination de l'art, qu'on pourrait appeler en quelque sorte l'imagination du dessin, et qui est tout autre que la précédente. Il jette ses figures, les groupe et les plie à volonté avec la hardiesse de Michel-Ange et la fécondité de Rubens. Je ne sais quel souvenir des grands artistes me saisit à l'aspect de ce tableau; je retrouve cette puissance sauvage, ardente, mais naturelle, qui cède sans effort à son propre entraînement.

. . . .

» Je ne crois pas m'y tromper, M. Delacroix a reçu le génie; qu'il avance cette assurance, qu'il se livre aux immenses travaux, condition indispensable du talent; et ce qui doit lui donner plus de confiance encore, c'est que l'opinion que j'exprime ici sur son compte est celle de l'un des grands maîtres de l'école. »

A. T...rs.

Ces lignes enthousiastes sont véritablement stupéfiantes autant par leur précocité que par leur hardiesse. Si le rédacteur en chef du journal avait, comme il est présumable, des prétentions à se connaître en peinture, le jeune Thiers dut lui paraître un peu fou.

Pour se bien faire une idée du trouble profond que le tableau de *Dante et Virgile* dut jeter dans les esprits d'alors, de l'étonnement, de l'abasourdissement, de la colère, du hourra, des injures, de l'enthousiasme et des éclats de rire insolents qui entourèrent ce beau tableau, vrai signal d'une révolution, il faut se rappeler que dans l'atelier de M. Guérin, homme d'un grand mérite, mais despote et exclusif comme son maître David, il n'y avait qu'un petit nombre de parias qui se préoccupaient des vieux maîtres à l'écart et osaient timidement conspirer à l'ombre de Raphaël et de Michel-Ange. Il n'est pas encore question de Rubens.

M. Guérin, rude et sévère envers son jeune élève, ne regarda le tableau qu'à cause du bruit qui se faisait autour.

Géricault, qui revenait d'Italie, et avait, dit-on, devant les grandes fresques romaines et florentines, abdiqué plusieurs de ses qualités presque originales, complimenta si fort le nouveau peintre, encore timide, que celui-ci en était presque confus.

Ce fut devant cette peinture, ou quelque temps après, devant *les Pestifèrès de Scio*[1], que Gérard lui-même, qui, à ce qu'il semble, était plus homme d'esprit que peintre, s'écria : « Un peintre vient de nous être révélé, mais c'est un homme qui court sur les toits ! » — Pour courir sur les toits, il faut avoir le pied solide et l'œil illuminé par la lumière intérieure.

Gloire et justice soient rendus à MM. Thiers et Gérar

Depuis le tableau de *Dante et Virgile* jusqu'aux peintures de la chambre des pairs et des députés, l'espace est grand sans doute; mais la biographie d'Eugène Delacroix est peu accidentée. Pour un pareil homme, doué d'un tel courage et d'une telle passion, les luttes les plus intéressantes sont celles qu'il a à soutenir contre lui-même; les horizons n'ont pas besoin d'être grands pour que les batailles soient importantes; les révolutions et les événements les plus curieux se pas-

1. Je mets *pestiférés* au lieu de *massacre*, pour expliquer aux critiques étourdis les tons des chairs si souvent reprochés.

sent sous le ciel du crâne, dans le laboratoire étroit et mystérieux du cerveau.

L'homme étant donc bien dûment révélé et se révélant de plus en plus (tableau allégorique de *la Grèce, le Sardanapale, la Liberté,* etc.), la contagion du nouvel évangile empirant de jour en jour, le dédain académique se vit contraint lui-même de s'inquiéter de ce nouveau génie. M. Sosthènes de La Rochefoucauld, alors directeur des beaux-arts, fit un beau jour mander E. Delacroix, et lui dit, après maint compliment, qu'il était affligeant qu'un homme d'une si riche imagination et d'un si beau talent, auquel le gouvernement voulait du bien, ne voulût pas mettre un peu d'eau dans son vin; il lui demanda définitivement s'il ne lui serait pas possible de modifier sa manière. Eugène Delacroix, prodigieusement étonné de cette condition bizarre et de ces conseils ministériels, répondit avec une colère presque comique qu'apparemment s'il peignait ainsi, c'est qu'il le fallait et qu'il ne pouvait pas peindre autrement. Il tomba dans une disgrâce complète, et fut pendant sept ans sevré de toute espèce de travaux. Il fallut attendre 1830. M. Thiers avait fait dans *le Globe* un nouvel et très-pompeux article.

Un voyage à Maroc laissa dans son esprit, à ce qu'il semble, une impression profonde; là il put à loisir étudier l'homme et la femme dans l'indépendance et l'originalité native de leurs mouvements, et comprendre la beauté antique par l'aspect d'une race pure de toute mésalliance et ornée de sa santé et du libre développement de ses muscles. C'est probablement de cette époque que datent la composition des *Femmes d'Alger* et une foule d'esquisses.

Jusqu'à présent on a été injuste envers Eugène Delacroix. La critique a été pour lui amère et ignorante; sauf quelques nobles exceptions, la louange elle-même a dû souvent lui paraître choquante. En général, et pour la plupart des gens, nommer Eugène Delacroix, c'est jeter dans leur esprit je ne sais quelles idées vagues de fougue mal dirigée, de turbulence, d'inspiration aventurière, de désordre même; et pour ces messieurs qui font la majorité du public, le hasard, honnête et complaisant serviteur du génie, joue un grand rôle dans ses plus heureuses compositions. Dans la malheureuse époque de révolution dont je parlais tout à l'heure, et dont j'ai enregistré les nombreuses méprises, on a souvent comparé Eugène Delacroix à Victor Hugo. On avait le poëte romantique, il fallait le peintre. Cette nécessité de trouver à tout prix des pendants et des analogues dans les différents arts amène souvent d'étranges bévues, et celle-ci prouve encore combien l'on s'entendait peu. A coup sûr la comparaison dut paraître pénible à Eugène Delacroix, peut-être à tous deux; car si ma définition du romantisme (intimité, spiritualité, etc.) place Delacroix à la tête du romantisme, elle en exclut naturellement M. Victor Hugo. Le parallèle est resté dans le domaine banal des idées convenues, et ces deux préjugés encombrent encore beaucoup de têtes faibles. Il faut en finir une fois pour toutes avec ces niaiseries de rhétoricien. Je prie tous ceux qui ont éprouvé le besoin de créer à leur propre usage une certaine esthétique, et de déduire les causes des résultats, de comparer attentivement les produits de ces deux artistes.

M. Victor Hugo, dont je ne veux certainement pas diminuer la noblesse et la majesté, est un ouvrier beaucoup plus adroit qu'inventif, un travailleur bien plus correct que créateur. Delacroix est quelquefois maladroit, mais essentiellement créateur. M. Victor Hugo laisse voir dans tous ses tableaux, lyriques et dramatiques, un système d'alignement et de contrastes uniformes. L'excentricité elle-même prend chez lui des formes symétriques. Il possède à fond et emploie froidement tous les tons de la rime, toutes les ressources de l'antithèse, toutes les tricheries de l'apposition. C'est un compositeur de décadence ou de transition, qui se sert de ses outils avec une dextérité véritablement admirable et curieuse. M. Hugo était naturellement académicien avant que de naître, et si nous étions encore au temps des merveilles fabuleuses, je croirais volontiers que les lions verts de l'Institut, quand il passait devant le sanctuaire courroucé, lui ont souvent murmuré d'une voix prophétique : « Tu seras de l'Académie ! »

Pour Delacroix, la justice est plus tardive. Ses œuvres, au contraire, sont des poëmes, et de grands poëmes naïvement conçus [1], exécutés avec l'insolence

1. Il faut entendre par la naïveté du génie la science du métier

accoutumée du génie. — Dans ceux du premier, il n'y a rien à deviner; car il prend tant de plaisir à montrer son adresse, qu'il n'omet pas un brin d'herbe ni un reflet de réverbère. — Le second ouvre dans les siens de profondes avenues à l'imagination la plus voyageuse. — Le premier jouit d'une certaine tranquillité, disons mieux, d'un certain égoïsme de spectateur, qui fait planer sur toute sa poésie je ne sais quelle froideur et quelle modération, — que la passion tenace et bilieuse du second, aux prises avec les patiences du métier, ne lui permet pas toujours de garder. — L'un commence par le détail, l'autre par l'intelligence intime du sujet; d'où il arrive que celui-ci n'en prend que la peau, et que l'autre en arrache les entrailles. Trop matériel, trop attentif aux superficies de la nature, M. Victor Hugo est devenu un peintre en poésie; Delacroix, toujours respectueux de son idéal, est souvent, à son insu, un poëte en peinture.

Quant au second préjugé, le préjugé du hasard, il n'a pas plus de valeur que le premier. — Rien n'est plus impertinent ni plus bête que de parler à un grand artiste, érudit et penseur comme Delacroix, des obligations qu'il peut avoir au dieu du hasard. Cela fait tout simplement hausser les épaules de pitié. Il n'y a pas de hasard dans l'art, non plus qu'en mécanique. Une chose heureusement trouvée est la simple consé-

combinée avec le *gnôti séauton*, mais la science modeste laissant le beau rôle au tempérament.

quence d'un bon raisonnement, dont on a quelquefois sauté les déductions intermédiaires, comme une faute est la conséquence d'un faux principe. Un tableau est une machine dont tous les systèmes sont intelligibles pour un œil exercé; où tout a sa raison d'être, si le tableau est bon; où un ton est toujours destiné à en faire valoir un autre; où une faute occasionnelle de dessin est quelquefois nécessaire pour ne pas sacrifier quelque chose de plus important.

Cette intervention du hasard dans les affaires de peinture de Delacroix est d'autant plus invraisemblable qu'il est un des rares hommes qui restent originaux après avoir puisé à toutes les vraies sources, et dont l'individualité indomptable a passé alternativement sous le joug secoué de tous les grands maîtres. — Plus d'un serait assez étonné de voir une étude de lui d'après Raphaël, chef-d'œuvre patient et laborieux d'imitation, et peu de personnes se souviennent aujourd'hui des lithographies qu'il a faites d'après des médailles et des pierres gravées.

Voici quelques lignes de M. Henri Heine qui expliquent assez bien la méthode de Delacroix, méthode qui est, comme chez tous les hommes vigoureusement constitués, le résultat de son tempérament : « En fait d'art, je suis surnaturaliste. Je crois que l'artiste ne peut trouver dans la nature tous ses types, mais que les plus remarquables lui sont révélés dans son âme, comme la symbolique innée d'idées innées, et au même instant. Un moderne professeur d'esthétique, qui a écrit des *Recherches sur l'Italie,* a voulu remettre en honneur le vieux principe de l'*imitation de la nature.* et soutenir que l'artiste plastique devait trouver dans la nature tous ses types. Ce professeur, en étalant ainsi son principe suprême des arts plastiques, avait seulement oublié un de ces arts, l'un des plus primitifs, je veux dire l'architecture, dont on a essayé de retrouver après coup les types dans les feuillages des forêts, dans les grottes des rochers : ces types n'étaient point dans la nature extérieure, mais bien dans l'âme humaine. »

Delacroix part donc de ce principe, qu'un tableau doit avant tout reproduire la pensée intime de l'artiste, qui domine le modèle, comme le créateur la création; et de ce principe il en sort un second qui semble le contredire à première vue, — à savoir, qu'il faut être très-soigneux des moyens matériels d'exécution. — Il professe une estime fanatique pour la propreté des outils et la préparation des éléments de l'œuvre. — En effet, la peinture étant un art d'un raisonnement profond et qui demande la concurrence immédiate d'une foule de qualités, il est important que la main rencontre, quand elle se met à la besogne, le moins d'obstacles possible, et accomplisse avec une rapidité servile les ordres divins du cerveau : autrement l'idéal s'envole.

Aussi lente, sérieuse, consciencieuse est la conception du grand artiste, aussi preste est son exécution. C'est du reste une qualité qu'il partage avec celui dont l'opinion publique a fait son antipode, M. Ingres. L'accouchement n'est point l'enfantement, et ces grands seigneurs de la peinture, doués d'une paresse apparente, déploient une agilité merveilleuse à couvrir une toile. Le *Saint Symphorien* a été refait entièrement plusieurs fois, et dans le principe il contenait beaucoup moins de figures.

Pour E. Delacroix, la nature est un vaste dictionnaire dont il roule et consulte les feuillets avec un œil sûr et profond; et cette peinture, qui procède surtout du souvenir, parle surtout au souvenir. L'effet produit sur l'âme du spectateur est analogue aux moyens de l'artiste. Un tableau de Delacroix, *Dante et Virgile,* par exemple, laisse toujours une impression profonde, dont l'intensité s'accroît par la distance. Sacrifiant sans cesse le détail à l'ensemble, et craignant d'affaiblir la vitalité de sa pensée par la fatigue d'une exécution plus nette et plus calligraphique, il jouit pleinement d'une originalité insaisissable, qui est l'intimité du sujet.

L'exercice d'une dominante n'a légitimement lieu qu'au détriment du reste. Un goût excessif nécessite les sacrifices, et les chefs-d'œuvre ne sont jamais que des extraits divers de la nature. C'est pourquoi il faut subir les conséquences d'une grande passion, quelle qu'elle soit, accepter la fatalité d'un talent, et ne pas marchander avec le génie. C'est à quoi n'ont pas songé les gens qui ont tant raillé le dessin de Delacroix; en particulier les sculpteurs, gens partiaux et borgnes plus qu'il n'est permis, et dont le jugement vaut tout au plus la moitié d'un jugement d'architecte. — La sculpture, à qui la couleur est impossible et le mouvement difficile, n'a rien à démêler avec un artiste que préoccupent surtout le mouvement, la couleur et l'atmosphère. Ces trois éléments demandent nécessairement un contour un peu indécis, des lignes légères et flottantes, et l'audace de la touche. — Delacroix est le seul aujourd'hui dont l'originalité n'ait pas été envahie par le système des lignes droites; ses personnages sont toujours agités, et ses draperies voltigeantes. Au point de vue de Delacroix, la ligne n'est pas; car, si ténue qu'elle soit, un géomètre taquin peut toujours la supposer assez épaisse pour en contenir mille autres; et pour les coloristes, qui veulent imiter les palpitations éternelles de la nature, les lignes ne sont jamais, comme dans l'arc-en-ciel, que la fusion intime de deux couleurs.

D'ailleurs il y a plusieurs dessins, comme plusieurs couleurs : — exacts ou bêtes, physionomiques et imaginés.

Le premier est négatif, incorrect à force de réalité, naturel, mais saugrenu; le second est un dessin naturaliste, mais idéalisé, dessin d'un génie qui sait choisir, arranger, corriger, deviner, gourmander la nature; enfin le troisième, qui est le plus noble et le plus étrange, peut négliger la nature; il en représente une autre, analogue à l'esprit et au tempérament de l'auteur.

Le dessin physionomique appartient généralement aux passionnés, comme M. Ingres; le dessin de création est le privilége du génie[1].

La grande qualité du dessin des artistes suprêmes est la vérité du mouvement, et Delacroix ne viole jamais cette loi naturelle.

Passons à l'examen de qualités plus générales encore. — Un des caractères principaux du grand peintre est l'universalité. — Ainsi le poëte épique, Homère ou Dante, sait faire également bien une idylle, un récit, un discours, une description, une ode, etc.

De même, Rubens, s'il peint des fruits, peindra des fruits plus beaux qu'un spécialiste quelconque.

E. Delacroix est universel; il a fait des tableaux de genre pleins d'intimité, des tableaux d'histoire pleins de grandeur. Lui seul, peut-être, dans notre siècle incrédule, a conçu des tableaux de religion qui n'étaient ni vides et froids comme des œuvres de concours, ni pédants, mystiques ou néo-chrétiens, comme ceux de tous ces philosophes de l'art qui font de la religion une science d'archaïsme, et croient nécessaire de posséder avant tout la symbolique et les traditions primitives pour remuer et faire chanter la corde religieuse.

Cela se comprend facilement, si l'on veut considérer que Delacroix est, comme tous les grands maîtres, un mélange admirable de science, — c'est-à-dire un peintre complet, — et de naïveté, c'est-à-dire un

1. C'est ce que M. Thiers appelait l'imagination du dessin.

homme complet. Allez voir à Saint-Louis au Marais cette *Pietà,* où la majestueuse reine des douleurs tient sur ses genoux le corps de son enfant mort, les deux bras étendus horizontalement dans un accès de désespoir, une attaque de nerfs maternelle. L'un des deux personnages qui soutient et modère sa douleur est éploré comme les figures les plus lamentables de l'*Hamlet,* avec laquelle œuvre celle-ci a du reste plus d'un rapport. — Des deux saintes femmes, la première rampe convulsivement à terre, encore revêtue des bijoux et des insignes de luxe; l'autre, blonde et dorée, s'affaisse plus mollement sous le poids énorme de son désespoir.

Le groupe est échelonné et disposé tout entier sur un fond d'un vert sombre et uniforme, qui ressemble autant à des amas de rochers qu'à une mer bouleversée par l'orage. Ce fond est d'une simplicité fantastique, et E. Delacroix a sans doute, comme Michel-Ange, supprimé l'accessoire pour ne pas nuire à la clarté de son idée. Ce chef-d'œuvre laisse dans l'esprit un sillon profond de mélancolie. — Ce n'était pas, du reste, la première fois qu'il attaquait les sujets religieux. Le *Christ aux Oliviers,* le *Saint Sébastien,* avaient déjà témoigné de la gravité et de la sincérité profonde dont il sait les empreindre.

Mais pour expliquer ce que j'affirmais tout à l'heure, — que Delacroix seul sait faire de la religion, — je ferai remarquer à l'observateur que, si ses tableaux les plus intéressants sont presque toujours ceux dont il choisit les sujets, c'est-à-dire ceux de fantaisie, — néanmoins la tristesse sérieuse de son talent convient parfaitement à notre religion, religion profondément triste, religion de la douleur universelle, et qui, à cause de sa catholicité même, laisse une pleine liberté à l'individu et ne demande pas mieux que d'être célébrée dans le langage de chacun, — s'il connaît la douleur et s'il est peintre.

Je me rappelle qu'un de mes amis, garçon de mérite d'ailleurs, coloriste déjà en vogue, — un de ces jeunes hommes précoces qui donnent des espérances toute leur vie, et beaucoup plus académique qu'il ne le croit lui-même, — appelait cette peinture : peinture de cannibale !

A coup sûr, ce n'est point dans les curiosités d'une palette encombrée, ni dans le dictionnaire des règles, que notre jeune ami saura trouver cette sanglante et farouche désolation, à peine compensée par le vert sombre de l'espérance !

Cet hymne terrible à la douleur faisait sur sa classique imagination l'effet des vins redoutables de l'Anjou, de l'Auvergne ou du Rhin, sur un estomac accoutumé aux pâles violettes du Médoc.

Ainsi, universalité de sentiment, — et maintenant universalité de science !

Depuis longtemps les peintres avaient, pour ainsi dire, désappris le genre *dit* de décoration. L'hémicycle des Beaux-Arts est une œuvre puérile et maladroite, où les intentions se contredisent, et qui ressemble à une collection de portraits historiques. Le *Plafond d'Homère* est un beau tableau qui plafonne mal. La plupart des chapelles exécutées dans ces derniers temps, et distribuées aux élèves de M. Ingres, sont faites dans le système des Italiens primitifs, c'est-à-dire qu'elles veulent arriver à l'unité par la suppression des effets lumineux et par un vaste système de coloriages mitigés. Ce système, plus raisonnable sans doute, esquive les difficultés. Sous Louis XIV, Louis XV et Louis XVI, les peintres firent des décorations à grand fracas, mais qui manquaient d'unité dans la couleur et dans la composition.

E. Delacroix eut des décorations à faire, et il résolut le grand problème. Il trouva l'unité dans l'aspect sans nuire à son métier de coloriste.

La Chambre des députés est là qui témoigne de ce singulier tour de force. La lumière, économiquement dispensée, circule à travers toutes ces figures, sans intriguer l'œil d'une manière tyrannique.

Le plafond circulaire de la bibliothèque du Luxembourg est une œuvre plus étonnante encore, où le peintre est arrivé, — non-seulement à un effet encore plus doux et plus uni, sans rien supprimer des qualités de couleur et de lumière, qui sont le propre de tous ses tableaux, — mais encore s'est révélé sous un aspect tout nouveau : Delacroix paysagiste !

Au lieu de peindre Apollon et les Muses, décoration invariable des bibliothèques, E. Delacroix a cédé à son goût irrésistible pour Dante, que Shakspeare seul balance peut-être dans son esprit, et il a choisi le passage où Dante et Virgile rencontrent dans un lieu mystérieux les principaux poëtes de l'antiquité :

« Nous ne laissions pas d'aller, tandis qu'il parlait; mais nous traversions toujours la forêt, épaisse forêt d'esprits, veux-je dire. Nous n'étions pas bien éloignés de l'entrée de l'abîme, quand je vis un feu qui perçait un hémisphère de ténèbres. Quelques pas nous en séparaient encore, mais je pouvais déjà entrevoir que des esprits glorieux habitaient ce séjour.

« — O toi, qui honores toute science et tout art, quels sont ces esprits auxquels on fait tant d'honneur qu'on les sépare du sort des autres ?

« Il me répondit : — Leur belle renommée, qui retentit là-haut dans votre monde, trouve grâce dans le ciel, qui les distingue des autres.

« Cependant une voix se fit entendre : « Honorez le « sublime poëte; son ombre, qui était partie, nous « revient. »

« La voix se tut, et je vis venir à nous quatre grandes ombres; leur aspect n'était ni triste ni joyeux.

« Le bon maître me dit : — Regarde celui qui marche, une épée à la main, en avant des trois autres, comme un roi : c'est Homère, poëte souverain; l'autre qui le suit est Horace le satirique; Ovide est le troisième, et le dernier est Lucain. Comme chacun d'eux partage avec moi le nom qu'a fait retentir la voix unanime, ils me font honneur et ils font bien !

« Ainsi je vis se réunir la belle école de ce maître du

chant sublime, qui plane sur les autres comme l'aigle. Dès qu'ils eurent devisé ensemble quelque peu, ils se tournèrent vers moi avec un geste de salut, ce qui fit sourire mon guide. Et ils me firent encore plus d'honneur, car ils me reçurent dans leur troupe, de sorte que je fus le sixième parmi tant de génies[1]. . . .

. . . .

. . . . »

Je ne ferai pas à E. Delacroix l'injure d'un éloge exagéré pour avoir si bien vaincu la concavité de sa toile et y avoir placé des figures droites. Son talent est au-dessus de ces choses-là. Je m'attache surtout à l'esprit de cette peinture. Il est impossible d'exprimer avec de la prose tout le calme bienheureux qu'elle respire, et la profonde harmonie qui nage dans cette atmosphère. Cela fait penser aux pages les plus verdoyantes du *Télémaque,* et rend tous les souvenirs que l'esprit a emportés des récits élyséens. Le paysage, qui néanmoins n'est qu'un accessoire, est, au point de vue où je me plaçais tout à l'heure, — l'universalité des grands maîtres, — une chose des plus importantes. Ce paysage circulaire, qui embrasse un espace énorme, est peint avec l'aplomb d'un peintre d'histoire, et la finesse et l'amour d'un paysagiste. Des bouquets de lauriers, des ombrages considérables le coupent harmonieusement; des nappes de soleil doux et uniforme dorment sur les

1. *L'Enfer,* de Dante, chant IV, traduction de Pier Angelo Fiorentino.

gazons ; des montagnes bleues ou ceintes de bois font un horizon à souhait *pour le plaisir des yeux*. Quant au ciel, il est bleu et blanc, chose étonnante chez Delacroix ; les nuages, délayés et tirés en sens divers comme une gaze qui se déchire, sont d'une grande légèreté ; et cette voûte d'azur, profonde et lumineuse, fuit à une prodigieuse hauteur. Les aquarelles de Bonnington sont moins transparentes.

Ce chef-d'œuvre, qui, selon moi, est supérieur aux meilleurs Véronèse, a besoin, pour être bien compris, d'une grande quiétude d'esprit et d'un jour très-doux. Malheureusement, le jour éclatant qui se précipitera par la grande fenêtre de la façade, sitôt qu'elle sera délivrée des toiles et des échafauds, rendra ce travail plus difficile.

Cette année-ci, les tableaux de Delacroix sont *l'Enlèvement de Rébecca,* tiré d'*Ivanhoé*, les *Adieux de Roméo et de Juliette, Marguerite à l'église,* et *un Lion,* à l'aquarelle.

Ce qu'il y a d'admirable dans *l'Enlèvement de Rébecca,* c'est une parfaite ordonnance de tons, tons intenses, pressés, serrés et logiques, d'où résulte un aspect saisissant. Dans presque tous les peintres qui ne sont pas coloristes, on remarque toujours des vides, c'est-à-dire de grands trous produits par des tons qui ne sont pas de niveau, pour ainsi dire ; la peinture de Delacroix est comme la nature, elle a horreur du vide.

Roméo et *Juliette*,— sur le balcon,— dans les froides clartés du matin, se tiennent religieusement embrassés par le milieu du corps. Dans cette étreinte violente de l'adieu, Juliette, les mains posées sur les épaules de son amant, rejette la tête en arrière, comme pour respirer, ou par un mouvement d'orgueil et de passion joyeuse. Cette attitude insolite, — car presque tous les peintres collent les bouches des amoureux l'une contre l'autre, — est néanmoins fort naturelle; — ce mouvement vigoureux de la nuque est particulier aux chiens et aux chats heureux d'être caressés. — Les vapeurs violacées du crépuscule enveloppent cette scène et le paysage romantique qui la complète.

Le succès général qu'obtient ce tableau et la curiosité qu'il inspire prouvent bien ce que j'ai déjà dit ailleurs, — que Delacroix est populaire, quoi qu'en disent les peintres, et qu'il suffira de ne pas éloigner le public de ses œuvres, pour qu'il le soit autant que les peintres inférieurs.

Marguerite à l'église appartient à cette classe déjà nombreuse de charmants tableaux de genre, par lesquels Delacroix semble vouloir expliquer au public ses lithographies si amèrement critiquées.

Ce lion peint à l'aquarelle a pour moi un grand mérite, outre la beauté du dessin et de l'attitude : c'est qu'il est fait avec une grande bonhomie. L'aquarelle est réduite à son rôle modeste, et ne veut pas se faire aussi grosse que l'huile.

Il me reste, pour compléter cette analyse, à noter une dernière qualité chez Delacroix, la plus remarquable de toutes, et qui fait de lui le vrai peintre du

XIXe siècle : c'est cette mélancolie singulière et opiniâtre qui s'exhale de toutes ses œuvres, et qui s'exprime et par le choix des sujets, et par l'expression des figures, et par le geste, et par le style de la couleur. Delacroix affectionne Dante et Shakspeare, deux autres grands peintres de la douleur humaine; il les connaît à fond, et il sait les traduire librement. En contemplant la série de ses tableaux, on dirait qu'on assiste à la célébration de quelque mystère douloureux : *Dante et Virgile, le Massacre de Scio,* le *Sardanapale, le Christ aux Oliviers,* le *Saint Sébastien,* la *Médée, les Naufragés,* et l'*Hamlet* si raillé et si peu compris. Dans plusieurs on trouve, par je ne sais quel constant hasard, une figure plus désolée, plus affaissée que les autres, en qui se résument toutes les douleurs environnantes; ainsi la femme agenouillée, à la chevelure pendante, sur le premier plan des *Croisés à Constantinople;* la vieille, si morne et si ridée, dans *le Massacre de Scio.* Cette mélancolie respire jusque dans les *Femmes d'Alger,* son tableau le plus coquet et le plus fleuri. Ce petit poëme d'intérieur, plein de repos et de silence, encombré de riches étoffes et de brimborions de toilette, exhale je ne sais quel haut parfum de mauvais lieu qui nous guide assez vite vers les limbes insondés de la tristesse. En général, il ne peint pas de jolies femmes, au point de vue des gens du monde toutefois. Presque toutes sont malades, et resplendissent d'une certaine beauté intérieure. Il n'exprime point la force par la grosseur des muscles, mais par la tension des nerfs. C'est non-seulement la douleur qu'il sait le mieux exprimer, mais surtout, — prodigieux mystère de sa peinture, — la douleur morale! Cette haute et sérieuse mélancolie brille d'un éclat morne, même dans sa couleur, large, simple, abondante en masses harmoniques, comme celle de tous les grands coloristes, mais plaintive et profonde comme une mélodie de Weber.

Chacun des anciens maîtres a son royaume, son apanage, — qu'il est souvent contraint de partager avec des rivaux illustres. Raphaël a la forme, Rubens et Véronèse la couleur, Rubens et Michel-Ange l'imagination du dessin. Une portion de l'empire restait, où Rembrandt seul avait fait quelques excursions, — le drame, — le drame naturel et vivant, le drame terrible et mélancolique, exprimé souvent par la couleur, mais toujours par le geste.

En fait de gestes sublimes, Delacroix n'a de rivaux qu'en dehors de son art. Je ne connais guère que Frédérick Lemaître et Macready.

C'est à cause de cette qualité toute moderne et toute nouvelle que Delacroix est la dernière expression du progrès dans l'art. Héritier de la grande tradition, c'est-à-dire de l'ampleur, de la noblesse et de la pompe dans la composition, et digne successeur des vieux maîtres, il a de plus qu'eux la maîtrise de la douleur, la passion, le geste! C'est vraiment là ce qui fait l'importance de sa grandeur. — En effet, supposez que le bagage d'un des vieux illustres se perde, il aura presque toujours son analogue qui pourra l'expliquer et le faire deviner à la pensée de l'historien. Otez Delacroix, la grande chaîne de l'histoire est rompue et s'écoule à terre.

Dans un article qui a plutôt l'air d'une prophétie que d'une critique, à quoi bon relever des fautes de détail et des taches microscopiques ? L'ensemble est si beau, que je n'en ai pas le courage. D'ailleurs la chose est si facile, et tant d'autres l'ont faite ! — N'est-il pas plus nouveau de voir les gens par leur beau côté ? Les défauts de M. Delacroix sont parfois si visibles qu'ils sautent à l'œil le moins exercé. On peut ouvrir au hasard la première feuille venue, où pendant longtemps l'on s'est obstiné, à l'inverse de mon système, à ne pas voir les qualités radieuses qui constituent son originalité. On sait que les grands génies ne se trompent jamais à demi, et qu'ils ont le privilége de l'énormité dans tous les sens.

Parmi les élèves de Delacroix, quelques-uns se sont heureusement approprié ce qui peut se prendre de son talent, c'est-à-dire quelques parties de sa méthode, et se sont déjà fait une certaine réputation. Cependant leur couleur a, en général, ce défaut qu'elle ne vise guère qu'au pittoresque et à l'effet; l'idéal n'est point leur domaine, bien qu'ils se passent volontiers de la nature, sans en avoir acquis le droit par les études courageuses du maître.

On a remarqué cette année l'absence de M. PLANET, dont la *Sainte Thérèse* avait au dernier Salon attiré les yeux des connaisseurs, — et de M. RIESENER, qui a souvent fait des tableaux d'une large couleur, et dont on peut voir avec plaisir quelques bons plafonds à la Chambre des pairs, malgré le voisinage terrible de Delacroix.

M. LÉGER CHÉRELLE a envoyé *le Martyr de sainte Irène*. Le tableau est composé d'une seule figure et d'une pique qui est d'un effet assez désagréable. Du reste, la couleur et le modelé du torse sont généralement bons. Mais il me semble que M. Léger Chérelle a déjà montré au public ce tableau avec de légères variantes.

Ce qu'il y a d'assez singulier dans *la Mort de Cléopâtre,* par M. LASSALE-BORDES, c'est qu'on n'y trouve pas une préoccupation unique de la couleur, et c'est peut-être un mérite. Les tons sont, pour ainsi dire, équivoques, et cette amertume n'est pas dénuée de charmes.

Cléopâtre expire sur son trône, et l'envoyé d'Octave se penche pour la contempler. Une de ses servantes vient de mourir à ses pieds. La composition ne manque pas de majesté, et la peinture est accomplie avec une bonhomie assez audacieuse; la tête de Cléopâtre est belle, et l'ajustement vert et rose de la négresse tranche heureusement avec la couleur de sa peau. Il y a certainement dans cette grande toile menée à bonne fin, sans souci aucun d'imitation, quelque chose qui plaît et attire le flâneur désintéressé.

V

DES SUJETS AMOUREUX ET DE M. TASSAERT

Vous est-il arrivé, comme à moi, de tomber dans de grandes mélancolies, après avoir passé de longues heures à feuilleter des estampes libertines? Vous êtes-vous demandé la raison du charme qu'on trouve parfois à fouiller ces annales de la luxure, enfouies dans les bibliothèques ou perdues dans les cartons des marchands, et parfois aussi de la mauvaise humeur qu'elles vous donnent? Plaisir et douleur mêlés, amertume dont la lèvre a toujours soif! — Le plaisir est de voir représenté sous toutes ses formes le sentiment le plus important de la nature, — et la colère, de le trouver souvent si mal imité ou si sottement calomnié. Soit dans les interminables soirées d'hiver au coin du feu, soit dans les lourds loisirs de la canicule, au coin des boutiques de vitrier, la vue de ces dessins m'a mis sur des pentes de rêverie immenses, à peu près comme un livre obscène nous précipite vers les océans mystiques du bleu. Bien des fois je me suis pris à désirer, devant ces innombrables échantillons du sentiment de chacun, que le poëte, le curieux, le philosophe, pussent se donner la jouissance d'un musée de l'amour, où tout aurait sa place, depuis la tendresse inappliquée de sainte Thérèse jusqu'aux débauches sérieuses des siècles ennuyés. Sans doute la distance est immense qui sépare *le Départ pour l'île de Cythère* des misérables coloriages suspendus dans les chambres des filles, au-dessus d'un pôt fêlé et d'une console branlante; mais dans un sujet aussi important rien n'est à négliger. Et puis le génie sanctifie toutes choses, et si ces sujets étaient traités avec le soin et le recueillement nécessaires, ils ne seraient point souillés par cette obscénité révoltante, qui est plutôt une fanfaronnade qu'une vérité.

Que le moraliste ne s'effraye pas trop; je saurai garder les justes mesures, et mon rêve d'ailleurs se bornait à désirer ce poëme immense de l'amour crayonné par les mains les plus pures, par Ingres, par Watteau, par Rubens, par Delacroix! Les folâtres et élégantes princesses de Watteau, à côté des Vénus sérieuses et reposées de M. Ingres; les splendides blancheurs de Rubens et de Jordaens, et les mornes beautés de Delacroix, telles qu'on peut se les figurer : de grandes femmes pâles, noyées dans le satin[1]!

Ainsi pour rassurer complétement la chasteté effarouchée du lecteur, je dirai que je rangerais dans les sujets amoureux, non-seulement tous les tableaux qui

1. On m'a dit que Delacroix avait fait autrefois pour son *Sardanapale* une foule d'études merveilleuses de femmes, dans les attitudes les plus voluptueuses.

traitent spécialement de l'amour, mais encore tout tableau qui respire l'amour, fût-ce un portrait[1].

Dans cette immense exposition, je me figure la beauté et l'amour de tous les climats exprimés par les premiers artistes; depuis les folles, évaporées et merveilleuses créatures que nous a laissées Watteau fils dans ses gravures de mode, jusqu'à ces Vénus de Rembrandt qui se font faire les ongles, comme de simples mortelles, et peigner avec un gros peigne de buis.

Les sujets de cette nature sont chose si importante, qu'il n'est point d'artiste, petit ou grand, qui ne s'y soit appliqué, secrètement ou publiquement, depuis Jules Romain jusqu'à Devéria et Gavarni.

Leur grand défaut, en général, est de manquer de naïveté et de sincérité. Je me rappelle pourtant une lithographie qui exprime, — sans trop de délicatesse malheureusement, — une des grandes vérités de l'amour libertin. Un jeune homme déguisé en femme et sa maîtresse habillée en homme sont assis à côté l'un de l'autre, sur un *sopha,* — le sopha que vous savez, le sopha de l'hôtel garni et du cabinet particulier. La jeune femme veut relever les jupes de son amant[2]. — Cette page luxurieuse serait, dans le musée

1. Deux tableaux essentiellement amoureux, et admirables du reste, composés dans ce temps-ci, sont la *grande Odalisque* et la *petite Odalisque* de M. Ingres.

2. Sedebant in fornicibus pueri puellæve sub titulis et lychnis, illi femineo compti mundo sub stola, hæ parum comptæ sub puerorum veste, ore ad puerilem formam composito. Alter venibat

idéal dont je parlais, compensée par bien d'autres où l'amour n'apparaîtrait que sous sa forme la plus délicate.

Ces réflexions me sont revenues à propos de deux tableaux de M. TASSAERT, *Érigone* et *le Marchand d'esclaves.*

M. Tassaert, dont j'ai eu le tort grave de ne pas assez parler l'an passé, est un peintre du plus grand mérite, et dont le talent s'appliquerait le plus heureusement aux sujets amoureux.

Érigone est à moitié couchée sur un tertre ombragé de vignes, — dans une pose provocante, une jambe presque repliée, l'autre tendue et le corps chassé en avant; le dessin est fin, les lignes onduleuses et combinées d'une manière savante. Je reprocherai cependant à M. Tassaert, qui est coloriste, d'avoir peint ce torse avec un ton trop uniforme.

L'autre tableau représente un marché de femmes qui attendent des acheteurs. Ce sont de vraies femmes, des femmes civilisées, aux pieds rougis par la chaussure, un peu communes, un peu trop roses, qu'un Turc bête et sensuel va acheter pour des beautés superfines. Celle qui est vue de dos, et dont les fesses sont enveloppées dans une gaze transparente, a encore sur la tête un bonnet de modiste, un bonnet acheté rue Vivienne ou au Temple. La pauvre fille a sans doute été enlevée par les pirates.

sexus sub altero sexu. *Corruperat omnis caro viam suam.* — Meursius.

La couleur de ce tableau est extrêmement remarquable par la finesse et par la transparence des tons. On dirait que M. Tassaert s'est préoccupé de la manière de Delacroix ; néanmoins il a su garder une couleur originale.

C'est un artiste éminent que les flâneurs seuls apprécient et que le public ne connaît pas assez; son talent a toujours été grandissant, et quand on songe d'où il est parti et où il est arrivé, il y a lieu d'attendre de lui de ravissantes compositions.

VI

DE QUELQUES COLORISTES

Il y a au Salon deux curiosités assez importantes ; ce sont les portraits de *Petit Loup* et de *Graisse du dos de buffle,* peints par M. Catlin, le cornac des sauvages. Quant M. Catlin vint à Paris, avec ses Ioways et son musée, le bruit se répandit que c'était un brave homme qui ne savait ni peindre ni dessiner, et que s'il avait fait quelques ébauches passables, c'était grâce à son courage et à sa patience. Était-ce ruse innocente de M. Catlin ou bêtise des journalistes? — Il est aujourd'hui avéré que M. Catlin sait fort bien peindre et fort bien dessiner. Ces deux portraits suffiraient pour me le prouver, si ma mémoire ne me rappelait beaucoup d'autres morceaux également beaux. Ses ciels surtout m'avaient frappé à cause de leur transparence et de leur légèreté.

M. Catlin a supérieurement rendu le caractère fier et libre, et l'expression noble de ces braves gens; la construction de leur tête est parfaitement bien comprise. Par leurs belles attitudes et l'aisance de leurs mouvements, ces sauvages font comprendre la sculpture antique. Quant à la couleur, elle a quelque chose de mystérieux qui me plaît plus que je ne saurais dire. Le rouge, la couleur du sang, la couleur de la vie, abondait tellement dans ce sombre musée, que c'était une ivresse; quant aux paysages, — montagnes boisées, savanes immenses, rivières désertes, — ils étaient monotonement, éternellement verts; le rouge, cette couleur si obscure, si épaisse, plus difficile à pénétrer que les yeux d'un serpent, — le vert, cette couleur calme et gaie et souriante de la nature, je les retrouve chantant leur antithèse mélodique jusque sur le visage de ces deux héros. — Ce qu'il y a de certain, c'est que tous leurs tatouages et coloriages étaient faits selon les gammes naturelles et harmoniques.

Je crois que ce qui a induit en erreur le public et les journalistes à l'endroit de M. Catlin, c'est qu'il ne fait pas de peinture *crâne,* à laquelle tous nos jeunes gens les ont si bien accoutumés, que c'est maintenant la peinture *classique*.

L'an passé, j'ai déjà protesté contre le *De profundis* unanime, contre la conspiration des ingrats, à propos de MM. Devéria. Cette année-ci m'a donné raison. Bien des réputations précoces qui leur ont été substituées ne valent pas encore la leur. — M. ACHILLE DEVÉRIA surtout s'est fait remarquer au Salon de 1846 par un tableau, *le Repos de là sainte famille,* qui non-seulement conserve toute la grâce particulière à ces charmants et fraternels génies, mais encore rappelle les sérieuses qualités des anciennes écoles; — des écoles secondaires peut-être, qui ne l'emportent précisément ni par le dessin ni par la couleur, mais que l'ordonnance et la belle tradition placent néanmoins bien au-dessus des dévergondages propres aux époques de transition. Dans la grande bataille romantique, MM. DEVÉRIA firent partie du bataillon sacré des coloristes; leur place était donc marquée ici. — Le tableau de M. Achille Devéria, dont la composition est excellente, frappe en outre l'esprit par un aspect doux et harmonieux.

M. BOISSARD, dont les débuts furent brillants aussi et pleins de promesses, est un de ces esprits excellents nourris des anciens maîtres; sa *Madeleine au désert* est une peinture d'une bonne et saine couleur, — sauf les tons des chairs un peu tristes. La pose est heureusement trouvée.

Dans cet interminable Salon, où plus que jamais les différences sont effacées, où chacun dessine et peint un peu, mais pas assez pour mériter même d'être classé, — c'est une grande joie de rencontrer un franc et vrai peintre, comme M. DEBON. Peut-être son *Concert dans l'atelier* est-il un tableau un peu trop *artistique,* Valentin, Jordaens et quelques autres y faisant leur partie; mais au moins c'est de la belle et bien portante peinture, et qui indique dans l'auteur un homme parfaitement sûr de lui-même.

M. Duveau a fait *le Lendemain d'une tempête*. J'ignore s'il peut devenir un franc coloriste, mais quelques parties de son tableau le font espérer. — Au premier aspect, l'on cherche dans sa mémoire quelle scène historique il peut représenter. En effet, il n'y a guère que les Anglais qui osent donner de si vastes proportions au tableau de genre. — Du reste, il est bien ordonné, et paraît généralement bien dessiné. — Le ton un peu trop uniforme, qui choque d'abord l'œil, est sans doute un effet de la nature, dont toutes les parties paraissent singulièrement crues, après qu'elles ont été lavées par les pluies.

La Charité de M. Laemlein est une charmante femme qui tient par la main, et porte suspendus à son sein, des marmots de tous les climats, blancs, jaunes, noirs, etc... Certainement, M. Laemlein a le sentiment de la bonne couleur; mais il y a dans ce tableau un grand défaut, c'est que le petit Chinois est si joli, et sa robe d'un effet si agréable, qu'il occupe presque uniquement l'œil du spectateur. Ce petit mandarin trotte toujours dans la mémoire, et fera oublier le reste à beaucoup de gens.

M. Decamps est un de ceux qui, depuis de nombreuses années, ont occupé despotiquement la curiosité du public, et rien n'était plus légitime.

Cet artiste, doué d'une merveilleuse faculté d'analyse, arrivait souvent, par une heureuse concurrence de petits moyens, à des résultats d'un effet puissant.— S'il esquivait trop le détail de la ligne, et se contentait souvent du mouvement ou du contour général, si parfois ce dessin frisait le chic, — le goût minutieux de la nature, étudiée surtout dans ses effets lumineux, l'avait toujours sauvé et maintenu dans une région supérieure.

Si M. Decamps n'était pas précisément un dessinateur, dans le sens du mot généralement accepté, néanmoins il l'était à sa manière et d'une façon particulière. Personne n'a vu de grandes figures dessinées par lui; mais certainement le dessin, c'est-à-dire la tournure de ses petits bonshommes, était accusé et trouvé avec une hardiesse et un bonheur remarquables. Le caractère et les habitudes de leurs corps étaient toujours visibles; car M. Decamps sait faire comprendre un personnage avec quelques lignes. Ses croquis étaient amusants et profondément plaisants. C'était un dessin d'homme d'esprit, presque de caricaturiste; car il possédait je ne sais quelle bonne humeur ou fantaisie moqueuse, qui s'attaquait parfaitement aux ironies de la nature : aussi ses personnages étaient-ils toujours posés, drapés ou habillés selon la vérité et les convenances et coutumes éternelles de leur individu. Seulement il y avait dans ce dessin une certaine immobilité, mais qui n'était pas déplaisante et complétait son orientalisme. Il prenait d'habitude ses modèles au repos, et quand ils couraient, ils ressemblaient souvent à des ombres suspendues ou à des silhouettes arrêtées subitement dans leur course; ils couraient comme dans un bas-relief. — Mais la couleur était son beau côté, sa grande et unique affaire. Sans doute M. Delacroix est un grand coloriste, mais non pas enragé. Il a bien d'autres préoccupations, et la dimension de ses toiles le veut; pour M. Decamps, la couleur était la grande chose, c'était pour ainsi dire sa pensée favorite. Sa couleur splendide et rayonnante avait de plus un style très-particulier. Elle était, pour me servir de mots empruntés à l'ordre moral, sanguinaire et mordante. Les mets les plus appétissants, les drôleries cuisinées avec le plus de réflexion, les produits culinaires le plus âprement assaisonnés avaient moins de ragoût et de montant, exhalaient moins de volupté sauvage pour le nez et le palais d'un gourmand, que les tableaux de M. Decamps pour un amateur de peinture. L'étrangeté de leur aspect vous arrêtait, vous enchaînait et vous inspirait une invincible curiosité. Cela tenait peut-être aux procédés singuliers et minutieux dont use souvent l'artiste, qui élucubre, dit-on, sa peinture avec la volonté infatigable d'un alchimiste. L'impression qu'elle produisait alors sur l'âme du spectateur était si soudaine et si nouvelle, qu'il était difficile de se figurer de qui elle est fille, quel avait été le parrain de ce singulier artiste, et de quel atelier était sorti ce talent solitaire et original. — Certes, dans cent ans, les historiens auront du mal à découvrir le maître de M. Decamps. — Tantôt il relevait des anciens maîtres les plus hardiment colorés de l'École flamande; mais il avait plus de style qu'eux et il groupait ses figures avec plus d'harmonie; tantôt la pompe et la trivialité de Rembrandt le préoccupaient vivement; d'autres fois on retrouvait dans ses ciels un souvenir amoureux des ciels du Lorrain. Car M. Decamps était paysagiste aussi, et paysagiste du plus grand mérite : ses paysages et ses figures ne faisaient qu'un et se servaient réciproquement. Les uns n'avaient pas plus d'importance que les autres, et rien chez lui n'était accessoire; tant chaque partie de la toile était travaillée avec curiosité, tant chaque détail destiné à concourir à l'effet de l'ensemble! — Rien n'était inutile, ni le rat qui traversait un bassin à la nage dans je ne sais quel tableau turc, plein de paresse et de fatalisme, ni les oiseaux de proie qui planaient dans le fond de ce chef-d'œuvre intitulé : *le Supplice des crochets.*

Le soleil et la lumière jouaient alors un grand rôle dans la peinture de M. Decamps. Nul n'étudiait avec autant de soin les effets de l'atmosphère. Les jeux les plus bizarres et les plus invraisemblables de l'ombre et de la lumière lui plaisaient avant tout. Dans un tableau de M. Decamps, le soleil brûlait véritablement les murs blancs et les sables crayeux; tous les objets colorés avaient une transparence vive et animée. Les eaux étaient d'une profondeur inouïe; les grandes ombres qui coupent les pans des maisons et dorment étirées sur le sol ou sur l'eau avaient une indolence et un farniente d'ombres indéfinissables. Au milieu de cette nature saisissante, s'agitaient ou rêvaient de petites gens, tout un petit monde avec sa vérité native et comique.

Les tableaux de M. Decamps étaient donc pleins de poésie, et souvent de rêverie; mais là où d'autres, comme Delacroix, arriveraient par un grand dessin, un choix de modèle original ou une large et facile couleur, M. Decamps arrivait par l'intimité du détail. Le seul reproche, en effet, qu'on lui pouvait faire, était de trop s'occuper de l'exécution matérielle des objets; ses maisons étaient en vrai plâtre, en vrai bois, ses murs en vrai mortier de chaux; et devant ces chefs-d'œuvre l'esprit était souvent attristé par l'idée douloureuse du temps et de la peine consacrés à les faire. Combien n'eussent-ils pas été plus beaux, exécutés avec plus de bonhomie!

L'an passé, quand M. Decamps, armé d'un crayon, voulut lutter avec Raphaël et Poussin, — les flâneurs enthousiastes de la plaine et de la montagne, ceux-là qui ont un cœur grand comme le monde, mais qui ne veulent pas pendre les citrouilles aux branches des chênes, et qui adoraient tous M. Decamps comme un des produits les plus curieux de la création, se dirent entre eux : « Si Raphaël empêche Decamps de dormir, adieu nos Decamps! Qui les fera désormais? — Hélas! MM. Guignet et Chacaton. »

Et cependant M. Decamps a reparu cette année avec des choses turques, des paysages, des tableaux de genre et *un Effet de pluie;* mais il a fallu les chercher : ils ne sautaient plus aux yeux.

M. Decamps, qui sait si bien faire le soleil, n'a pas su faire la pluie; puis il a fait nager des canards dans de la pierre, etc. *L'École turque,* néanmoins, ressemble à ses bons tableaux; ce sont bien là ces beaux enfants que nous connaissons, et cette atmosphère lumineuse et poussiéreuse d'une chambre où le soleil veut entrer tout entier.

Il me paraît si facile de nous consoler avec les magnifiques Decamps qui ornent les galeries, que je ne veux pas analyser les défauts de ceux-ci. Ce serait une besogne puérile, que tout le monde fera du reste très-bien.

Parmi les tableaux de M. PENGUILLY-L'HARIDON, qui sont tous d'une bonne facture, — petits tableaux largement peints, et néanmoins avec finesse, — un surtout se fait voir et attire les yeux : *Pierrot présente à l'assemblée ses compagnons Arlequin et Polichinelle.*

Pierrot, un œil ouvert et l'autre fermé, avec cet air matois qui est de tradition, montre au public Arlequin qui s'avance en faisant les ronds de bras obligés, une jambe crânement posée en avant. Polichinelle le suit, — tête un peu avinée, œil plein de fatuité, pauvres petites jambes dans de grands sabots. Une figure ridicule, grand nez, grandes lunettes, grandes moustaches en croc, apparaît entre deux rideaux. — Tout cela est d'une jolie couleur, fine et simple, et ces trois personnages se détachent parfaitement sur un fond gris. Ce qu'il y a de saisissant dans ce tableau vient moins encore de l'aspect que de la composition, qui est d'une simplicité excessive. — Le Polichinelle, qui est essentiellement comique, rappelle celui du *Charivari* anglais, qui pose l'index sur le bout de son nez, pour exprimer combien il en est fier ou combien il en est gêné. Je reprocherai à M. Penguilly de n'avoir pas pris le type de Deburau, qui est le vrai pierrot actuel, le pierrot de l'histoire moderne, et qui doit avoir sa place dans tous les tableaux de parade.

Voici maintenant une autre fantaisie beaucoup moins habile et moins savante, et qui est d'autant plus belle qu'elle est peut-être involontaire : *la Rixe des mendiants,* par M. Manzoni. Je n'ai jamais rien vu d'aussi poétiquement brutal, même dans les orgies les plus flamandes. — Voici en six points les différentes impressions du passant devant ce tableau : 1° Vive curiosité; 2° quelle horreur! 3° c'est mal peint, mais c'est une composition singulière et qui ne manque pas de charme; 4° ce n'est pas aussi mal peint qu'on le croirait d'abord; 5° revoyons donc ce tableau; 6° souvenir durable.

Il y a là dedans une férocité et une brutalité de manière assez bien appropriées au sujet, et qui rappellent les violentes ébauches de Goya. — Ce sont bien du reste les faces les plus patibulaires qui se puisent voir; c'est un mélange singulier de chapeaux défoncés, de jambes de bois, de verres cassés, de buveurs vaincus;

la luxure, la férocité et l'ivrognerie agitant leurs haillons.

La beauté rougeaude qui allume les désirs de ces messieurs est d'une *bonne touche,* et bien faite pour plaire aux connaisseurs. J'ai rarement vu quelque chose d'aussi comique que ce malheureux collé sur le mur, et que son voisin a victorieusement cloué avec une fourche.

Quant au second tableau, *l'Assassinat nocturne,* il est d'un aspect moins étrange. La couleur en est terne et vulgaire, et le fantastique ne gît que dans la manière dont la scène est représentée. Un mendiant tient un couteau levé sur un malheureux qu'on fouille et qui se meurt de peur. Ces demi-masques blancs, qui consistent en des nez gigantesques, sont fort drôles, et donnent à cette scène d'épouvante un cachet des plus singuliers.

M. Villa-Amil a peint la *Salle du trône* à Madrid. On dirait au premier abord que c'est fait avec une grande bonhomie; mais en regardant plus attentivement, on reconnaît une grande habileté dans l'ordonnance et la couleur générale de cette peinture décorative. C'est d'un ton moins fin peut-être, mais d'une couleur plus ferme que les tableaux du même genre qu'affectionne M. Roberts. Il y a cependant ce défaut que le plafond a moins l'air d'un plafond que d'un ciel véritable.

MM. Wattier et Perèse traitent d'habitude des sujets presque semblables, de belles dames en costumes anciens dans des parcs, sous de vieux ombrages; mais

M. Perèse a cela pour lui qu'il peint avec beaucoup plus de bonhomie, et que son nom ne lui commande pas la singerie de Watteau. Malgré la finesse étudiée des figures de M. Wattier, M. Perèse lui est supérieur par l'invention. Il y a du reste entre leurs compositions la même différence qu'entre la galanterie sucrée du temps de Louis XV et la galanterie loyale du siècle de Louis XIII.

L'école Couture, — puisqu'il faut l'appeler par son nom, — a beaucoup trop donné cette année.

M. Diaz de la Pena, qui est en petit l'expression hyperbolique de cette petite école, part de ce principe qu'une palette est un tableau. Quant à l'harmonie générale, M. Diaz pense qu'on la rencontre toujours. Pour le dessin, — le dessin du mouvement, le dessin des coloristes, — il n'en est pas question; les membres de toutes ces petites figures se tiennent à peu près comme des paquets de chiffons ou comme des bras et des jambes dispersés par l'explosion d'une locomotive. — Je préfère le kaléidoscope, parce qu'il ne fait pas *les Délaissées* ou *le Jardin des Amours;* il fournit des dessins de châle ou de tapis, et son rôle est modeste. — M. Diaz est coloriste, il est vrai; mais élargissez le cadre d'un pied, et les forces lui manquent, parce qu'il ne connaît pas la nécessité d'une couleur générale. C'est pourquoi ses tableaux ne laissent pas de souvenir.

Chacun a son rôle, dites-vous. La grande peinture n'est point faite pour tout le monde. Un beau dîner contient des pièces de résistance et des hors-d'œuvre. Oserez-vous être ingrat envers les saucissons d'Arles, les piments, les anchois, l'aïoli, etc.? — Hors-d'œuvre appétissants, dites-vous? — Non pas, mais bonbons et sucreries écœurantes. — Qui voudrait se nourrir de dessert? C'est à peine si on l'effleure, quand on est content de son dîner.

M. Célestin Nanteuil sait poser une touche, mais ne sait pas établir les proportions et l'harmonie d'un tableau.

M. Verdier peint raisonnablement, mais je le crois foncièrement ennemi de la pensée.

M. Muller, l'homme aux *Sylphes,* le grand amateur des sujets poétiques, — des sujets ruisselants de poésie, — a fait un tableau qui s'appelle *Primavera.* Les gens qui ne savent pas l'italien croiront que cela veut dire *Décaméron.*

La couleur de M. Faustin Besson perd beaucoup à n'être plus troublée et miroitée par les vitres de la boutique Deforge.

Quant à M. Fontaine, c'est évidemment un homme sérieux; il nous a fait M. de Béranger entouré de marmots des deux sexes, et initiant la jeunesse aux mystères de la peinture Couture.

Grands mystères, ma foi! — Une lumière rose ou couleur de pêche et une ombre verte, c'est là que gît toute la difficulté. — Ce qu'il y a de terrible dans cette peinture, c'est qu'elle se fait voir; on l'aperçoit de très-loin.

De tous ces messieurs, le plus malheureux sans doute est M. Couture, qui joue en tout ceci le rôle intéressant d'une victime. — Un imitateur est un indiscret qui vend une surprise.

Dans les différentes spécialités des sujets bas-bretons, catalans, suisses, normands, etc., MM. Armand et Adolphe Leleux sont dépassés par M. Guillemin, qui est inférieur à M. Hédouin, qui lui-même le cède à M. Haffner.

J'ai entendu plusieurs fois faire à MM. Leleux ce singulier reproche, que, Suisses, Espagnols ou Bretons, tous leurs personnages avaient l'air breton.

M. Hédouin est certainement un peintre de mérite, qui possède une touche ferme et qui entend la couleur; il parviendra sans doute à se constituer une originalité particulière.

Quant à M. Haffner, je lui en veux d'avoir fait une fois un portrait dans une manière romantique et superbe, et de n'en avoir point fait d'autres; je croyais que c'était un grand artiste plein de poésie et surtout d'invention, un portraitiste de premier ordre, qui lâchait quelques *rapinades* à ses heures perdues; mais il paraît que ce n'est qu'un peintre.

VII

DE L'IDÉAL ET DU MODÈLE

La couleur étant la chose la plus naturelle et la plus visible, le parti des coloristes est le plus nombreux et le plus important. L'analyse, qui facilite les moyens d'exécution, a dédoublé la nature en couleur et ligne, et avant de procéder à l'examen des hommes qui composent le second parti, je crois utile d'expliquer ici quelques-uns des principes qui les dirigent, parfois même à leur insu.

Le titre de ce chapitre est une contradiction, ou plutôt un accord de contraires; car le dessin du grand dessinateur doit résumer l'idéal et le modèle.

La couleur est composée de masses colorées qui sont faites d'une infinité de tons, dont l'harmonie fait l'unité: ainsi la ligne, qui a ses masses et ses généralités, se subdivise en une foule de lignes particulières, dont chacune est un caractère du modèle.

La circonférence, idéal de la ligne courbe, est comparable à une figure analogue composée d'une infinité de lignes droites, qui doit se confondre avec elle, les angles intérieurs s'obtusant de plus en plus.

Mais comme il n'y a pas de circonférence parfaite, l'idéal absolu est une bêtise. Le goût exclusif du simple conduit l'artiste nigaud à l'imitation du même type.

Les poëtes, les artistes et toute la race humaine seraient bien malheureux, si l'idéal, cette absurdité, cette impossibilité, était trouvé. Qu'est-ce que chacun ferait désormais de son pauvre *moi*, — de sa ligne brisée?

J'ai déjà remarqué que le souvenir était le grand criterium de l'art; l'art est une mnémotechnie du beau: or, l'imitation exacte gâte le souvenir. Il y a de ces misérables peintres, pour qui la moindre verrue est une bonne fortune; non-seulement ils n'ont garde de l'oublier, mais il est nécessaire qu'ils la fassent quatre fois plus grosse: aussi font-ils le désespoir des amants, et un peuple qui fait faire le portrait de son roi est un amant.

Trop particulariser ou trop généraliser empêchent également le souvenir; à l'Apollon du Belvédère et au Gladiateur je préfère l'Antinoüs, car l'Antinoüs est l'idéal du charmant Antinoüs.

Quoique le principe universel soit un, la nature ne donne rien d'absolu, ni même de complet[1]; je ne vois que des individus. Tout animal, dans une espèce semblable, diffère en quelque chose de son voisin, et parmi les milliers de fruits que peut donner un même arbre, il est impossible d'en trouver deux identiques, car ils seraient le même; et la dualité, qui est la contradic-

1. Rien d'absolu: — ainsi, l'idéal du compas est la pire des sottises; — ni de complet: — ainsi il faut tout compléter, et retrouver chaque idéal.

tion de l'unité, en est aussi la conséquence[1]. C'est surtout dans la race humaine que l'infini de la variété se manifeste d'une manière effrayante. Sans compter les grands types que la nature a distribués sous les différents climats, je vois chaque jour passer sous ma fenêtre un certain nombre de Kalmouks, d'Osages, d'Indiens, de Chinois et de Grecs antiques, tous plus ou moins parisianisés. Chaque individu est une harmonie; car il vous est maintes fois arrivé de vous retourner à un son de voix connu, et d'être frappé d'étonnement devant une créature inconnue, souvenir vivant d'une autre créature douée de gestes et d'une voix analogues. Cela est si vrai que Lavater a dressé une nomenclature des nez et des bouches qui jurent de *figurer* ensemble, et constaté plusieurs erreurs de ce genre dans les anciens artistes, qui ont revêtu quelquefois des personnages religieux ou historiques de formes contraires à leur caractère. Que Lavater se soit trompé dans le détail, c'est possible; mais il avait l'idée du principe. Telle main veut tel pied; chaque épiderme engendre son poil. Chaque individu a donc son idéal.

Je n'affirme pas qu'il y ait autant d'idéals primitifs que d'individus, car un moule donne plusieurs épreuves; mais il y a dans l'âme du peintre autant d'idéals que d'individus, parce qu'un portrait est un modèle compliqué d'un artiste.

1. Je dis la contradiction, et non pas le contraire; car la contradiction est une invention humaine.

Ainsi l'idéal n'est pas cette chose vague, ce rêve ennuyeux et impalpable qui nage au plafond des académies; un idéal, c'est l'individu redressé par l'individu, reconstruit et rendu par le pinceau ou le ciseau à l'éclatante vérité de son harmonie native.

La première qualité d'un dessinateur est donc l'étude lente et sincère de son modèle. Il faut non-seulement que l'artiste ait une intuition profonde du caractère du modèle, mais encore qu'il le généralise quelque peu, qu'il exagère volontairement quelques détails, pour augmenter la physionomie et rendre son expression plus claire.

Il est curieux de remarquer que, guidé par ce principe, — que le sublime doit fuir les détails, — l'art pour se perfectionner revient vers son enfance. — Les premiers artistes aussi n'exprimaient pas les détails. Toute la différence, c'est qu'en faisant tout d'une venue les bras et les jambes de leurs figures, ce n'étaient pas eux qui fuyaient les détails, mais les détails qui les fuyaient; car pour choisir il faut posséder.

Le dessin est une lutte entre la nature et l'artiste, où l'artiste triomphera d'autant plus facilement qu'il comprendra mieux les intentions de la nature. Il ne s'agit pas pour lui de copier, mais d'interpréter dans une langue plus simple et plus lumineuse.

L'introduction du portrait, c'est-à-dire du modèle idéalisé, dans les sujets d'histoire, de religion, ou de fantaisie, nécessite d'abord un choix exquis du modèle, et peut certainement rajeunir et révivifier la peinture moderne, trop encline, comme tous nos arts, à se contenter de l'imitation des anciens.

Tout ce que je pourrais dire de plus sur les idéals me paraît inclus dans un chapitre de Stendhal, dont le titre est aussi clair qu'insolent :

« COMMENT L'EMPORTER SUR RAPHAËL?

« Dans les scènes touchantes produites par les passions, le grand peintre des temps modernes, si jamais il paraît, donnera à chacune de ses personnes *la beauté idéale tirée du tempérament* fait pour sentir le plus vivement l'effet de cette passion.

« Werther ne sera pas indifféremment sanguin ou mélancolique; Lovelace, flegmatique ou bilieux. Le bon curé Primerose, l'aimable Cassio n'auront pas le tempérament bilieux; mais le juif Shylock, mais le sombre Iago, mais lady Macbeth, mais Richard III; l'aimable et pure Imogène sera un peu flegmatique.

« D'après ses premières observations, l'artiste a fait l'Apollon du Belvédère. Mais se réduira-t-il à donner froidement des copies de l'Apollon toutes les fois qu'il voudra présenter un dieu jeune et beau? Non, il mettra un rapport entre l'action et le genre de beauté. Apollon, délivrant la terre du serpent Python, sera plus fort; Apollon, cherchant à plaire à Daphné, aura des traits plus délicats[1]. »

1. *Histoire de la Peinture en Italie*, ch. CI. Cela s'imprimait en 1817!

VIII

DE QUELQUES DESSINATEURS

Dans le chapitre précédent, je n'ai point parlé du dessin imaginatif ou de création, parce qu'il est en général le privilége des coloristes. Michel-Ange, qui est à un certain point de vue de l'idéal l'inventeur chez les modernes, seul a possédé au suprême degré l'imagination du dessin sans être coloriste. Les purs dessinateurs sont des naturalistes doués d'un sens excellent; mais ils dessinent par raison, tandis que les coloristes, les grands coloristes, dessinent par tempérament, presque à leur insu. Leur méthode est analogue à la nature: ils dessinent parce qu'ils colorent, et les purs dessinateurs, s'ils voulaient être logiques et fidèles à leur profession de foi, se contenteraient du crayon noir. Néanmoins ils s'appliquent à la couleur avec une ardeur inconcevable, et ne s'aperçoivent point de leurs contradictions. Ils commencent par délimiter les formes d'une manière cruelle et absolue, et veulent ensuite remplir ces espaces. Cette méthode double contrarie sans cesse leurs efforts, et donne à toutes leurs productions je ne sais quoi d'amer, de pénible et de contentieux. Elles sont un procès éternel, une dualité fatigante. Un dessinateur est un coloriste manqué.

Cela est si vrai, que M. Ingres, le représentant le

plus illustre de l'école naturaliste dans le dessin, est toujours au pourchas de la couleur. Admirable et malheureuse opiniâtreté! C'est l'éternelle histoire des gens qui vendraient la réputation qu'ils méritent pour celle qu'ils ne peuvent obtenir. M. Ingres adore la couleur, comme une marchande de modes. C'est peine et plaisir à la fois que de contempler les efforts qu'il fait pour choisir et accoupler ses tons. Le résultat, non pas toujours discordant, mais amer et violent, plaît souvent aux poëtes corrompus; encore quand leur esprit fatigué s'est longtemps réjoui dans ces luttes dangereuses, il veut absolument se reposer sur un Velasquez ou un Lawrence.

Si M. Ingres occupe après E. Delacroix la place la plus importante, c'est à cause de ce dessin tout particulier, dont j'analysais tout à l'heure les mystères, et qui résume le mieux jusqu'à présent l'idéal et le modèle. M. Ingres dessine admirablement bien, et il dessine vite. Dans ses croquis il fait naturellement de l'idéal; son dessin, souvent peu chargé, ne contient pas beaucoup de traits; mais chacun rend un contour important. Voyez à côté les dessins de tous ces ouvriers en peinture, — souvent ses élèves; — ils rendent d'abord les minuties, et c'est pour cela qu'ils enchantent le vulgaire, dont l'œil dans tous les genres ne s'ouvre que pour ce qui est petit.

Dans un certain sens, M. Ingres dessine mieux que Raphaël, le roi populaire des dessinateurs. Raphaël a décoré des murs immenses; mais il n'eût pas fait si bien que lui le portrait de votre mère, de votre ami, de votre maîtresse. L'audace de celui-ci est toute particulière, et combinée avec une telle ruse, qu'il ne recule devant aucune laideur et aucune bizarrerie : il a fait la redingote de M. Molé ; il a fait le carrick de Cherubini ; il a mis dans le plafond d'Homère, —œuvre qui vise à l'idéal plus qu'aucune autre, — un aveugle, un borgne, un manchot et un bossu. La nature le récompense largement de cette adoration païenne. Il pourrait faire de Mayeux une chose sublime.

La belle Muse de Cherubini est encore un portrait. Il est juste de dire que si M. Ingres, privé de l'imagination du dessin, ne sait pas faire de tableaux, au moins dans de grandes proportions, ses portraits sont presque des tableaux, c'est-à-dire des poëmes intimes.

Talent avare, cruel, coléreux et souffrant, mélange singulier de qualités contraires, toutes mises au profit de la nature, et dont l'étrangeté n'est pas un des moindres charmes ; — flamand dans l'exécution, individualiste et naturaliste dans le dessin, antique par ses sympathies et idéaliste par raison.

Accorder tant de contraires n'est pas une mince besogne : aussi n'est-ce pas sans raison qu'il a choisi pour étaler les mystères religieux de son dessin un jour artificiel et qui sert à rendre sa pensée plus claire, — semblable à ce crépuscule où la nature mal éveillée nous apparaît blafarde et crue, où la campagne se révèle sous un aspect fantastique et saisissant.

Un fait assez particulier et que je crois inobservé

dans le talent de M. Ingres, c'est qu'il s'applique plus volontiers aux femmes; il les fait telles qu'il les voit, car on dirait qu'il les aime trop pour les vouloir changer; il s'attache à leurs moindres beautés avec une âpreté de chirurgien; il suit les plus légères ondulations de leurs lignes avec une servilité d'amoureux. L'*Angélique*, les deux *Odalisques*, le portrait de Mme d'Haussonville, sont des œuvres d'une volupté profonde. Mais toutes ces choses ne nous apparaissent que dans un jour presque effrayant; car ce n'est ni l'atmosphère dorée qui baigne les champs de l'idéal, ni la lumière tranquille et mesurée des régions sublunaires.

Les œuvres de M. Ingres, qui sont le résultat d'une attention excessive, veulent une attention égale pour être comprises. Filles de la douleur, elles engendrent la douleur. Cela tient, comme je l'ai expliqué plus haut, à ce que sa méthode n'est pas une et simple, mais bien plutôt l'emploi de méthodes successives.

Autour de M. Ingres, dont l'enseignement a je ne sais quelle austérité fanatisante, se sont groupés quelques hommes dont les plus connus sont MM. Flandrin, Lehmann et Amaury Duval.

Mais quelle distance immense du maître aux élèves! M. Ingres est encore seul de son école. Sa méthode est le résultat de sa nature, et, quelque bizarre et obstinée qu'elle soit, elle est franche et pour ainsi dire involontaire. Amoureux passionné de l'antique et de son modèle, respectueux serviteur de la nature, il fait des portraits qui rivalisent avec les meilleures sculptures romaines. Ces messieurs ont traduit en système, froidement, de parti pris, pédantesquement, la partie déplaisante et impopulaire de son génie ; car ce qui les distingue avant tout, c'est la pédanterie. Ce qu'ils ont vu et étudié dans le maître, c'est la curiosité et l'érudition. De là, ces recherches de maigreur, de pâleur et toutes ces conventions ridicules, adoptées sans examen et sans bonne foi. Ils sont allés dans le passé, loin, bien loin, copier avec une puérilité servile de déplorables erreurs, et se sont volontairement privés de tous les moyens d'exécution et de succès que leur avait préparés l'expérience des siècles. On se rappelle encore *la Fille de Jephté pleurant sa virginité* ; — ces longueurs excessives de mains et de pieds, ces ovales de têtes exagérés, ces afféteries ridicules, — conventions et habitudes du pinceau qui ressemblent passablement à du chic, sont des défauts singuliers chez un adorateur fervent de la forme. Depuis le portrait de la princesse Belgiojoso, M. Lehmann ne fait plus que des yeux trop grands, où la prunelle nage comme une huître dans une soupière. — Cette année, il a envoyé des portraits et des tableaux. Les tableaux sont *les Océanides, Hamlet* et *Ophélie. Les Océanides* sont une espèce de Flaxman, dont l'aspect est si laid, qu'il ôte l'envie d'examiner le dessin. Dans les portraits d'*Hamlet* et d'*Ophélie*, il y a une prétention visible à la couleur, — le grand *dada* de l'école ! Cette malheureuse imitation de la couleur m'attriste et me désole comme un Véronèse ou un Rubens copiés par un habitant de la lune. Quant à leur tournure et à leur esprit, ces deux figures me rappellent l'emphase des acteurs de l'ancien Bobino, du temps qu'on y jouait des mélodrames. Sans doute la main d'Hamlet est belle ; mais une main bien exécutée ne fait pas un dessinateur, et c'est vraiment trop abuser du morceau, même pour un ingriste.

Je crois que Mme CALAMATTA est aussi du parti des ennemis du soleil ; mais elle compose parfois ses tableaux assez heureusement, et ils ont un peu de cet air magistral que les femmes, même les plus littéraires et les plus *artistes,* empruntent aux hommes moins facilement que leurs ridicules.

M. JANMOT a fait une *Station, — le Christ portant sa croix,* — dont la composition a du caractère et du sérieux, mais dont la couleur, non plus mystérieuse ou plutôt mystique, comme dans ses dernières œuvres, rappelle malheureusement la couleur de toutes les *stations* possibles. On devine trop, en regardant ce tableau cru et luisant, que M. Janmot est de Lyon. En effet, c'est bien là la peinture qui convient à cette ville de comptoirs, ville bigote et méticuleuse, où tout, jusqu'à la religion, doit avoir la netteté calligraphique d'un registre.

L'esprit du public a déjà associé souvent les noms de M. CURZON et de M. BRILLOUIN : seulement, leurs débuts promettaient plus d'originalité. Cette année, M. Brillouin, — *A quoi rêvent les jeunes filles,* — a été différent de lui-même, et M. Curzon s'est contenté de faire des Brillouin. Leur façon rappelle l'école de Metz, école littéraire, mystique et allemande. M. Curzon, qui fait souvent de beaux paysages d'une généreuse couleur, pourrait exprimer Hoffmann d'une manière moins érudite, — moins convenue. Bien qu'il soit évidemment un homme d'esprit, — le choix de ses sujets suffit pour le prouver, — on sent que le souffle hoffmannesque n'a point passé par là. L'ancienne façon des artistes allemands ne ressemble nullement à la façon de ce grand poëte, dont les compositions ont un caractère bien plus moderne et bien plus romantique. C'est en vain que l'artiste, pour obvier à ce défaut capital, a choisi parmi les contes le moins fantastique de tous, *Maître Martin et ses apprentis,* dont Hoffmann lui-même disait : « C'est le plus médiocre de mes ouvrages ; il n'y a ni terrible ni grotesque, qui sont les deux choses par où je vaux le plus ! » Et malgré cela, jusque dans *Maître Martin,* les lignes sont plus flottantes et l'atmosphère plus chargée d'esprits que ne les a faites M. Curzon.

A proprement parler, la place de M. Vidal n'est point ici, car ce n'est pas un vrai dessinateur. Cependant elle n'est pas trop mal choisie, car il a quelques-uns des travers et des ridicules de MM. les ingristes, c'est-à-dire le fanatisme du petit et du joli, et l'enthousiasme du beau papier et des toiles fines. Ce n'est point là l'ordre qui règne et circule autour d'un esprit fort et vigoureux, ni la propreté suffisante d'un homme de bon sens ; c'est la folie de la propreté.

Le préjugé Vidal a commencé, je crois, il y a trois ou quatre ans. A cette époque toutefois ses dessins étaient moins pédants et moins maniérés qu'aujourd'hui.

Je lisais ce matin un feuilleton de M. Théophile Gautier, où il fait à M. Vidal un grand éloge de savoir rendre la beauté moderne. — Je ne sais pourquoi M. Théophile Gautier a endossé cette année le carrick et la pèlerine de l'*homme bienfaisant*; car il a loué tout le monde, et il n'est si malheureux barbouilleur dont il n'ait catalogué les tableaux. Est-ce que par hasard l'heure de l'Académie, heure solennelle et soporifique, aurait sonné pour lui, qu'il est déjà si bon homme? et la prospérité littéraire a-t-elle de si funestes conséquences qu'elle contraigne le public à nous rappeler à l'ordre et à nous remettre sous les yeux nos anciens certificats de romantisme? La nature a doué M. Gautier d'un esprit excellent, large et poétique. Tout le monde sait quelle sauvage admiration il a toujours témoignée pour les œuvres franches et abondantes. Quel breuvage MM. les peintres ont-ils versé cette année dans son vin, ou quelle lorgnette a-t-il choisie pour aller à sa tâche?

M. Vidal connaît la beauté moderne! Allons donc! Grâce à la nature, nos femmes n'ont pas tant d'esprit et ne sont pas si précieuses; mais elles sont bien autrement romantiques. — Regardez la nature, monsieur; ce n'est pas avec de l'esprit et des crayons minutieusement apointés qu'on fait de la peinture; car quelques-uns vous rangent, je ne sais trop pourquoi, dans la noble famille des peintres. Vous avez beau appeler vos femmes Fatinitza, Stella, Vanessa, Saison des roses,

— un tas de noms de pommades! — tout cela ne fait pas des femmes poétiques. Une fois vous avez voulu faire *l'Amour de soi-même,* — une grande et belle idée, une idée souverainement féminine, — vous n'avez pas su rendre cette âpreté gourmande et ce magnifique égoïsme. Vous n'avez été que puéril et obscur.

Du reste, toutes ces afféteries passeront comme des onguents rancis. Il suffit d'un rayon de soleil pour en développer toute la puanteur. J'aime mieux laisser le temps faire son affaire que de perdre le mien à vous expliquer toutes les mesquineries de ce pauvre genre.

IX

DU PORTRAIT

Il y a deux manières de comprendre le portrait, — l'histoire et le roman.

L'une est de rendre fidèlement, sévèrement, minutieusement, le contour et le modelé du modèle, ce qui n'exclut pas l'idéalisation, qui consistera pour les naturalistes éclairés à choisir l'attitude la plus caractéristique, celle qui exprime le mieux les habitudes de l'esprit; en outre, de savoir donner à chaque détail important une exagération raisonnable, de mettre en lumière tout ce qui est naturellement saillant, accentué et principal, et de négliger ou de fondre dans l'ensemble tout ce qui est insignifiant, ou qui est l'effet d'une dégradation accidentelle.

Les chefs de l'école historique sont David et Ingres; les meilleurs exemples sont les portraits de David qu'on a pu voir à l'exposition Bonne-Nouvelle, et ceux de M. Ingres, comme M. Bertin et Cherubini.

La seconde méthode, celle particulière aux coloristes, est de faire du portrait un tableau, un poëme avec ses accessoires, plein d'espace et de rêverie. Ici l'art est plus difficile, parce qu'il est plus ambitieux. Il faut savoir baigner une tête dans les molles vapeurs d'une chaude atmosphère, ou la faire sortir des profondeurs d'un crépuscule. Ici, l'imagination a une plus grande part, et cependant, comme il arrive souvent que le roman est plus vrai que l'histoire, il arrive aussi qu'un modèle est plus clairement exprimé par le pinceau abondant et facile d'un coloriste que par le crayon d'un dessinateur.

Les chefs de l'école romantique sont Rembrandt, Reynolds, Lawrence. Les exemples connus sont *la Dame au chapeau de paille* et le jeune *Lambton*.

En général, MM. FLANDRIN, AMAURY-DUVAL et LEHMANN ont cette excellente qualité, que leur modelé est vrai et fin. Le morceau y est bien conçu, exécuté facilement et tout d'une haleine; mais leurs portraits sont souvent entachés d'une afféterie prétentieuse et maladroite. Leur goût immodéré pour la distinction leur joue à chaque instant de mauvais tours. On sait avec quelle admirable bonhomie ils recherchent les tons *distingués,* c'est-à-dire des tons qui, s'ils étaient intenses, hurleraient comme le diable et l'eau bénite, comme le marbre et le vinaigre; mais comme ils sont excessivement pâlis et pris à une dose homœopathique, l'effet en est plutôt surprenant que douloureux : c'est là le grand triomphe!

La *distinction* dans le dessin consiste à partager les préjugés de certaines mijaurées, frottées de littératures malsaines, qui ont en horreur les petits yeux, les grands pieds, les grandes mains, les petits fronts et les joues allumées par la joie et la santé, — toutes choses qui peuvent être fort belles.

Cette pédanterie dans la couleur et le dessin nuit toujours aux œuvres de ces messieurs, quelque recommandables qu'elles soient d'ailleurs. Ainsi, devant le portrait *bleu* de M. Amaury-Duval et bien d'autres portraits de femmes ingristes ou ingrisées, j'ai senti passer dans mon esprit, amenées par je ne sais quelle association d'idées, ces sages paroles du chien Berganza, qui fuyait les bas-*bleus* aussi ardemment que ces messieurs les recherchent : « Corinne ne t'a-t-elle jamais « paru insupportable? . . . .
« A l'idée de la voir s'approcher de moi, animée d'une « vie véritable, je me sentais comme oppressé par une « sensation pénible, et incapable de conserver auprès « d'elle ma sérénité et ma liberté d'esprit. . . . .
« . . . . . Quelque beaux que pussent être son « bras ou sa main, jamais je n'aurais pu supporter ses

« caresses sans une certaine répugnance, un certain « frémissement intérieur qui m'ôte ordinairement « l'appétit. — Je ne parle ici qu'en ma qualité de « chien! »

J'ai éprouvé la même sensation que le spirituel Berganza devant presque tous les portraits de femmes, anciens ou présents, de MM. Flandrin, Lehmann et Amaury-Duval, malgré les belles mains, réellement bien peintes, qu'ils savent leur faire, et la galanterie de certains détails. Dulcinée de Toboso elle-même, en passant par l'atelier de ces messieurs, en sortirait diaphane et bégueule comme une élégie, et amaigrie par le thé et le beurre esthétiques.

Ce n'est pourtant pas ainsi, — il faut le répéter sans cesse, — que M. Ingres comprend les choses, le grand maître!

Dans le portrait compris suivant la seconde méthode, MM. DUBUFE père, WINTERHALTER, LÉPAULLE et Mme FRÉDÉRIQUE O'CONNEL, avec un goût plus sincère de la nature et une couleur plus sérieuse, auraient pu acquérir une gloire légitime.

M. Dubufe aura longtemps encore le privilége des portraits élégants; son goût naturel et quasi poétique sert à cacher ses innombrables défauts.

Il est à remarquer que les gens qui crient tant haro sur le *bourgeois*, à propos de M. Dubufe, sont les mêmes qui se sont laissé charmer par les têtes de bois de M. PÉRIGNON. Qu'on aurait pardonné de choses à M. Delaroche, si l'on avait pu prévoir la fabrique Pérignon!

M. Winterhalter est réellement en décadence. — M. Lépaulle est toujours le même, un excellent peintre parfois, toujours dénué de goût et de bon sens.— Des yeux et des bouches charmantes, des bras réussis, — avec des toilettes à faire fuir les honnêtes gens!

Mme O'Connel sait peindre librement et vivement; mais sa couleur manque de consistance. C'est le malheureux défaut de la peinture anglaise, transparente à l'excès, et toujours douée d'une trop grande fluidité.

Un excellent exemple du genre de portraits dont je voulais tout à l'heure caractériser l'esprit, est ce portrait de femme, par M. Haffner, — noyé dans le gris et resplendissant de mystère, — qui, au Salon dernier, avait fait concevoir de si hautes espérances à tous les connaisseurs. Mais M. Haffner n'était pas encore un peintre de genre, cherchant à réunir et à fondre Diaz, Decamps et Troyon.

On dirait que Mme E. Gautier cherche à amollir un peu sa manière. Elle a tort.

MM. Tissier et J. Guignet ont conservé leur touche et leur couleur sûres et solides. En général, leurs portraits ont cela d'excellent qu'ils plaisent surtout par l'aspect, qui est la première impression et la plus importante.

M. Victor Robert, l'auteur d'une immense allégorie de l'Europe, est certainement un bon peintre, doué d'une main ferme; mais l'artiste qui fait le portrait d'un homme célèbre ne doit pas se contenter d'une pâte heureuse et superficielle; car il fait aussi le portrait d'un esprit. M. Granier de Cassagnac est beaucoup plus laid, ou, si l'on veut, beaucoup plus beau. D'abord le nez est plus large, et la bouche, mobile et irritable, est d'une malice et d'une finesse que le peintre a oubliées. M. Granier de Cassagnac a l'air plus petit et plus athlétique, — jusque dans le front. Cette pose est plutôt emphatique que respirant la force véritable, qui est son caractère. Ce n'est point là cette tournure martiale et provocante avec laquelle il aborde la vie et toutes ses questions. Il suffit de l'avoir vu fulminer à la hâte ses colères, avec des soubresauts de plume et de chaise, ou simplement de les avoir lues, pour comprendre qu'il n'est pas là tout entier. *Le Globe,* qui fuit dans la demi-teinte, est un enfantillage, — ou bien il fallait qu'il fût en pleine lumière!

J'ai toujours eu l'idée que M. L. Boulanger eût fait un excellent graveur; c'est un ouvrier naïf et dénué d'invention qui gagne beaucoup à travailler sur autrui. Ses tableaux romantiques sont mauvais, ses portraits sont bons, — clairs, solides, facilement et simplement peints; et, chose singulière, ils ont souvent l'aspect des bonnes gravures faites d'après les portraits de Van Dick. Ils ont ces ombres denses et ces lumières blanches des eaux-fortes vigoureuses. Chaque fois que M. L. Boulanger a voulu s'élever plus haut, il a fait du pathos. Je crois que c'est une intelligence honnête, calme et ferme, que les louanges exagérées des poëtes ont seules pu égarer.

Que dirai-je de M. L. Cogniet, cet aimable éclectique,

ce peintre de tant de bonne volonté et d'une intelligence si inquiète que, pour bien rendre le portrait de M. Granet, il a imaginé d'employer la couleur propre aux tableaux de M. Granet, — laquelle est généralement noire, comme chacun sait depuis longtemps.

Mme DE MIRBEL est le seul artiste qui sache se tirer d'affaire dans ce difficile problème du goût et de la vérité. C'est à cause de cette sincérité particulière, et aussi de leur aspect séduisant, que ses miniatures ont toute l'importance de la peinture.

X

DU CHIC ET DU PONCIF

Le *chic*, mot affreux et bizarre et de moderne fabrique, dont j'ignore même l'orthographe[1], mais que je suis obligé d'employer, parce qu'il est consacré par les artistes pour exprimer une monstruosité moderne, signifie : absence de modèle et de nature. Le *chic* est l'abus de la mémoire; encore le *chic* est-il plutôt une mémoire de la main qu'une mémoire du cerveau; car il est des artistes doués d'une mémoire profonde des caractères et des formes, — Delacroix ou Daumier, — et qui n'ont rien à démêler avec le *chic*.

1. H. de Balzac a écrit quelque part : *le chique*.

Le *chic* peut se comparer au travail de ces maîtres d'écriture, doués d'une belle main et d'une bonne plume taillée pour l'anglaise ou la coulée, et qui savent tracer hardiment, les yeux fermés, en manière de paraphe, une tête de Christ ou le chapeau de l'empereur.

La signification du mot *poncif* a beaucoup d'analogie avec celle du mot *chic*. Néanmoins, il s'applique plus particulièrement aux expressions de tête et aux attitudes.

Il y a des colères *poncif*, des étonnements *poncif*, par exemple l'étonnement exprimé par un bras horizontal avec le pouce écarquillé.

Il y a dans la vie et dans la nature des choses et des êtres *poncif*, c'est-à-dire qui sont le résumé des idées vulgaires et banales qu'on se fait de ces choses et de ces êtres : aussi les grands artistes en ont horreur.

Tout ce qui est conventionnel et traditionnel relève du *chic* et du *poncif*.

Quand un chanteur met la main sur son cœur, cela veut dire d'ordinaire : je l'aimerai toujours! — Serre-t-il les poings en regardant le souffleur ou les planches, cela signifie : il mourra, le traître! — Voilà le *poncif*.

XI

DE M. HORACE VERNET

Tels sont les principes sévères qui conduisent dans la recherche du beau cet artiste éminemment national, dont les compositions décorent la chaumière du pauvre villageois et la mansarde du joyeux étudiant, le salon des maisons de tolérance les plus misérables et les palais de nos rois. Je sais bien que cet homme est un Français, et qu'un Français en France est une chose sainte et sacrée, — et même à l'étranger, à ce qu'on dit; mais c'est pour cela même que je le hais.

Dans le sens le plus généralement adopté, Français veut dire vaudevilliste, et vaudevilliste un homme à qui Michel-Ange donne le vertige et que Delacroix remplit d'une stupeur bestiale, comme le tonnerre certains animaux. Tout ce qui est abîme, soit en haut, soit en bas, le fait fuir prudemment. Le sublime lui fait toujours l'effet d'une émeute, et il n'aborde même son Molière qu'en tremblant et parce qu'on lui a persuadé que c'était un auteur gai.

Aussi tous les honnêtes gens de France, excepté M. HORACE VERNET, haïssent le Français. Ce ne sont pas des idées qu'il faut à ce peuple remuant, mais des faits, des récits historiques, des couplets et *le Moniteur!*

Voilà tout : jamais d'abstractions. Il a fait de grandes choses, mais il n'y pensait pas. On les lui a fait faire.

M. Horace Vernet est un militaire qui fait de la peinture. — Je hais cet art improvisé au roulement du tambour, ces toiles badigeonnées au galop, cette peinture fabriquée à coups de pistolet, comme je hais l'armée, la force armée, et tout ce qui traîne des armes bruyantes dans un lieu pacifique. Cette immense popularité, qui ne durera d'ailleurs pas plus longtemps que la guerre, et qui diminuera à mesure que les peuples se feront d'autres joies, — cette popularité, dis-je, cette *vox populi, vox Dei,* est pour moi une oppression.

Je hais cet homme parce que ses tableaux ne sont point de la peinture, mais une masturbation agile et fréquente, une irritation de l'épiderme français; — comme je hais tel autre grand homme dont l'austère hypocrisie a rêvé le consulat et qui n'a récompensé le peuple de son amour que par de mauvais vers, — des vers qui ne sont pas de la poésie, des vers bistournés et mal construits, pleins de barbarismes et de solécismes, mais aussi de civisme et de patriotisme.

Je le hais parce qu'il est né *coiffé*[1], et que l'art est pour lui chose claire et facile. — Mais il vous raconte votre gloire, et c'est la grande affaire. — Eh! qu'importe au voyageur enthousiaste, à l'esprit cosmopolite qui préfère le beau à la gloire?

1. Expression de M. Marc Fournier, qui peut s'appliquer à presque tous les romanciers et les historiens en vogue, qui ne sont guère que des feuilletonistes, comme M. Horace Vernet.

Pour définir M. Horace Vernet d'une manière claire, il est l'antithèse absolue de l'artiste ; il substitue le *chic* au dessin, le charivari à la couleur et les épisodes à l'unité ; il fait des Meissonier grands comme le monde.

Du reste, pour remplir sa mission officielle, M. Horace Vernet est doué de deux qualités éminentes, l'une en moins, l'autre en plus : nulle passion et une mémoire d'almanach[1] ! Qui sait mieux que lui combien il y a de boutons dans chaque uniforme, quelle tournure prend une guêtre ou une chaussure avachie par des étapes nombreuses ; à quel endroit des buffleteries le cuivre des armes dépose son ton vert-de-gris ? Aussi, quel immense public et quelle joie ! Autant de publics qu'il faut de métiers différents pour fabriquer des habits, des shakos, des sabres, des fusils et des canons ! Et toutes ces corporations réunies devant un Horace Vernet par l'amour commun de la gloire ! Quel spectacle !

Comme je reprochais un jour à quelques Allemands

1. La véritable mémoire, considérée sous un point de vue philosophique, ne consiste, je pense, que dans une imagination très-vive, facile à émouvoir, et par conséquent susceptible d'évoquer à l'appui de chaque sensation les scènes du passé, en les douant, comme par enchantement, de la vie et du caractère propres à chacune d'elles ; du moins j'ai entendu soutenir cette thèse par l'un de mes anciens maîtres, qui avait une mémoire prodigieuse, quoiqu'il ne pût retenir une date, ni un nom propre. — Le maître avait raison, et il en est sans doute autrement des paroles et des discours qui ont pénétré profondément dans l'âme et dont on a pu saisir le sens intime et mystérieux, que de mots appris par cœur. — HOFFMANN.

leur goût pour Scribe et Horace Vernet, ils me répondirent : « Nous admirons profondément Horace Vernet comme le représentant le plus complet de son siècle. » — A la bonne heure !

On dit qu'un jour M. Horace Vernet alla voir Pierre de Cornélius, et qu'il l'accabla de compliments. Mais il attendit longtemps la réciprocité ; car Pierre de Cornélius ne le félicita qu'une seule fois pendant toute l'entrevue, — sur la quantité de champagne qu'il pouvait absorber sans en être incommodé. — Vraie ou fausse, l'histoire a toute la vraisemblance poétique.

Qu'on dise encore que les Allemands sont un peuple naïf !

Bien des gens, partisans de la ligne courbe en matière d'éreintage, et qui n'aiment pas mieux que moi M. Horace Vernet, me reprocheront d'être maladroit. Cependant il n'est pas imprudent d'être brutal et d'aller droit au fait, quand à chaque phrase le *je* couvre un *nous*, *nous* immense, *nous* silencieux et invisible, — *nous*, toute une génération nouvelle, ennemie de la guerre et des sottises nationales ; une génération pleine de santé, parce qu'elle est jeune, et qui pousse déjà à la queue, coudoie et fait ses trous, — sérieuse, railleuse et menaçante[1] !

---

1. Ainsi l'on peut chanter devant toutes les toiles de M. Horace Vernet :

> Vous n'avez qu'un temps à vivre,
> Ami, passez-le gaiement.

Gaieté essentiellement française.

Deux autres faiseurs de vignettes et grands adorateurs du *chic* sont MM. GRANET et ALFRED DEDREUX; mais ils appliquent leur faculté d'improvisateur à des genres bien différents : M. Granet à la religion, M. Dedreux à la vie fashionable. L'un fait le moine, l'autre le cheval; mais l'un est noir, l'autre clair et brillant. M. Alfred Dedreux a celà pour lui qu'il sait peindre, et que ses peintures ont l'aspect vif et frais des décorations de théâtre. Il faut supposer qu'il s'occupe davantage de la nature dans les sujets qui font sa spécialité; car ses études de chiens courants sont plus réelles et plus solides. Quant à ses *Chasses,* elles ont cela de comique que les chiens y jouent le grand rôle et pourraient manger chacun quatre chevaux. Ils rappellent les célèbres moutons dans *les Vendeurs du Temple,* de Jouvenet, qui absorbent Jésus-Christ.

XII

DE L'ÉCLECTISME ET DU DOUTE

Nous sommes, comme on le voit, dans l'hôpital de la peinture. Nous touchons aux plaies et aux maladies; et celle-ci n'est pas une des moins étranges et des moins contagieuses.

Dans le siècle présent comme dans les anciens, aujourd'hui comme autrefois, les hommes forts et bien portants se partagent, chacun suivant son goût et son tempérament, les divers territoires de l'art, et s'y exercent en pleine liberté suivant la loi fatale du travail attrayant. Les uns vendangent facilement et à pleines mains dans les vignes dorées et automnales de la couleur; les autres labourent avec patience et creusent péniblement le sillon profond du dessin. Chacun de ces hommes a compris que sa royauté était un sacrifice, et qu'à cette condition seule il pouvait régner avec sécurité jusqu'aux frontières qui la limitent. Chacun d'eux a une enseigne à sa couronne; et les mots écrits sur l'enseigne sont lisibles pour tout le monde. Nul d'entre eux ne doute de sa royauté, et c'est dans cette imperturbable conviction qu'est leur gloire et leur sérénité.

M. Horace Vernet lui-même, cet odieux représentant du *chic*, a le mérite de n'être pas un douteur. C'est un homme d'une humeur heureuse et folâtre, qui habite un pays artificiel dont les acteurs et les coulisses sont faits du même carton; mais il règne en maître dans son royaume de parade et de divertissements.

Le doute, qui est aujourd'hui dans le monde moral la cause principale de toutes les affections morbides, et dont les ravages sont plus grands que jamais, dépend de causes majeures que j'analyserai dans l'avant-dernier chapitre, intitulé : *Des écoles et des ouvriers*. Le doute a engendré l'éclectisme, car les douteurs avaient la bonne volonté du salut.

L'éclectisme, aux différentes époques, s'est toujours cru plus grand que les doctrines anciennes, parce qu'arrivé le dernier il pouvait parcourir les horizons les plus reculés. Mais cette impartialité prouve l'impuissance des éclectiques. Des gens qui se donnent si largement le temps de la réflexion ne sont pas des hommes complets; il leur manque une passion.

Les éclectiques n'ont pas songé que l'attention humaine est d'autant plus intense qu'elle est bornée et qu'elle limite elle-même son champ d'observations. Qui trop embrasse mal étreint.

C'est surtout dans les arts que l'éclectisme a eu les conséquences les plus visibles et les plus palpables, parce que l'art, pour être profond, veut une idéalisation perpétuelle qui ne s'obtient qu'en vertu du sacrifice, — sacrifice involontaire.

Quelque habile que soit un éclectique, c'est un homme faible; car c'est un homme sans amour. Il n'a donc pas d'idéal, il n'a pas de parti pris; — ni étoile ni boussole.

Il mêle quatre procédés différents qui ne produisent qu'un effet noir, une négation.

Un éclectique est un navire qui voudrait marcher avec quatre vents.

Une œuvre faite à un point de vue exclusif, quelque grands que soient ses défauts, a toujours un grand charme pour les tempéraments analogues à celui de l'artiste.

L'œuvre d'un éclectique ne laisse pas de souvenir.

Un éclectique ignore que la première affaire d'un artiste est de substituer l'homme à la nature et de protester contre elle. Cette protestation ne se fait pas de parti pris, froidement, comme un code ou une rhétorique; elle est emportée et naïve, comme le vice, comme la passion, comme l'appétit. Un éclectique n'est donc pas un homme.

Le doute a conduit certains artistes à implorer le secours de tous les autres arts. Les essais de moyens contradictoires, l'empiétement d'un art sur un autre, l'importation de la poésie, de l'esprit et du sentiment dans la peinture, toutes ces misères modernes sont des vices particuliers aux éclectiques.

XIII

DE M. ARY SCHEFFER ET DES SINGES DU SENTIMENT

Un exemple désastreux de cette méthode, si l'on peut appeler ainsi l'absence de méthode, est M. Ary Scheffer.

Après avoir imité Delacroix, après avoir singé les coloristes, les dessinateurs français et l'école néo-chrétienne d'Owerbeck, M. Ary Scheffer s'est aperçu, — un peu tard sans doute, — qu'il n'était pas né peintre.

Dès lors il fallut recourir à d'autres moyens; et il demanda aide et protection à la poésie.

Faute ridicule pour deux raisons : d'abord la poésie n'est pas le but immédiat du peintre; quand elle se trouve mêlée à la peinture, l'œuvre n'en vaut que mieux, mais elle ne peut pas en déguiser les faiblesses. Chercher la poésie de parti pris dans la conception d'un tableau est le plus sûr moyen de ne pas la trouver. Elle doit venir à l'insu de l'artiste. Elle est le résultat de la peinture elle-même; car elle gît dans l'âme du spectateur, et le génie consiste à l'y réveiller. La peinture n'est intéressante que par la couleur et par la forme; elle ne ressemble à la poésie qu'autant que celle-ci éveille dans le lecteur des idées de peinture.

En second lieu, et ceci est une conséquence de ces dernières lignes, il est à remarquer que les grands artistes, que leur instinct conduit toujours bien, n'ont pris dans les poëtes que des sujets très-colorés et très-visibles. Ainsi ils préfèrent Shakspeare à Arioste.

Or, pour choisir un exemple éclatant de la sottise de M. Ary Scheffer, examinons le sujet du tableau intitulé *Saint Augustin et sainte Monique.* Un brave peintre espagnol eût naïvement, avec la double piété de l'art et de la religion, peint de son mieux l'idée générale qu'il se faisait de saint Augustin et de sainte Monique. Mais il ne s'agit pas de cela; il faut surtout exprimer le passage suivant, — avec des pinceaux et de la couleur : — « Nous cherchions entre nous quelle sera cette vie éternelle *que l'œil n'a pas vue, que l'oreille n'a pas entendue, et où n'atteint pas le cœur de l'homme!* » C'est le comble de l'absurdité. Il me semble voir un danseur exécutant un pas de mathématiques!

Autrefois le public était bienveillant pour M. Ary Scheffer; il retrouvait devant ces tableaux *poétiques* les plus chers souvenirs des grands poëtes, et cela lui suffisait. La vogue passagère de M. Ary Scheffer fut un hommage à la mémoire de Gœthe. Mais les artistes, même ceux qui n'ont qu'une originalité médiocre, ont montré depuis longtemps au public de la vraie peinture, exécutée avec une main sûre et d'après les règles les plus simples de l'art : aussi s'est-il dégoûté peu à peu de la peinture invisible, et il est aujourd'hui, à l'endroit de M. Ary Scheffer, cruel et ingrat, comme tous les publics. Ma foi! il fait bien.

Du reste, cette peinture est si malheureuse, si triste, si indécise et si sale, que beaucoup de gens ont pris les tableaux de M. Ary Scheffer pour ceux de M. HENRY SCHEFFER, un autre Girondin de l'art. Pour moi, ils me font l'effet de tableaux de M. Delaroche, lavés par les grandes pluies.

Une méthode simple pour connaître la portée d'un artiste est d'examiner son public. E. Delacroix a pour lui les peintres et les poëtes; M. Decamps, les peintres; M. Horace Vernet, les garnisons, et M. Ary Scheffer, les femmes esthétiques qui se vengent de leurs flueurs blanches en faisant de la musique religieuse[1].

1. Je recommande à ceux que mes pieuses colères ont dû parfois

Les singes du sentiment sont, en général, de mauvais artistes. S'il en était autrement, ils feraient autre chose que du sentiment.

Les plus forts d'entre eux sont ceux qui ne comprennent que le joli.

Comme le sentiment est une chose infiniment variable et multiple, comme la mode, il y a des singes de sentiment de différents ordres.

Le singe du sentiment compte surtout sur le livret. Il est à remarquer que le titre du tableau n'en dit jamais le sujet, surtout chez ceux qui, par un agréable mélange d'horreurs, mêlent le sentiment à l'esprit. On pourra ainsi, en élargissant la méthode, arriver au rébus sentimental.

Par exemple, vous trouvez dans le livret : *Pauvre fileuse !* Eh bien, il se peut que le tableau représente un ver à soie femelle ou une chenille écrasée par un enfant. Cet âge est sans pitié.

Aujourd'hui et demain. — Qu'est-ce que cela? Peuttre le drapeau blanc et le drapeau tricolore; peut-être aussi un député triomphant, et le même dégommé. Non, — c'est une jeune vierge promue à la dignité de lorette, jouant avec les bijoux et les roses, et maintenant, flétrie et creusée, subissant sur la paille les conséquences de sa légèreté.

scandaliser la lecture des *Salons* de Diderot. Entre autres exemples de charité bien entendue, ils y verront que ce grand philosophe, à propos d'un peintre qu'on lui avait recommandé, parce qu'il avait du monde à nourrir, dit qu'il faut abolir les tableaux ou la famille.

L'Indiscret. — Cherchez, je vous prie. — Cela représente un monsieur surprenant un album libertin dans les mains de deux jeunes filles rougissantes.

Celui-ci rentre dans la classe des tableaux de sentiment Louis XV, qui se sont, je crois, glissés au Salon à la suite de *la Permission de dix heures*. C'est, comme on le voit, un tout autre ordre de sentiments : ceux-ci sont moins mystiques.

En général, les tableaux de sentiment sont tirés des dernières poésies d'un bas-bleu quelconque, genre mélancolique et voilé; ou bien ils sont une traduction picturale des criailleries du pauvre contre le riche, genre protestant; ou bien empruntés à la sagesse des nations, genre spirituel; quelquefois aux œuvres de M. Bouilly, ou de Bernardin de Saint-Pierre, genre moraliste.

Voici encore quelques exemples de tableaux de sentiment : *l'Amour à la campagne,* bonheur, calme, repos, et *l'Amour à la ville,* cris, désordre, chaises et livres renversés : c'est une métaphysique à la portée des simples.

La Vie d'une jeune fille en quatre compartiments. — Avis à celles qui ont du penchant à la maternité!

L'Aumône d'une vierge folle. — Elle donne un sou gagné à la sueur de son front à l'éternel Savoyard qui monte la garde à la porte de Félix. Au dedans, les riches du jour se gorgent de friandises. — Celui-là nous vient évidemment de la littérature *Marion Delorme,* qui consiste à prêcher les vertus des assassins et des filles publiques.

Que les Français ont d'esprit et qu'ils se donnent de mal pour se tromper! Livres, tableaux, romances, rien n'est inutile, aucun moyen n'est négligé par ce peuple charmant, quand il s'agit pour lui de *se monter un coup*.

XIV

DE QUELQUES DOUTEURS

Le doute revêt une foule de formes; c'est un Protée qui souvent s'ignore lui-même. Ainsi les douteurs varient à l'infini, et je suis obligé de mettre en paquet plusieurs individus qui n'ont de commun que l'absence d'une individualité bien constituée.

Il y en a de sérieux et pleins d'une grande bonne volonté; ceux-là, plaignons-les.

Ainsi M. Papety, que quelques-uns, ses amis surtout, avaient pris pour un coloriste lors de son retour de Rome, a fait un tableau d'un aspect affreusement désagréable, — *Solon dictant ses lois;* — et qui rappelle, — peut-être parce qu'il est placé trop haut pour qu'on en puisse étudier les détails, — la queue ridicule de l'école impériale.

Voilà deux ans de suite que M. Papety donne, dans le même Salon, des tableaux d'un aspect tout différent.

M. Glaize compromet ses débuts par des œuvres d'un style commun et d'une composition embrouillée. Toutes les fois qu'il lui faut faire autre chose qu'une étude de femme, il se perd. M. Glaize croit qu'on devient coloriste par le choix exclusif de certains tons. Les commis étalagistes et les habilleurs de théâtre ont aussi le goût des tons riches; mais cela ne fait pas le goût de l'harmonie.

Dans *le Sang de Vénus,* la Vénus est jolie, délicate et dans un bon mouvement; mais la nymphe accroupie en face d'elle est d'un *poncif* affreux.

On peut faire à M. Matout les mêmes reproches à l'endroit de la couleur. De plus, un artiste qui s'est présenté autrefois comme dessinateur, et dont l'esprit s'appliquait surtout à l'harmonie combinée des lignes, doit éviter de donner à une figure des mouvements de cou et de bras improbables. Si la nature le veut, l'artiste idéaliste, qui veut être fidèle à ses principes, n'y doit pas consentir.

M. Chenavard est un artiste éminemment savant et piocheur, dont on a remarqué, il y a quelques années, *le Martyr de saint Polycarpe,* fait en collaboration avec M. Comairas. Ce tableau dénotait une science réelle de composition, et une connaissance approfondie de tous les maîtres italiens. Cette année, M. Chenavard a encore fait preuve de goût dans le choix de son sujet et d'habileté dans son dessin; mais quand on lutte contre Michel-Ange, ne serait-il pas convenable de l'emporter au moins par la couleur?

M. A. Guignet porte toujours deux hommes dans son cerveau, Salvator et M. Decamps. M. Salvator Guignet peint avec de la sépia. M. Guignet Decamps est une entité diminuée par la dualité. — *Les Condottières après un pillage* sont faits dans la première manière; *Xerxès* se rapproche de la seconde. — Du reste, ce tableau est assez bien composé, n'était le goût de l'érudition et de la curiosité, qui intrigue et amuse le spectateur et le détourne de la pensée principale; c'était aussi le défaut des *Pharaons*.

MM. Brune et Gigoux sont déjà de vieilles réputations. Même dans son bon temps, M. Gigoux n'a guère fait que de vastes vignettes. Après de nombreux échecs, il nous a montré enfin un tableau qui, s'il n'est pas très-original, a du moins une assez belle tournure. *Le Mariage de la sainte Vierge* semble être l'œuvre d'un de ces maîtres nombreux de la décadence florentine, que la couleur aurait subitement préoccupé.

M. Brune rappelle les Carrache et les peintres éclectiques de la seconde époque : manière solide, mais d'âme peu ou point; — nulle grande faute, mais nulle grande qualité.

S'il est des douteurs qui inspirent de l'intérêt, il en est de grotesques que le public revoit tous les ans avec cette joie méchante, particulière aux flâneurs ennuyés à qui la laideur excessive procure quelques instants de distraction.

M. Bard, l'homme aux folies froides, semble décidément succomber sous le fardeau qu'il s'était imposé. Il revient de temps à autre à sa manière naturelle, qui est celle de tout le monde. On m'a dit que l'auteur de *la Barque de Caron* était élève de M. Horace Vernet.

M. Biard est un homme universel. Cela semblerait indiquer qu'il ne doute pas le moins du monde, et que nul plus que lui n'est sûr de son fait; mais remarquez bien que parmi cet effroyable bagage, — tableaux d'histoire, tableaux de voyages, tableaux de sentiment, tableaux spirituels, — il est un genre négligé. M. Biard a reculé devant le tableau de religion. Il n'est pas encore assez convaincu de son mérite.

XV

DU PAYSAGE

Dans le paysage, comme dans le portrait et le tableau d'histoire, on peut établir des classifications basées sur les méthodes différentes : ainsi il y a des paysagistes coloristes, des paysagistes dessinateurs et des imaginatifs; des naturalistes idéalisant à leur insu, et des sectaires du *poncif,* qui s'adonnent à un genre particulier et étrange, qui s'appelle le Paysage *historique*.

Lors de la révolution romantique, les paysagistes, à l'exemple des plus célèbres Flamands, s'adonnèrent exclusivement à l'étude de la nature; ce fut ce qui les sauva et donna un éclat particulier à l'école du paysage moderne. Leur talent consista surtout dans une adoration éternelle de l'œuvre visible, sous tous ses aspects et dans tous ses détails.

D'autres, plus philosophes et plus raisonneurs, s'occupèrent surtout du style, c'est-à-dire de l'harmonie des lignes principales, de l'architecture de la nature.

Quant au paysage de fantaisie, qui est l'expression de la rêverie humaine, l'égoïsme humain substitué à la nature, il fut peu cultivé. Ce genre singulier, dont Rembrandt, Rubens, Watteau, et quelques livres d'étrennes anglais offrent les meilleurs exemples, et qui est en petit l'analogue des belles décorations de l'Opéra, représente le besoin naturel du merveilleux. C'est l'imagination du dessin importée dans le paysage : jardins fabuleux, horizons immenses, cours d'eau plus limpides qu'il n'est naturel, et coulant en dépit des lois de la topographie, rochers gigantesques construits dans des proportions idéales, brumes flottantes comme un rêve. Le paysage de fantaisie a eu chez nous peu d'enthousiastes, soit qu'il fût un fruit peu français, soit que l'école eût avant tout besoin de se retremper dans les sources purement naturelles.

Quant au paysage historique, dont je veux dire quelques mots en manière d'office pour les morts, il n'est ni la libre fantaisie, ni l'admirable servilisme des naturalistes : c'est la morale appliquée à la nature.

Quelle contradiction et quelle monstruosité! La nature n'a d'autre morale que le fait, parce qu'elle est la morale elle-même ; et néanmoins il s'agit de la reconstruire et de l'ordonner d'après des règles plus saines et plus pures, règles qui ne se trouvent pas dans le pur enthousiasme de l'idéal, mais dans des codes bizarres que les adeptes ne montrent à personne.

Ainsi la tragédie, — ce genre oublié des hommes, et dont on ne retrouve quelques échantillons qu'à la Comédie-Française, le théâtre le plus désert de l'univers, — la tragédie consiste à découper certains patrons éternels, qui sont l'amour, la haine, l'amour filial, l'ambition, etc., et, suspendus à des fils, de les faire marcher, saluer, s'asseoir et parler d'après une étiquette mystérieuse et sacrée. Jamais, même à grand renfort de coins et de maillets, vous ne ferez entrer dans la cervelle d'un poëte tragique l'idée de l'infinie variété, et même en le frappant ou en le tuant, vous ne lui persuaderez pas qu'il faut différentes morales. Avez-vous jamais vu boire et manger des personnes tragiques? Il est évident que ces gens-là se sont fait la morale à l'endroit des besoins naturels et qu'ils ont créé leur tempérament, au lieu que la plupart des hommes subissent le leur. J'ai entendu dire à un poëte ordinaire de la Comédie-Française, que les romans de Balzac lui serraient le cœur et lui inspiraient du dégoût; que, pour son compte, il ne concevait pas que des amoureux vécussent d'autre chose que du parfum des fleurs et des pleurs de l'aurore. Il serait temps, ce me semble, que le gouvernement s'en mêlât; car si les hommes de lettres, qui ont chacun leur rêve et leur labeur, et pour qui le dimanche n'existe pas, échappent naturellement à la tragédie, il est un certain nombre de gens à qui l'on a persuadé que la Comédie-Française était le sanctuaire de l'art, et dont l'admirable bonne volonté est filoutée un jour sur sept. Est-il raisonnable de permettre à quelques citoyens de s'abrutir et de contracter des idées fausses? Mais il paraît que la tragédie et le paysage historique sont plus forts que les Dieux.

Vous comprenez maintenant ce que c'est qu'un bon paysage tragique. C'est un arrangement de patrons d'arbres, de fontaines, de tombeaux et d'urnes cinéraires. Les chiens sont taillés sur un certain patron de chien historique; un berger historique ne peut pas, sous peine du déshonneur, s'en permettre d'autres. Tout arbre immoral qui s'est permis de pousser tout seul et à sa manière est nécessairement abattu; toute mare à crapauds ou à têtards est impitoyablement enterrée. Les paysagistes historiques qui ont des remords par suite de quelques peccadilles naturelles, se figurent l'enfer sous l'aspect d'un vrai paysage, d'un ciel pur et d'une nature libre et riche : par exemple une savane ou une forêt vierge.

MM. Paul Flandrin, Desgoffes, Chevandier et Teytaud sont les hommes qui se sont imposé la gloire de lutter contre le goût d'une nation.

J'ignore quelle est l'origine du paysage historique. A coup sûr, ce n'est pas dans Poussin qu'il a pris naissance ; car auprès de ces messieurs, c'est un esprit perverti et débauché.

MM. ALIGNY, COROT et CABAT se préoccupent beaucoup du style. Mais ce qui, chez M. Aligny, est un parti pris violent et philosophique, est chez M. Corot une habitude naïve et une tournure d'esprit naturel. Il n'a malheureusement donné cette année qu'un seul paysage : ce sont des vaches qui viennent boire à une mare dans la forêt de Fontainebleau. M. Corot est plutôt un harmoniste qu'un coloriste; et ses compositions, toujours dénuées de pédanterie, ont un aspect séduisant par la simplicité même de la couleur. Presque toutes ses œuvres ont le don particulier de l'unité, qui est un des besoins de la mémoire.

M. Aligny a fait à l'eau-forte de très-belles vues de Corinthe et d'Athènes; elles expriment parfaitement bien l'idée préconçue de ces choses. Du reste, ces harmonieux poëmes de pierre allaient très-bien au talent sérieux et idéaliste de M. Aligny, ainsi que la méthode employée pour les traduire.

M. CABAT a complétement abandonné la voie dans laquelle il s'était fait une si grande réputation. Sans être complice des fanfaronnades particulières à certains paysagistes naturalistes, il était autrefois bien plus brillant et bien plus naïf. Il a véritablement tort de ne plus se fier à la nature, comme jadis. C'est un homme d'un trop grand talent pour que toutes ses compositions n'aient pas un caractère spécial; mais ce jansénisme de nouvelle date, cette diminution de moyens, cette privation volontaire, ne peuvent pas ajouter à sa gloire.

En général, l'influence ingriste ne peut pas produire de résultats satisfaisants dans le paysage. La ligne et le style ne remplacent pas la lumière, l'ombre, les reflets et l'atmosphère colorante, — toutes choses qui jouent un trop grand rôle dans la poésie de la nature pour qu'elle se soumette à cette méthode.

Les partisans contraires, les naturalistes et les coloristes, sont bien plus populaires et ont jeté bien plus d'éclat. Une couleur riche et abondante, des ciels transparents et lumineux, une sincérité particulière qui leur fait accepter tout ce que donne la nature, sont leurs principales qualités : seulement, quelques-uns d'entre eux, comme M. TROYON, se réjouissent trop dans les jeux et les voltiges de leur pinceau. Ces moyens, sus d'avance, appris à grand'peine et monotonement triomphants, intéressent le spectateur quelquefois plus que le paysage lui-même. Il arrive même, en ces cas-là, qu'un élève inattendu, comme M. CHARLES LE ROUX, pousse encore plus loin la sécurité et l'audace; car il n'est qu'une chose inimitable, qui est la bonhomie.

M. COIGNARD a fait un grand paysage d'une assez belle tournure, et qui a fort attiré les yeux du public; — au premier plan, des vaches nombreuses, et dans le fond, la lisière d'une forêt. Les vaches sont belles et bien peintes, l'ensemble du tableau a un bon aspect; mais je ne crois pas que ces arbres soient assez vigoureux pour supporter un pareil ciel. Cela fait supposer que si on enlevait les vaches, le paysage deviendrait fort laid.

M. Français est un des paysagistes les plus distingués. Il sait étudier la nature et y mêler un parfum romantique de bon aloi. Son *Étude de Saint-Cloud* est une chose charmante et pleine de goût, sauf les puces de M. Meissonier, qui sont une faute de goût. Elles attirent trop l'attention et elles amusent les nigauds. Du reste elles sont faites avec la perfection particulière que cet artiste met dans toutes ces petites choses[1].

M. Flers n'a malheureusement envoyé que des pastels. Le public et lui y perdent également.

M. Héroult est de ceux que préoccupent surtout la lumière et l'atmosphère. Il sait fort bien exprimer les ciels clairs et souriants et les brumes flottantes, traversées par un rayon de soleil. Il connaît toute cette poésie particulière aux pays du Nord. Mais sa couleur, un peu molle et fluide, sent les habitudes de l'aquarelle, et, s'il a su éviter les crâneries des autres paysagistes, il ne possède pas toujours une fermeté de touche suffisante.

1. J'ai enfin trouvé un homme qui a su exprimer son admiration pour les Meissonier de la façon la plus judicieuse, et avec un enthousiasme qui ressemble tout à fait au mien. C'est M. Hippolyte Babou. Je pense comme lui qu'il faudrait les pendre tous dans les frises du Gymnase. — « *Geneviève* ou *la Jalousie paternelle* est un ravissant petit Meissonier que M. Scribe a accroché dans les frises du Gymnase. » — *Courrier français*, feuilleton du 6 avril. — Cela m'a paru tellement sublime, que j'ai présumé que MM. Scribe, Meissonier et Babou ne pouvaient que gagner également à cette citation.

MM. Joyant, Chacaton, Lottier et Borget vont, en général, chercher leurs sujets dans les pays lointains, et leurs tableaux ont le charme des lectures de voyages.

Je ne désapprouve pas les spécialités; mais je ne voudrais pourtant pas qu'on en abusât autant que M. Joyant, qui n'est jamais sorti de la place Saint-Marc et n'a jamais franchi le Lido. Si la spécialité de M. Joyant attire les yeux plus qu'une autre, c'est sans doute à cause de la perfection monotone qu'il y met, et qui est toujours due aux mêmes moyens. Il me semble que M. Joyant n'a jamais pu faire de progrès.

M. Borget a franchi les frontières de la Chine, et nous a montré des paysages mexicains, péruviens et indiens. Sans être un peintre de premier ordre, il a une couleur brillante et facile. Ses tons sont frais et purs. Avec moins d'art, en se préoccupant moins des paysagistes et en peignant plus en voyageur, M. Borget obtiendrait peut-être des résultats plus intéressants.

M. Chacaton, qui s'est voué exclusivement à l'Orient, est depuis longtemps un peintre des plus habiles; ses tableaux sont gais et souriants. Malheureusement on dirait presque toujours des Decamps et des Marilhat diminués et pâlis.

M. Lottier, au lieu de chercher le gris et la brume des climats chauds, aime à en accuser la crudité et le papillotage ardent. Ces panoramas inondés de soleil sont d'une vérité merveilleusement cruelle. On les dirait faits avec le daguerréotype de la couleur.

Il est un homme qui, plus que tous ceux-là, et même que les plus célèbres absents, remplit, à mon sens, les conditions du beau dans le paysage, un homme peu connu de la foule, et que d'anciens échecs et de sourdes tracasseries ont éloigné du Salon. Il serait temps, ce me semble, que M. ROUSSEAU, — on a déjà deviné que c'était de lui que je voulais parler, — se présentât de nouveau devant le public, que d'autres paysagistes ont habitué peu à peu à des aspects nouveaux.

Il est aussi difficile de faire comprendre avec des mots le talent de M. Rousseau que celui de Delacroix, avec lequel il a, du reste, quelques rapports. M. Rousseau est un paysagiste du Nord. Sa peinture respire une grande mélancolie. Il aime les natures bleuâtres, les crépuscules, les couchers de soleil singuliers et trempés d'eau, les gros ombrages où circulent les brises, les grands jeux d'ombres et de lumière. Sa couleur est magnifique, mais non pas éclatante. Ses ciels sont incomparables pour leur mollesse floconneuse. Qu'on se rappelle quelques paysages de Rubens et de Rembrandt, qu'on y mêle quelques souvenirs de peinture anglaise, et qu'on suppose, dominant et réglant tout cela, un amour profond et sérieux de la nature, on pourra peut-être se faire une idée de la magie de ses tableaux. Il y mêle beaucoup de son âme, comme Delacroix; c'est un naturaliste entraîné sans cesse vers l'idéal.

M. Gudin compromet de plus en plus sa réputation. A mesure que le public voit de la bonne peinture, il se détache des artistes les plus populaires, s'ils ne peuvent plus lui donner la même quantité de plaisir. M. Gudin rentre pour moi dans la classe des gens qui bouchent leurs plaies avec une chair artificielle, des mauvais chanteurs dont on dit qu'ils sont de grands acteurs, et des peintres poétiques.

M. Jules Noël a fait une fort belle marine, d'une belle et claire couleur, rayonnante et gaie. Une grande felouque, aux couleurs et aux formes singulières, se repose dans un grand port, où circule et nage toute la lumière de l'Orient. — Peut-être un peu trop de coloriage et pas assez d'unité. — Mais M. Jules Noël a certainement trop de talent pour n'en pas avoir davantage, et il est sans doute de ceux qui s'imposent le progrès journalier. — Du reste, le succès qu'obtient cette toile prouve que, dans tous les genres, le public aujourd'hui est prêt à faire un aimable accueil à tous les noms nouveaux.

M. Kiorboë est un de ces anciens et fastueux peintres qui savaient si bien décorer ces nobles salles à manger, qu'on se figure pleines de chasseurs affamés et glorieux. La peinture de M. Kiorboë est joyeuse et puissante, sa couleur facile et harmonieuse. — Le drame du *Piège à loup* ne se comprend pas assez facilement, peut-être parce que le piége n'est pas tout à fait dans la lumière. Le derrière du chien qui recule en aboyant n'est pas assez vigoureusement peint.

M. Saint-Jean, qui fait, dit-on, les délices et la gloire de la ville de Lyon, n'obtiendra jamais qu'un médiocre succès dans un pays de peintres. Cette minutie excessive est d'une pédanterie insupportable.— Toutes les fois qu'on vous parlera de la naïveté d'un peintre de Lyon, n'y croyez pas. — Depuis longtemps la couleur générale des tableaux de M. Saint-Jean est jaune et pisseuse. On dirait que M. Saint-Jean n'a jamais vu de fruits véritables, et qu'il ne s'en soucie pas, parce qu'il les fait très-bien à la mécanique : non-seulement les fruits de la nature ont un autre aspect, mais encore ils sont moins finis et moins travaillés que ceux-là.

Il n'en est pas de même de M. Arondel, dont le mérite principal est une bonhomie réelle. Aussi sa peinture contient-elle quelques défauts évidents; mais les parties heureuses sont tout à fait bien réussies; quelques autres sont trop noires, et l'on dirait que l'auteur ne se rend pas compte en peignant de tous les accidents nécessaires du Salon, de la peinture environnante, de l'éloignement du spectateur, et de la modification dans l'effet réciproque des tons causée par la distance. En outre, il ne suffit pas de bien peindre. Tous ces Flamands si célèbres savaient disposer le gibier et le tourmenter longtemps comme on tourmente un modèle; il fallait trouver des lignes heureuses et des harmonies de tons riches et claires.

M. P. Rousseau, dont chacun a souvent remarqué les tableaux pleins de couleur et d'éclat, est dans un progrès sérieux. C'était un excellent peintre, il est vrai; mais maintenant il regarde la nature avec plus d'attention, et il s'applique à rendre les physionomies. J'ai vu dernièrement, chez Durand-Ruel, des canards de M. Rousseau qui étaient d'une beauté merveilleuse, et qui avaient bien les mœurs et les gestes des canards.

XVI

POURQUOI LA SCULPTURE EST ENNUYEUSE

L'origine de la sculpture se perd dans la nuit des temps; c'est donc un art de Caraïbes.

En effet, nous voyons tous les peuples tailler fort adroitement des fétiches longtemps avant d'aborder la peinture, qui est un art de raisonnement profond, et dont la jouissance même demande une initiation particulière.

La sculpture se rapproche bien plus de la nature, et c'est pourquoi nos paysans eux-mêmes, que réjouit la vue d'un morceau de bois ou de pierre industrieusement tourné, restent stupides à l'aspect de la plus belle peinture. Il y a là un mystère singulier qui ne se touche pas avec les doigts.

La sculpture a plusieurs inconvénients qui sont la conséquence nécessaire de ses moyens. Brutale et positive comme la nature, elle est en même temps vague et insaisissable, parce qu'elle montre trop de faces à la fois. C'est en vain que le sculpteur s'efforce de se mettre à un point de vue unique ; le spectateur, qui tourne autour de la figure, peut choisir cent points de vue différents, excepté le bon, et il arrive souvent, ce qui est humiliant pour l'artiste, qu'un hasard de lumière, un effet de lampe, découvrent une beauté qui n'est pas celle à laquelle il avait songé. Un tableau n'est que ce qu'il veut; il n'y a pas moyen de le regarder autrement que dans son jour. La peinture n'a qu'un point de vue; elle est exclusive et despotique : aussi l'expression du peintre est-elle bien plus forte.

C'est pourquoi il est aussi difficile de se connaître en sculpture que d'en faire de mauvaise. J'ai entendu dire au sculpteur Préault : « Je me connais en Michel-Ange, en Jean Goujon, en Germain Pilon; mais en sculpture je ne m'y connais pas. » — Il est évident qu'il voulait parler de la sculpture des *sculptiers,* autrement dite des Caraïbes.

Sortie de l'époque sauvage, la sculpture, dans son plus magnifique développement, n'est autre chose qu'un art complémentaire. Il ne s'agit plus de tailler industrieusement des figures portatives, mais de s'associer humblement à la peinture et à l'architecture, et de servir leurs intentions. Les cathédrales montent vers le ciel, et comblent les mille profondeurs de leurs abîmes avec des sculptures qui ne font qu'une chair et qu'un corps avec le monument; — sculptures peintes, — notez bien ceci,— et dont les couleurs pures et simples, mais disposées dans une gamme particulière, s'harmonisent avec le reste et complètent l'effet poétique de la grande œuvre. Versailles abrite son peuple de statues sous des ombrages qui leur servent de fond, ou sous des bosquets d'eaux vives qui déversent sur elles les mille diamants de la lumière. A toutes les grandes époques, la sculpture est un complément; au commencement et à la fin, c'est un art isolé.

Sitôt que la sculpture consent à être vue de près, il n'est pas de minuties et de puérilités que n'ose le sculpteur, et qui dépassent victorieusement tous les calumets et les fétiches. Quand elle est devenue un art de salon ou de chambre à coucher, on voit apparaître les Caraïbes de la dentelle, comme M. Gayrard, et les Caraïbes de la ride, du poil et de la verrue, comme M. D avi

Puis les Caraïbes du chenet, de la pendule, de l'écritoire, etc., comme M. Cumberworth, dont la *Marie* est une femme *à tout faire*, au Louvre et chez Susse, statue ou candélabre; — comme M. Feuchère, qui possède le don d'une universalité désespérante : figures colossales, porte-allumettes, motifs d'orfévrerie, bustes et bas-reliefs, il est capable de tout. — Le buste qu'il a fait cette année d'après un comédien fort connu n'est pas plus ressemblant que celui de l'an passé; ce ne sont jamais que des à peu près, Celui-là ressemblait à

Jésus-Christ, et celui-ci, sec et mesquin, ne rend pas du tout la physionomie originale, anguleuse, moqueuse et flottante du modèle. — Du reste, il ne faut pas croire que ces gens-là manquent de science. Ils sont érudits comme des vaudevillistes et des académiciens; ils mettent à contribution toutes les époques et tous les genres; ils ont approfondi toutes les écoles. Ils transformeraient volontiers les tombeaux de Saint-Denis en boîtes à cigares où à cachemires, et tous les bronzes florentins en pièces de deux sous. Pour avoir de plus amples renseignements sur les principes de cette école folâtre et papillonnante, il faudrait s'adresser à M. Klagmann, qui est, je crois, le maître de cet immense atelier.

Ce qui prouve bien l'état pitoyable de la sculpture, c'est que M. Pradier en est le roi. Au moins celui-ci sait faire de la chair, et il a des délicatesses particulières de ciseau; mais il ne possède ni l'imagination nécessaire aux grandes compositions, ni l'imagination du dessin. C'est un talent froid et académique. Il a passé sa vie à engraisser quelques torses antiques, et à ajuster sur leurs cous des coiffures de filles entretenues. *La Poésie légère* paraît d'autant plus froide qu'elle est plus maniérée; l'exécution n'en est pas aussi grasse que dans les anciennes œuvres de M. Pradier, et, vue de dos, l'aspect en est affreux. Il a de plus fait deux figures de bronze, — *Anacréon* et la *Sagesse,* — qui sont des imitations impudentes de l'antique, et qui prouvent bien que sans cette noble béquille M. Pradier chancellerait à chaque pas.

Le buste est un genre qui demande moins d'imagination et des facultés moins hautes que la grande sculpture, mais non moins délicates. C'est un art plus intime et plus resserré dont les succès sont moins publics. Il faut, comme dans le portrait fait à la manière des naturalistes, parfaitement bien comprendre le caractère principal du modèle et en exprimer la poésie; car il est peu de modèles complétement dénués de poésie. Presque tous les bustes de M. Dantan sont faits selon les meilleures doctrines. Ils ont tous un cachet particulier, et le détail n'en exclut pas une exécution large et facile.

Le défaut principal de M. Lenglet, au contraire, est une certaine timidité, puérilité, sincérité excessive dans le travail, qui donne à son œuvre une apparence de sécheresse; mais, en revanche, il est impossible de donner un caractère plus vrai et plus authentique à une figure humaine. Ce petit buste, ramassé, sérieux et froncé, a le magnifique caractère des bonnes œuvres romaines, qui est l'idéalisation trouvée dans la nature elle-même. Je remarque, en outre, dans le buste de M. Lenglet un autre signe particulier aux figures antiques, qui est une attention profonde.

XVII

DES ÉCOLES ET DES OUVRIERS

Avez-vous éprouvé, vous tous que la curiosité du flâneur a souvent fourrés dans une émeute, la même joie que moi à voir un gardien du sommeil public, — sergent de ville ou municipal, la véritable armée, — crosser un républicain ? Et comme moi, vous avez dit dans votre cœur : « Crosse, crosse un peu plus fort, crosse encore, municipal de mon cœur ; car en ce crossement suprême, je t'adore, et te juge semblable à Jupiter, le grand justicier. L'homme que tu crosses est un ennemi des roses et des parfums, un fanatique des ustensiles ; c'est un ennemi de Watteau, un ennemi de Raphaël, un ennemi acharné du luxe, des beaux-arts et des belles lettres, iconoclaste juré, bourreau de Vénus et d'Apollon ! Il ne veut plus travailler, humble et anonyme ouvrier, aux roses et aux parfums publics ; il veut être libre, l'ignorant, et il est incapable de fonder un atelier de fleurs et de parfumeries nouvelles. Crosse religieusement les omoplates de l'anarchiste [1] ! »

1. J'entends souvent les gens se plaindre du théâtre moderne ; il manque d'originalité, dit-on, parce qu'il n'y a plus de types. Et le républicain ! qu'en faites-vous donc ? N'est-ce pas une chose nécessaire à toute comédie qui veut être gaie, et n'est-ce pas là un personnage passé à l'état de marquis ?

Ainsi, les philosophes et les critiques doivent-ils impitoyablement crosser les singes *artistiques*, ouvriers émancipés, qui haïssent la force et la souveraineté du génie.

Comparez l'époque présente aux époques passées; au sortir du salon ou d'une église nouvellement décorée, allez reposer vos yeux dans un musée ancien, et analysez les différences.

Dans l'un, turbulence, tohu-bohu de styles et de couleurs, cacophonie de tons, trivialités énormes, prosaïsme de gestes et d'attitudes, noblesse de convention, *ponsifs* de toutes sortes, et tout cela visible et clair, non-seulement dans les tableaux juxtaposés, mais encore dans le même tableau : bref, — absence complète d'unité, dont le résultat est une fatigue effroyable pour l'esprit et pour les yeux.

Dans l'autre, ce respect qui fait ôter leurs chapeaux aux enfants, et vous saisit l'âme, comme la poussière des tombes et des caveaux saisit la gorge, est l'effet, non point du vernis jaune et de la crasse des temps, mais de l'unité, de l'unité profonde. Car une grande peinture vénitienne jure moins à côté d'un Jules Romain, que quelques-uns de nos tableaux, non pas des plus mauvais, à côté les uns des autres.

Cette magnificence de costumes, cette noblesse de mouvements, noblesse souvent maniérée, mais grande et hautaine, cette absence des petits moyens et des procédés contradictoires, sont des qualités toutes impliquées dans ce mot : la grande tradition.

Là des écoles, et ici des ouvriers émancipés.

Il y avait encore des écoles sous Louis XV, il y en avait une sous l'empire, — une école, c'est-à-dire une foi, c'est-à-dire l'impossibilité du doute. Il y avait des élèves unis par des principes communs, obéissant à la règle d'un chef puissant, et l'aidant dans tous ses travaux.

Le doute, ou l'absence de foi et de naïveté, est un vice particulier à ce siècle, car personne n'obéit; et la naïveté, qui est la domination du tempérament dans la manière, est un privilége divin dont presque tous sont privés.

Peu d'hommes ont le droit de régner, car peu d'hommes ont une grande passion.

Et comme aujourd'hui chacun veut régner, personne ne sait se gouverner.

Un maître, aujourd'hui que chacun est abandonné à soi-même, a beaucoup d'élèves inconnus dont il n'est pas responsable, et sa domination, sourde et involontaire, s'étend bien au delà de son atelier, jusqu'en des régions où sa pensée ne peut être comprise.

Ceux qui sont plus près de la parole et du verbe magistral gardent la pureté de la doctrine, et font, par obéissance et par tradition, ce que le maître fait par la fatalité de son organisation.

Mais, en dehors de ce cercle de famille, il est une vaste population de médiocrités, singes de races diverses et croisées, nation flottante de métis qui passent chaque jour d'un pays dans un autre, emportent de chacun les usages qui leur conviennent, et cherchent à se faire un caractère par un système d'emprunts contradictoires.

Il y a des gens qui voleront un morceau dans un tableau de Rembrandt, le mêleront à une œuvre composée dans un sens différent sans le modifier, sans le digérer et sans trouver la colle pour le coller.

Il y en a qui changent en un jour du blanc au noir : hier, coloristes de *chic,* coloristes sans amour ni originalité; demain, imitateurs sacriléges de M. Ingres, sans y trouver plus de goût ni de foi.

Tel qui rentre aujourd'hui dans la classe des singes, même des plus habiles, n'est et ne sera jamais qu'un peintre médiocre; autrefois, il eût fait un excellent ouvrier. Il est donc perdu pour lui et pour tous.

C'est pourquoi il eût mieux valu dans l'intérêt de leur salut, et même de leur bonheur, que les tièdes eussent été soumis à la férule d'une foi vigoureuse; car les forts sont rares, et il faut être aujourd'hui Delacroix ou Ingres pour surnager et paraître dans le chaos d'une liberté épuisante et stérile.

Les singes sont les républicains de l'art, et l'état actuel de la peinture est le résultat d'une liberté anarchique qui glorifie l'individu, quelque faible qu'il soit, au détriment des associations, c'est-à-dire des écoles.

Dans les écoles, qui ne sont autre chose que la force d'invention organisée, les individus vraiment dignes de ce nom absorbent les faibles; et c'est justice, car une large production n'est qu'une pensée à mille bras.

Cette glorification de l'individu a nécessité la division infinie du territoire de l'art. La liberté absolue et divergente de chacun, la division des efforts et le fractionnement de la volonté humaine ont amené cette faiblesse, ce doute et cette pauvreté d'invention; quelques excentriques, sublimes et souffrants, compensent mal ce désordre fourmillant de médiocrités. L'individualité, — cette petite propriété, — a mangé l'originalité collective; et, comme il a été démontré dans un chapitre fameux d'un roman romantique, que le livre a tué le monument, on peut dire que pour le présent c'est le peintre qui a tué la peinture.

XVIII

DE L'HÉROÏSME DE LA VIE MODERNE

Beaucoup de gens attribueront la décadence de la peinture à la décadence des mœurs[1]. Ce préjugé d'atelier, qui a circulé dans le public, est une mauvaise excuse des artistes. Car ils étaient intéressés à représenter sans cesse le passé; la tâche est plus facile, et la paresse y trouvait son compte,

1. Il ne faut pas confondre cette décadence avec la précédente : l'une concerne le public et ses sentiments, et l'autre ne regarde que les ateliers.

Il est vrai que la grande tradition s'est perdue, et que la nouvelle n'est pas faite.

Qu'était-ce que cette grande tradition, si ce n'est l'idéalisation ordinaire et accoutumée de la vie ancienne; vie robuste et guerrière, état de défensive de chaque individu qui lui donnait l'habitude des mouvements sérieux, des attitudes majestueuses ou violentes. Ajoutez à cela la pompe publique qui se réfléchissait dans la vie privée. La vie ancienne *représentait* beaucoup; elle était faite surtout pour le plaisir des yeux, et ce paganisme journalier a merveilleusement servi les arts.

Avant de rechercher quel peut être le côté épique de la vie moderne, et de prouver par des exemples que notre époque n'est pas moins féconde que les anciennes en motifs sublimes, on peut affirmer que puisque tous les siècles et tous les peuples ont eu leur beauté, nous avons inévitablement la nôtre. Cela est dans l'ordre.

Toutes les beautés contiennent, comme tous les phénomènes possibles, quelque chose d'éternel et quelque chose de transitoire, — d'absolu et de particulier. La beauté absolue et éternelle n'existe pas, ou plutôt elle n'est qu'une abstraction écrémée à la surface générale des beautés diverses. L'élément particulier de chaque beauté vient des passions, et comme nous avons nos passions particulières, nous avons notre beauté.

Excepté Hercule au mont Œta, Caton d'Utique et Cléopâtre, dont les suicides ne sont pas des suicides *modernes* [1], quels suicides voyez-vous dans les tableaux

1. Celui-ci se tue parce que les brûlures de sa robe deviennent

anciens? Dans toutes les existences païennes, vouées à l'appétit, vous ne trouverez pas le suicide de Jean-Jacques, ou même le suicide étrange et merveilleux de Rafaël de Valentin.

Quant à l'habit, la pelure du héros moderne, — bien que le temps soit passé où les rapins s'habillaient en mamamouchis et fumaient dans des canardières, — les ateliers et le monde sont encore pleins de gens qui voudraient poétiser Antony avec un manteau grec ou un vêtement mi-parti.

Et cependant, n'a-t-il pas sa beauté et son charme indigène, cet habit tant victimé? N'est-il pas l'habit nécessaire de notre époque, souffrante et portant jusque sur ses épaules noires et maigres le symbole d'un deuil perpétuel? Remarquez bien que l'habit noir et la redingote ont non-seulement leur beauté politique, qui est l'expression de l'égalité universelle, mais encore leur beauté poétique, qui est l'expression de l'âme publique; — une immense défilade de croque-morts, croque-morts politiques, croque-morts amoureux, croque-morts bourgeois. Nous célébrons tous quelque enterrement.

Une livrée uniforme de désolation témoigne de l'égalité; et quant aux excentriques que les couleurs tranchées et violentes dénonçaient facilement aux yeux, ils

intolérables; celui-là parce qu'il ne peut plus rien faire pour la liberté, et cette reine voluptueuse parce qu'elle perd son trône et son amant; mais aucun ne se détruit pour changer de peau en vue de la métempsycose.

se contentent aujourd'hui des nuances dans le dessin, dans la coupe, plus encore que dans la couleur. Ces plis grimaçants, et jouant comme des serpents autour d'une chair mortifiée, n'ont-ils pas leur grâce mystérieuse ?

M. EUGÈNE LAMI et M. GAVARNI, qui ne sont pourtant pas des génies supérieurs, l'ont bien compris : — celui-ci, le poëte du dandysme officiel ; celui-là, le poëte du dandysme hasardeux et d'occasion ! En relisant le livre *du Dandysme,* par M. Jules Barbey d'Aurevilly, le lecteur verra clairement que le dandysme est une chose moderne et qui tient à des causes tout à fait nouvelles.

Que le peuple des coloristes ne se révolte pas trop ; car, pour être plus difficile, la tâche n'en est que plus glorieuse. Les grands coloristes savent faire de la couleur avec un habit noir, une cravate blanche et un fond gris.

Pour rentrer dans la question principale et essentielle, qui est de savoir si nous possédons une beauté particulière, inhérente à des passions nouvelles, je remarque que la plupart des artistes qui ont abordé les sujets modernes se sont contentés des sujets publics et officiels, de nos victoires et de notre héroïsme politique. Encore les font-ils en rechignant, et parce qu'ils sont commandés par le gouvernement qui les paye. Cependant il y a des sujets privés, qui sont bien autrement héroïques.

Le spectacle de la vie élégante et des milliers d'existences flottantes qui circulent dans les souterrains d'une grande ville, — criminels et filles entretenues, — la *Gazette des Tribunaux* et le *Moniteur* nous prouvent que nous n'avons qu'à ouvrir les yeux pour connaître notre héroïsme.

Un ministre, harcelé par la curiosité impertinente de l'opposition, a-t-il, avec cette hautaine et souveraine éloquence qui lui est propre, témoigné, — une fois pour toutes, — de son mépris et de son dégoût pour toutes les oppositions ignorantes et tracassières, — vous entendez le soir, sur le boulevard des Italiens, circuler autour de vous ces paroles : « Étais-tu à la Chambre aujourd'hui? as-tu vu le ministre? N... de D...! qu'il était beau! je n'ai jamais rien vu de si fier! »

Il y a donc une beauté et un héroïsme moderne!

Et plus loin : « C'est K. — ou F. — qui est chargé de faire une médaille à ce sujet; mais il ne saura pas la faire; il ne peut pas comprendre ces choses-là! »

Il y a donc des artistes plus ou moins propres à comprendre la beauté moderne.

Ou bien : « Le sublime B.....! Les pirates de Byron sont moins grands et moins dédaigneux. Croirais-tu qu'il a bousculé l'abbé Montès, et qu'il a couru sus à la guillotine en s'écriant : Laissez-moi tout mon courage! »

Cette phrase fait allusion à la funèbre fanfaronnade d'un criminel, d'un grand protestant, bien portant, bien organisé, et dont la féroce vaillance n'a pas baissé la tête devant la suprême machine!

Toutes ces paroles, qui échappent à votre langue, témoignent que vous croyez à une beauté nouvelle et particulière, qui n'est celle, ni d'Achille, ni d'Agamemnon.

La vie parisienne est féconde en sujets poétiques et merveilleux. Le merveilleux nous enveloppe et nous abreuve comme l'atmosphère; mais nous ne le voyons pas.

Le *nu*, cette chose si chère aux artistes, cet élément nécessaire de succès, est aussi fréquent et aussi nécessaire que dans la vie ancienne : — au lit, au bain, à l'amphithéâtre. Les moyens et les motifs de la peinture sont également abondants et variés; mais il y a un élément nouveau, qui est la beauté moderne.

Car les héros de l'Iliade ne vont qu'à votre cheville, ô Vautrin, ô Rastignac, ô Birotteau, — et vous, ô Fontanarès, qui n'avez pas osé raconter au public vos douleurs sous le frac funèbre et convulsionné que nous endossons tous; — et vous, ô Honoré de Balzac, vous le plus héroïque, le plus singulier, le plus romantique et le plus poétique parmi tous les personnages que vous avez tirés de votre sein!

III

LE MUSÉE CLASSIQUE

DU BAZAR BONNE-NOUVELLE

Tous les mille ans, il paraît une spirituelle idée. Estimons-nous donc heureux d'avoir eu l'année 1846 dans le lot de notre existence; car l'année 1846 a donné aux sincères enthousiastes des beaux-arts la jouissance de dix tableaux de David et onze de Ingres. Nos expositions annuelles, turbulentes, criardes, violentes, bousculées, ne peuvent pas donner une idée de celle-ci, calme, douce et sérieuse comme un cabinet de travail. Sans compter les deux illustres que nous venons de nommer, vous pourrez encore y apprécier de nobles ouvrages de Guérin et de Girodet, ces maîtres hautains et délicats, ces fiers continuateurs de David, le fier Cimabué du genre dit classique, et de ravissants morceaux de Prud'hon, ce frère en romantisme d'André Chénier.

Avant d'exposer à nos lecteurs un catalogue et une appréciation des principaux de ces ouvrages, constatons un fait assez curieux qui pourra leur fournir matière à de tristes réflexions. Cette exposition est faite au profit de la caisse de secours de la société des artistes, c'est-à-dire en faveur d'une certaine classe de pauvres, les plus nobles et les plus méritants, puisqu'ils travaillent au plaisir le plus noble de la société. Les pauvres — les autres — sont venus immédiatement prélever leurs droits. En vain leur a-t-on offert un traité à forfait; nos rusés *malingreux*, en gens qui connaissent les affaires, présumant que celle-ci était excellente, ont préféré les droits proportionnels. Ne serait-il pas temps de se garder un peu de cette rage d'humanité maladroite, qui nous fait tous les jours, pauvres aussi que nous sommes, les victimes des pauvres? Sans doute la charité est une belle chose; mais ne pourrait-elle pas opérer ses bienfaits, sans autoriser ces *razzias* redoutables dans la bourse des travailleurs?

— Un jour, un musicien qui crevait de faim organise un modeste concert; les pauvres de s'abattre sur le concert; l'affaire étant douteuse, traité à forfait, deux cents francs; les pauvres s'envolent, les ailes chargées de butin; le concert fait cinquante francs, et le violoniste affamé implore une place de *sabouleux* surnuméraire à la cour des Miracles? — Nous rapportons des faits; lecteur, à vous les réflexions.

La classique exposition n'a d'abord obtenu qu'un succès de fou rire parmi nos jeunes artistes. La plupart de ces messieurs présomptueux, — nous ne voulons pas les nommer, — qui représentent assez bien dans l'art les adeptes de la fausse école romantique en poésie, — nous ne voulons pas non plus les nommer, — ne peuvent rien comprendre à ces sévères leçons de la peinture révolutionnaire, cette peinture qui se prive volontairement du charme et du ragoût malsains, et qui vit surtout par la pensée et par l'âme, — amère et despotique comme la révolution dont elle est née. Pour s'élever si haut, nos rapins sont gens trop habiles, et savent trop bien peindre. La couleur les a aveuglés, et ils ne peuvent plus voir et suivre en arrière l'austère filiation du romantisme, cette expression de la société moderne. Laissons donc rire et baguenauder à l'aise ces jeunes vieillards, et occupons-nous de nos maîtres.

Parmi les dix ouvrages de David, les principaux sont *Marat, la Mort de Socrate, Bonaparte au Mont-Saint-Bernard, Télémaque et Eucharis.*

Le *divin* Marat, un bras pendant hors de la baignoire et retenant mollement sa dernière plume, la poitrine percée de la blessure *sacrilège*, vient de rendre le dernier soupir. Sur le pupitre vert placé devant lui sa main tient encore la lettre perfide : « Citoyen, il suffit que je sois bien malheureuse pour avoir droit à votre bienveillance. » L'eau de la baignoire est rougie de sang, le papier est sanglant; à terre gît un grand couteau de cuisine trempé de sang; sur un misérable support de planches qui composait le mobilier de travail de l'infatigable journaliste, on lit : « A Marat, David. » Tous ces détails sont historiques et réels, comme un roman de Balzac; le drame est là, vivant dans toute sa lamentable horreur, et par un tour de force étrange qui fait de cette peinture le chef-d'œuvre de David et une des grandes curiosités de l'art moderne, elle n'a rien de trivial ni d'ignoble. Ce qu'il y a de plus étonnant dans ce poëme inaccoutumé, c'est qu'il est peint avec une rapidité extrême, et quand on songe à la beauté du dessin, il y a là de quoi confondre l'esprit. Ceci est le pain des forts et le triomphe du spiritualisme; cruel comme la nature, ce tableau a tout le parfum de l'idéal. Quelle était donc cette laideur que la sainte Mort a si vite effacée du bout de son aile? Marat peut désormais défier l'Apollon, la Mort vient de le baiser de ses lèvres amoureuses, et il repose dans le calme de sa métamorphose. Il y a dans cette œuvre quelque chose de tendre et de poignant à la fois; dans l'air froid de cette chambre, sur ces murs froids, autour de cette froide et funèbre baignoire, une âme voltige. Nous permettrez-vous, politiques de tous les partis, et vous-mêmes, farouches libéraux de 1845, de nous attendrir devant le chef-d'œuvre de David? Cette peinture était un don à la patrie éplorée, et nos larmes ne sont pas dangereuses.

Ce tableau avait pour pendant à la Convention, *la Mort de Lepelletier-Saint-Fargeau.* Quant à celui-là, il a disparu d'une manière mystérieuse; la famille du conventionnel l'a, dit-on, payé 40,000 francs aux héritiers de David; nous n'en disons pas davantage, de peur de calomnier des gens qu'il faut croire innocents[1].

1. Ce tableau était peut-être encore plus étonnant que le *Ma-*

La Mort de Socrate est une admirable composition que tout le monde connaît, mais dont l'aspect a quelque chose de commun qui fait songer à M. Duval-Lecamus (père). Que l'ombre de David nous pardonne !

Le *Bonaparte au mont Saint-Bernard* est peut-être, — avec celui de Gros, dans la *Bataille d'Eylau,* — le seul Bonaparte poétique et grandiose que possède la France.

Télémaque et Eucharis a été fait en Belgique, pendant l'exil du grand maître. C'est un charmant tableau qui a l'air, comme *Hélène et Pâris,* de vouloir jalouser les peintures délicates et rêveuses de Guérin.

Des deux personnages, c'est Télémaque qui est le plus séduisant. Il est présumable que l'artiste s'est servi pour le dessiner d'un modèle féminin.

Guérin est représenté par deux esquisses, dont l'une, *la Mort de Priam,* est une chose superbe. On y retrouve toutes les qualités dramatiques et quasi fantasmagoriques de l'auteur de *Thésée et Hippolyte.*

Il est certain que Guérin s'est toujours beaucoup préoccupé du mélodrame.

Cette esquisse est faite d'après les vers de Virgile. On y voit la Cassandre, les mains liées, et arrachée du temple de Minerve, et le cruel Pyrrhus traînant par les cheveux la vieillesse tremblante de Priam et l'égor-

rat. Lepelletier Saint-Fargeau était étendu tout de son long sur un matelas. Au-dessus, une épée mystérieuse, descendant du plafond, menaçait perpendiculairement sa tête. Sur l'épée, on lisait : « Pâris, garde du corps. »

geant au pied des autels. — Pourquoi a-t-on si bien caché cette esquisse? M. Cogniet, l'un des ordonnateurs de cette fête, en veut-il donc à son vénérable maître?

Hippocrate refusant les présents d'Artaxerce, de Girodet, est revenu de l'École de médecine faire admirer sa superbe ordonnance, son fini excellent et ses détails spirituels. Il y a dans ce tableau, chose curieuse, des qualités particulières et une multiplicité d'intentions qui rappellent, dans un autre système d'exécution, les très-bonnes toiles de M. Robert-Fleury. Nous eussions aimé voir à l'exposition Bonne-Nouvelle quelques compositions de Girodet, qui eussent bien exprimé le côté essentiellement poétique de son talent. (Voir l'*Endymion* et l'*Atala.*) Girodet a traduit Anacréon, et son pinceau a toujours trempé aux sources les plus littéraires.

Le baron Gérard fut dans les arts ce qu'il était dans son salon, l'amphitryon qui veut plaire à tout le monde, et c'est cet éclectisme courtisanesque qui l'a perdu. David, Guérin et Girodet sont restés, débris inébranlables et invulnérables de cette grande école, et Gérard n'a laissé que la réputation d'un homme aimable et très-spirituel. Du reste, c'est lui qui a annoncé la venue d'Eugène Delacroix et qui a dit : « Un peintre nous est né! C'est un homme qui court sur les toits. »

Gros et Géricault, sans posséder la finesse, la délicatesse, la raison souveraine ou l'âpreté sévère de leurs devanciers, furent de généreux tempéraments. Il y a là une esquisse de Gros, *le Roi Lear et ses Filles,* qui est d'un aspect fort saisissant et fort étrange; c'est d'une belle imagination.

Voici venir l'aimable Prud'hon, que quelques-uns osent déjà préférer à Corrége; Prud'hon, cet étonnant mélange, Prud'hon, ce poëte et ce peintre, qui, devant les David, rêvait la couleur!! Ce dessin gras, invisible et sournois, qui serpente sous la couleur, est, surtout si l'on considère l'époque, un légitime sujet d'étonnement. — De longtemps, les artistes n'auront pas l'âme assez bien trempée pour attaquer les jouissances amères de David et de Girodet. Les délicieuses flatteries de Prud'hon seront donc une préparation. Nous avons surtout remarqué un petit tableau, *Vénus et Adonis*, qui fera sans doute réfléchir M. Diaz.

M. Ingres étale fièrement dans un salon spécial onze tableaux, c'est-à-dire sa vie entière, ou du moins des échantillons de chaque époque, — bref, toute la Genèse de son génie. M. Ingres refuse depuis longtemps d'exposer au Salon, et il a, selon nous, raison. Son admirable talent est toujours plus ou moins culbuté au milieu de ces cohues, où le public, étourdi et fatigué, subit la loi de celui qui crie le plus haut. Il faut que M. Delacroix ait un courage surhumain pour affronter annuellement tant d'éclaboussures. Quant à M. Ingres, doué d'une patience non moins grande, sinon d'une audace aussi généreuse, il attendait l'occasion sous sa tente. L'occasion est venue et il en a superbement usé. — La place nous manque, et peut-être la langue, pour louer dignement la *Stratonice*, qui eût étonné Poussin, la *grande Odalisque* dont Raphaël eût été tourmenté, la *petite Odalisque* cette délicieuse et bizarre fantaisie qui n'a point de précédents dans l'art ancien, et les portraits de M. Bertin, de M. Molé et de Mme d'Haussonville — de vrais portraits, c'est-à-dire la reconstruction idéale des individus; seulement nous croyons utile de redresser quelques préjugés singuliers qui ont cours sur le compte de M. Ingres parmi un certain monde, dont l'oreille a plus de mémoire que les yeux. Il est entendu et reconnu que la peinture de M. Ingres est grise. — Ouvrez l'œil, nation nigaude, et dites si vous vîtes jamais de la peinture plus éclatante et plus voyante, et même une plus grande recherche de tons? Dans la seconde Odalisque, cette recherche est excessive, et, malgré leur multiplicité, ils sont tous doués d'une distinction particulière. — Il est entendu aussi que M. Ingres est un grand dessinateur maladroit qui ignore la perspective aérienne, et que sa peinture est plate comme une mosaïque chinoise; à quoi nous n'avons rien à dire, si ce n'est de comparer la *Stratonice*, où une complication énorme de tons et d'effets lumineux n'empêche pas l'harmonie, avec la *Thamar*, où M. H. Vernet a résolu un problème incroyable : faire la peinture à la fois la plus criarde et la plus obscure, la plus embrouillée! Nous n'avons jamais rien vu de si en désordre. Une des choses, selon nous, qui distingue surtout le talent de M. Ingres, est l'amour de la femme. Son libertinage est sérieux et plein de conviction. M. Ingres n'est jamais si heureux ni si puissant que lorsque son génie se trouve aux prises avec les appas d'une jeune beauté. Les muscles, les plis de la chair, les ombres des fossettes, les ondulations montueuses de la peau, rien n'y manque. Si l'île de Cythère commandait un tableau à M. Ingres, à coup sûr il ne serait pas folâtre et riant comme celui de Watteau, mais robuste et nourrissant comme l'amour antique[1].

Nous avons revu avec plaisir les trois petits tableaux de M. Delaroche, *Richelieu*, *Mazarin* et l'*Assassinat du duc de Guise*. Ce sont des œuvres charmantes dans les régions moyennes du talent et du bon goût. Pourquoi donc M. Delaroche a-t-il la maladie des grands tableaux? Hélas! c'en est toujours des petits; — une goutte d'essence dans un tonneau.

M. Cogniet a pris la meilleure place de la salle; il y a mis son *Tintoret*. — M. Ary Scheffer est un homme d'un talent éminent, ou plutôt une heureuse imagination, mais qui a trop varié sa manière pour en avoir une bonne; c'est un poëte sentimental qui salit des toiles.

Nous n'avons rien vu de M. Delacroix, et nous croyons que c'est une raison de plus pour en parler. — Nous, cœur d'honnête homme, nous croyions naïvement que si MM. les commissaires n'avaient pas associé le chef

1. Il y a dans le dessin de M. Ingres des recherches d'un goût particulier, des finesses extrêmes, dues peut-être à des moyens singuliers. Par exemple, nous ne serions pas étonné qu'il se fût servi d'une négresse pour accuser plus vigoureusement dans *l'Odalisque* certains développements et certaines sveltesses.

de l'école actuelle à cette fête artistique, c'est que ne comprenant pas la parenté mystérieuse qui l'unit à l'école révolutionnaire dont il sort, ils voulaient surtout de l'unité et un aspect uniforme dans leur œuvre ; et nous jugions cela, sinon louable, du moins excusable. Mais point. — Il n'y a pas de Delacroix, parce que M. Delacroix n'est pas un peintre, mais un journaliste ; c'est du moins ce qui a été répondu à un de nos amis, qui s'était chargé de leur demander une petite explication à ce sujet. Nous ne voulons pas nommer l'auteur de ce bon mot, soutenu et appuyé par une foule de quolibets indécents, que ces messieurs se sont permis à l'endroit de notre grand peintre. — Il y a là dedans plus à pleurer qu'à rire. — M. Cogniet, qui a si bien dissimulé son illustre maître, a-t-il donc craint de soutenir son illustre condisciple ? M. Dubufe se serait mieux conduit. Sans doute ces messieurs seraient fort respectables à cause de leur faiblesse, s'ils n'étaient en même temps méchants et envieux.

Nous avons entendu maintes fois de jeunes artistes se plaindre du bourgeois, et le représenter comme l'ennemi de toute chose grande et belle. — Il y a là une idée fausse qu'il est temps de relever. Il est une chose mille fois plus dangereuse que le bourgeois, c'est l'artiste bourgeois, qui a été créé pour s'interposer entre le public et le génie ; il les cache l'un à l'autre. Le bourgeois qui a peu de notions scientifiques va où le pousse la grande voix de l'artiste-bourgeois. — Si on supprimait celui-ci, l'épicier porterait E. Delacroix en triomphe.

L'épicier est une grande chose, un homme céleste qu'il faut respecter, *homo bonæ voluntatis!* Ne le raillez point de vouloir sortir de sa sphère, et aspirer, l'excellente créature, aux régions hautes. Il veut être ému, il veut sentir, connaître, rêver comme il aime; il veut être complet; il vous demande tous les jours son morceau d'art et de poésie, et vous le volez. Il mange du Cogniet, et cela prouve que sa bonne volonté est grande 'comme l'infini. Servez-lui un chef-d'œuvre, il le digérera et ne s'en portera que mieux!

IV

EXPOSITION UNIVERSELLE

— 1855 —

BEAUX-ARTS

I

MÉTHODE DE CRITIQUE — DE L'IDÉE MODERNE DU PROGRÈS APPLIQUÉE AUX BEAUX-ARTS — DÉPLACEMENT DE LA VITALITÉ

Il est peu d'occupations aussi intéressantes, aussi attachantes, aussi pleines de surprises et de révélations pour un critique, pour un rêveur dont l'esprit est tourné à la généralisation aussi bien qu'à l'étude des détails, et, pour mieux dire encore, à l'idée d'ordre et de hiérarchie universelle, que la comparaison des nations et de leurs produits respectifs. Quand je dis hiérarchie, je ne veux pas affirmer la suprématie de telle nation sur telle autre. Quoiqu'il y ait dans la nature des plantes plus ou moins saintes, des formes plus ou moins spirituelles, des animaux plus ou moins sacrés, et qu'il soit légitime de conclure, d'après les instigations de l'immense analogie universelle, que certaines nations — vastes animaux dont l'organisme est adéquat à leur milieu, — aient été préparées et éduquées par la Providence pour un but déterminé, but plus ou moins élevé, plus ou moins rapproché du ciel, — je ne veux pas faire ici autre chose qu'affirmer leur *égale* utilité aux yeux de CELUI qui est indéfinissable, et le miraculeux secours qu'elles se prêtent dans l'harmonie de l'univers.

Un lecteur, quelque peu familiarisé par la solitude (bien mieux que par les livres) à ces vastes contemplations, peut déjà deviner où j'en veux venir ; — et, pour trancher court aux ambages et aux hésitations du style par une question presque équivalente à une formule, — je le demande à tout homme de bonne foi, pourvu qu'il ait un peu pensé et un peu voyagé, — que ferait, que dirait un Winckelmann moderne (nous en sommes pleins, la nation en regorge, les paresseux en raffolent), que dirait-il en face d'un produit chinois, produit étrange, bizarre, contourné dans sa forme, intense par sa couleur, et quelquefois délicat jusqu'à l'évanouissement? Cependant c'est un échantillon de la beauté universelle; mais il faut, pour qu'il soit compris, que le critique, le spectateur opère en lui-même une transformation qui tient du mystère, et que, par un phénomène de la volonté agissant sur l'imagination, il apprenne de lui-même à participer au milieu qui a donné naissance à cette floraison insolite. Peu d'hommes ont, — au complet, — cette grâce divine du cosmopolitisme; mais tous peuvent l'acquérir à des degrés divers. Les mieux doués à cet égard sont ces voyageurs solitaires qui ont vécu pendant des années au fond des bois, au milieu des vertigineuses prairies, sans autre compagnon que leur fusil, contemplant, disséquant, écrivant. Aucun voile scolaire, aucun paradoxe universitaire, aucune utopie pédagogique, ne se sont interposés entre eux et la complexe vérité. Ils savent l'admirable, l'immortel, l'inévitable rapport entre la forme et la fonction. Ils ne critiquent pas, ceux-là : ils contemplent, ils étudient.

Si, au lieu d'un pédagogue, je prends un homme du monde, un intelligent, et si je le transporte dans une contrée lointaine, je suis sûr que, si les étonnements du débarquement sont grands, si l'accoutumance est plus ou moins longue, plus ou moins laborieuse, la sympathie sera tôt ou tard si vive, si pénétrante, qu'elle créera en lui un monde nouveau d'idées, monde qui fera partie intégrante de lui-même, et qui l'accompagnera, sous la forme de souvenirs, jusqu'à la mort. Ces formes de bâtiments, qui contrariaient d'abord son œil académique (tout peuple est académique en jugeant les autres, tout peuple est barbare quand il est jugé), ces végétaux inquiétants pour sa mémoire chargée des souvenirs natals, ces femmes et ces hommes dont les muscles ne vibrent pas suivant l'allure classique de son pays, dont la démarche n'est pas cadencée selon le rhythme accoutumé, dont le regard n'est pas projeté avec le même magnétisme, ces odeurs qui ne sont plus celles du boudoir maternel, ces fleurs mystérieuses dont la couleur profonde entre dans l'œil despotiquement, pendant que leur forme taquine le regard, ces fruits dont le goût trompe et déplace les sens, et révèle au palais des idées qui appartiennent à l'odorat, tout ce monde d'harmonies nouvelles entrera lentement en lui, le pénétrera patiemment, comme la vapeur d'une étuve aromatisée; toute cette vitalité inconnue sera ajoutée à sa vitalité propre; quelques milliers d'idées et de sensations enrichiront son dictionnaire de mortel, et même il est possible que, dépassant la mesure et transformant la justice en révolte, il fasse comme le Sicambre converti, qu'il brûle ce qu'il avait adoré, et qu'il adore ce qu'il avait brûlé.

Que dirait, qu'écrirait, — je le répète, en face de phénomènes insolites, un de ces *modernes professeurs-jurés* d'esthétique, comme les appelle Henri Heine, ce charmant esprit, qui serait un génie s'il se tournait plus souvent vers le divin? L'insensé doctrinaire du Beau déraisonnerait, sans doute; enfermé dans l'aveuglante forteresse de son système, il blasphémerait la vie et la nature, et son fanatisme grec, italien ou parisien, lui persuaderait de défendre à ce peuple insolent de jouir, de rêver ou de penser par d'autres procédés que les siens propres; — science barbouillée d'encre, goût bâtard, plus barbares que les barbares, qui a oublié la couleur du ciel, la forme du végétal, le mouvement et l'odeur de l'animalité, et dont les doigts crispés, paralysés par la plume, ne peuvent plus courir avec agilité sur l'immense clavier des *correspondances !*

J'ai essayé plus d'une fois, comme tous mes amis, de m'enfermer dans un système pour y prêcher à mon aise. Mais un système est une espèce de damnation qui nous pousse à une abjuration perpétuelle ; il en faut toujours inventer un autre, et cette fatigue est un cruel châtiment. Et toujours mon système était beau, vaste, spacieux, commode, propre et lisse surtout ; du moins il me paraissait tel. Et toujours un produit spontané, inattendu, de la vitalité universelle venait donner un démenti à ma science enfantine et vieillotte, fille déplorable de l'utopie. J'avais beau déplacer ou étendre le criterium, il était toujours en retard sur l'homme universel, et courait sans cesse après le beau multiforme et versicolore, qui se meut dans les spirales infinies de la vie. Condamné sans cesse à l'humiliation d'une conversion nouvelle, j'ai pris un grand parti. Pour échapper à l'horreur de ces apostasies philosophiques, je me suis orgueilleusement résigné à la modestie : je me suis contenté de sentir ; je suis revenu chercher un asile dans l'impeccable naïveté. J'en demande humblement pardon aux esprits académiques de tout genre qui habitent les différents ateliers de notre fabrique artistique. C'est là que ma conscience philosophique a trouvé le repos ; et, au moins, je puis affirmer, autant qu'un homme peut répondre de ses vertus, que mon esprit jouit maintenant d'une plus abondante impartialité.

Tout le monde conçoit sans peine que, si les hommes

chargés d'exprimer le beau se conformaient aux règles des professeurs-jurés, le beau lui-même disparaîtrait de la terre, puisque tous les types, toutes les idées, toutes les sensations se confondraient dans une vaste unité, monotone et impersonnelle, immense comme l'ennui et le néant. La variété, condition *sine quâ non* de la vie, serait effacée de la vie. Tant il est vrai qu'il y a dans les productions multiples de l'art quelque chose de toujours nouveau qui échappera éternellement à la règle et aux analyses de l'école ! L'étonnement, qui est une des grandes jouissances causées par l'art et la littérature, tient à cette variété même des types et des sensations. — Le *professeur-juré*, espèce de tyran-mandarin, me fait toujours l'effet d'un impie qui se substitue à Dieu.

J'irai encore plus loin, n'en déplaise aux sophistes trop fiers qui ont pris leur science dans les livres, et, quelque délicate et difficile à exprimer que soit mon idée, je ne désespère pas d'y réussir. *Le beau est toujours bizarre.* Je ne veux pas dire qu'il soit volontairement, froidement bizarre, car dans ce cas il serait un monstre sorti des rails de la vie. Je dis qu'il contient toujours un peu de bizarrerie, de bizarrerie naïve, non voulue, inconsciente, et que c'est cette bizarrerie qui le fait être particulièrement le Beau. C'est son immatriculation, sa caractéristique. Renversez la proposition, et tâchez de concevoir un *beau banal !* Or, comment cette bizarrerie, nécessaire, incompressible, variée à l'infini, dépendante des milieux, des climats, des mœurs, de la race, de la religion et du tempérament de l'artiste, pourra-t-elle jamais être gouvernée, amendée, redressée, par les règles utopiques conçues dans un petit temple scientifique quelconque de la planète, sans danger de mort pour l'art lui-même? Cette dose de bizarrerie qui constitue et définit l'individualité, sans laquelle il n'y a pas de beau, joue dans l'art (que l'exactitude de cette comparaison en fasse pardonner la trivialité) le rôle du goût ou de l'assaisonnement dans les mets, les mets ne différant les uns des autres, abstraction faite de leur utilité ou de la quantité de substance nutritive qu'ils contiennent, que par l'*idée* qu'ils révèlent à la langue.

Je m'appliquerai donc, dans la glorieuse analyse de cette belle Exposition, si variée dans ses éléments, si inquiétante par sa variété, si déroutante pour la pédagogie, à me dégager de toute espèce de pédanterie. Assez d'autres parleront le jargon de l'atelier et se feront valoir au détriment des artistes. L'érudition me paraît dans beaucoup de cas puérile et peu démonstrative de sa nature. Il me serait trop facile de disserter subtilement sur la composition symétrique ou équilibrée, sur la pondération des tons, sur le ton chaud et le ton froid, etc... O vanité! je préfère parler au nom du sentiment, de la morale et du plaisir. J'espère que quelques personnes, savantes sans pédantisme, trouveront mon *ignorance* de bon goût.

On raconte que Balzac (qui n'écouterait avec respect toutes les anecdotes, si petites qu'elles soient, qui se rapportent à ce grand génie?), se trouvant un jour en face d'un beau tableau, un tableau d'hiver, tout mélancolique et chargé de frimas, clair-semé de cabanes et de paysans chétifs, — après avoir contemplé une maisonnette d'où montait une maigre fumée, s'écria : « Que c'est beau! Mais que font-ils dans cette cabane? à quoi pensent-ils, quels sont leurs chagrins? les récoltes ont-elles été bonnes? *ils ont sans doute des échéances à payer?* »

Rira qui voudra de M. de Balzac. J'ignore quel est le peintre qui a eu l'honneur de faire vibrer, conjecturer et s'inquiéter l'âme du grand romancier, mais je pense qu'il nous a donné ainsi, avec son adorable naïveté, une excellente leçon de critique. Il m'arrivera souvent d'apprécier un tableau uniquement par la somme d'idées ou de rêveries qu'il apportera dans mon esprit.

La peinture est une évocation, une opération magique (si nous pouvions consulter là-dessus l'âme des enfants!), et quand le personnage évoqué, quand l'idée ressuscitée, se sont dressés et nous ont regardés face à face, nous n'avons pas le droit, — du moins ce serait le comble de la puérilité, — de discuter les formules évocatoires du sorcier. Je ne connais pas de problème plus confondant pour le pédantisme et le philosophisme, que de savoir en vertu de quelle loi les artistes les plus opposés par leur méthode évoquent les mêmes idées et agitent en nous des sentiments analogues.

Il est encore une erreur fort à la mode, de laquelle je veux me garder comme de l'enfer. — Je veux parler de l'idée du progrès. Ce fanal obscur, invention du philosophisme actuel, breveté sans garantie de la nature ou de la Divinité, cette lanterne moderne jette des ténèbres sur tous les objets de la connaissance; la liberté s'évanouit, le châtiment disparaît. Qui veut y voir clair dans l'histoire doit avant tout éteindre ce fanal perfide. Cette idée grotesque, qui a fleuri sur le terrain pourri de la fatuité moderne, a déchargé chacun de son devoir, délivré toute âme de sa responsabilité, dégagé la volonté de tous les liens que lui imposait l'amour du beau : et les races amoindries, si cette navrante folie dure longtemps, s'endormiront sur l'oreiller de la fatalité dans le sommeil radoteur de la décrépitude. Cette infatuation est le diagnostic d'une décadence déjà trop visible.

Demandez à tout bon Français qui lit tous les jours *son* journal dans son estaminet, ce qu'il entend par progrès, il répondra que c'est la vapeur, l'électricité et l'éclairage au gaz, miracles inconnus aux Romains, et que ces découvertes témoignent pleinement de notre supériorité sur les anciens; tant il s'est fait de ténèbres dans ce malheureux cerveau et tant les choses de l'ordre matériel et de l'ordre spirituel s'y sont si bizarrement confondues! Le pauvre homme est tellement américanisé par ses philosophes zoocrates et industriels, qu'il a perdu la notion des différences qui caractérisent les phénomènes du monde physique et du monde moral, du naturel et du surnaturel.

Si une nation entend aujourd'hui la question morale

dans un sens plus délicat qu'on ne l'entendait dans le siècle précédent, il y a progrès; cela est clair. Si un artiste produit cette année une œuvre qui témoigne de plus de savoir ou de force imaginative qu'il n'en a montré l'année dernière, il est certain qu'il a progressé. Si les denrées sont aujourd'hui de meilleure qualité et à meilleur marché qu'elles n'étaient hier, c'est dans l'ordre matériel un progrès incontestable. Mais où est, je vous prie, la garantie du progrès pour le lendemain? Car les disciples des philosophes de la vapeur et des allumettes chimiques l'entendent ainsi : le progrès ne leur apparaît que sous la forme d'une série indéfinie. Où est cette garantie? Elle n'existe, dis-je, que dans votre crédulité et votre fatuité.

Je laisse de côté la question de savoir si, délicatisant l'humanité en proportion des jouissances nouvelles qu'il lui apporte, le progrès indéfini ne serait pas sa plus ingénieuse et sa plus cruelle torture; si, procédant par une opiniâtre négation de lui-même, il ne serait pas un mode de suicide incessamment renouvelé, et si, enfermé dans le cercle de feu de la logique divine, il ne ressemblerait pas au scorpion qui se perce lui-même avec sa terrible queue, cet éternel *desideratum* qui fait son éternel désespoir?

Transportée dans l'ordre de l'imagination, l'idée du progrès (il y a eu des audacieux et des enragés de logique qui ont tenté de le faire) se dresse avec une absurdité gigantesque, une grotesquerie qui monte jusqu'à l'épouvantable. La thèse n'est plus soutenable.

Les faits sont trop palpables, trop connus. Ils se raillent du sophisme et l'affrontent avec imperturbabilité. Dans l'ordre poétique et artistique, tout révélateur a rarement un précurseur. Toute floraison est spontanée, individuelle. Signorelli était-il vraiment le générateur de Michel-Ange? Est-ce que Pérugin contenait Raphaël? L'artiste ne relève que de lui-même. Il ne promet aux siècles à venir que ses propres œuvres. Il ne cautionne que lui-même. Il meurt sans enfants. Il a été *son roi, son prêtre et son Dieu*. C'est dans de tels phénomènes que la célèbre et orageuse formule de Pierre Leroux trouve sa véritable application.

Il en est de même des nations qui cultivent les arts de l'imagination avec joie et succès. La prospérité actuelle n'est garantie que pour un temps, hélas! bien court. L'aurore fut jadis à l'orient, la lumière a marché vers le sud, et maintenant elle jaillit de l'occident. La France, il est vrai, par sa situation centrale dans le monde civilisé, semble être appelée à recueillir toutes les notions et toutes les poésies environnantes, et à les rendre aux autres peuples merveilleusement ouvrées et façonnées. Mais il ne faut jamais oublier que les nations, vastes êtres collectifs, sont soumises aux mêmes lois que les individus. Comme l'enfance, elles vagissent, balbutient, grossissent, grandissent. Comme la jeunesse et la maturité, elles produisent des œuvres sages et hardies. Comme la vieillesse, elles s'endorment sur une richesse acquise. Souvent il arrive que c'est le principe même qui a fait leur force et leur développement qui amène leur décadence, surtout quand ce principe, vivifié jadis par une ardeur conquérante, est devenu pour la majorité une espèce de routine. Alors, comme je le faisais entrevoir tout à l'heure, la vitalité se déplace, elle va visiter d'autres territoires et d'autres races; et il ne faut pas croire que les nouveaux venus héritent intégralement des anciens, et qu'ils reçoivent d'eux une doctrine toute faite. Il arrive souvent (cela est arrivé au moyen âge) que, tout étant perdu, tout est à refaire.

Celui qui visiterait l'Exposition universelle avec l'idée préconçue de trouver en Italie les enfants de Vinci, de Raphaël et de Michel-Ange, en Allemagne l'esprit d'Alber Dürer, en Espagne l'âme de Zurbaran et de Velasquez, se préparerait un inutile étonnement. Je n'ai ni le temps, ni la science suffisante peut-être, pour rechercher quelles sont les lois qui déplacent la vitalité artistique, et pourquoi Dieu dépouille les nations quelquefois pour un temps, quelquefois pour toujours; je me contente de constater un fait très-fréquent dans l'histoire. Nous vivons dans un siècle où il faut répéter certaines banalités, dans un siècle orgueilleux qui se croit au-dessus des mésaventures de la Grèce et de Rome.

L'Exposition des peintres anglais est très-belle, très-singulièrement belle, et digne d'une longue et patiente étude. Je voulais commencer par la glorification de nos voisins, de ce peuple si admirablement riche en poëtes et en romanciers, du peuple de Shakspeare, de Crabbe et de Byron, de Maturin et de Godwin; des concitoyens de Reynolds, de Hogarth et de Gainsborough. Mais je veux les étudier encore; mon excuse est excellente; c'est par une politesse extrême que je renvoie cette besogne si agréable. Je retarde pour mieux faire.

Je commence donc par une tâche plus facile : je vais étudier rapidement les principaux maîtres de l'école française, et analyser les éléments de progrès ou les ferments de ruine qu'elle contient en elle.

II

INGRES

Cette Exposition française est à la fois si vaste et généralement composée de morceaux si connus, déjà suffisamment déflorés par la curiosité parisienne, que la critique doit chercher plutôt à pénétrer intimement le tempérament de chaque artiste et les mobiles qui le font agir, qu'à analyser, à raconter chaque œuvre minutieusement.

Quand David, cet astre froid, et Guérin et Girodet, ses satellites historiques, espèces d'abstracteurs de quintessence dans leur genre, se levèrent sur l'horizon de l'art, il se fit une grande révolution. Sans analyser ici le but qu'ils poursuivirent, sans en vérifier la légitimité, sans examiner s'ils ne l'ont pas outre-passé, constatons simplement qu'ils avaient un but, un grand but de réaction contre de trop vives et de trop aimables frivolités que je ne veux pas non plus apprécier ni caractériser ; — que ce but ils le visèrent avec persévérance, et qu'ils marchèrent à la lumière de leur soleil artificiel avec une franchise, une décision et un ensemble dignes de véritables hommes de parti. Quand l'âpre idée s'adoucit et se fit caressante sous le pinceau de Gros, elle était déjà perdue.

Je me rappelle fort distinctement le respect prodigieux qui environnait au temps de notre enfance toutes ces figures, fantastiques sans le vouloir, tous ces spectres académiques ; et moi-même je ne pouvais contempler sans une espèce de terreur religieuse tous ces grands flandrins hétéroclites, tous ces *beaux hommes* minces et solennels, toutes ces femmes bégueulement chastes, classiquement voluptueuses, les uns sauvant leur pudeur sous des sabres antiques, les autres derrière des draperies pédantesquement transparentes. Tout ce monde, véritablement hors nature, s'agitait, ou plutôt posait sous une lumière verdâtre, traduction bizarre du vrai soleil. Mais ces maîtres, trop célébrés jadis, trop méprisés aujourd'hui, eurent le grand mérite, si l'on ne veut pas trop se préoccuper de leurs procédés et de leurs systèmes bizarres, de ramener le caractère français vers le goût de l'héroïsme. Cette contemplation perpétuelle de l'histoire grecque et romaine ne pouvait, après tout, qu'avoir une influence stoïcienne salutaire ; mais ils ne furent pas toujours aussi Grecs et Romains qu'ils voulurent le paraître. David, il est vrai, ne cessa jamais d'être l'héroïque, l'inflexible David, le révélateur despote. Quant à Guérin et Girodet, il ne serait pas difficile de découvrir en eux, d'ailleurs très-préoccupés, comme le prophète de l'esprit de mélodrame, quelques légers grains corrupteurs, quelques sinistres et amusants symptômes du futur Romantisme. Ne vous semble-t-il pas que cette *Didon,* avec sa toilette si précieuse et si théâtrale, langoureusement étalée au soleil couchant, comme une créole aux nerfs détendus, a plus de parenté avec les premières visions de Chateaubriand qu'avec les conceptions de Virgile, et que son œil humide, noyé dans les vapeurs du keepsake, annonce presque certaines Parisiennes de Balzac? L'*Atala* de Girodet est, quoi qu'en pensent certains farceurs qui seront tout à l'heure bien vieux, un drame de beaucoup supérieur à une foule de fadaises modernes innommables.

Mais aujourd'hui nous sommes en face d'un homme d'une immense, d'une incontestable renommée, et dont l'œuvre est bien autrement difficile à comprendre et à expliquer. J'ai osé tout à l'heure, à propos de ces malheureux peintres illustres, prononcer irrespectueusement le mot : *hétéroclites.* On ne peut donc pas trouver mauvais que, pour expliquer la sensation de certains tempéraments artistiques mis en contact avec les œuvres de M. Ingres, je dise qu'ils se sentent en face d'un *hétéroclitisme* bien plus mystérieux et complexe que celui des maîtres de l'école républicaine et impériale, où cependant il a pris son point de départ.

Avant d'entrer plus décidément en matière, je tiens à constater une impression première sentie par beaucoup de personnes, et qu'elles se rappelleront inévitablement, sitôt qu'elles seront entrées dans le sanctuaire attribué aux œuvres de M. Ingres. Cette impression, difficile à caractériser, qui tient, dans des proportions inconnues, du malaise, de l'ennui et de la peur, fait penser vaguement, involontairement, aux défaillances causées par l'air raréfié, par l'atmosphère d'un laboratoire de chimie, ou par la conscience d'un milieu fantasmatique, je dirai plutôt d'un milieu qui imite le fantasmatique; d'une population automatique et qui troublerait nos sens par sa trop visible et palpable extranéité. Ce n'est plus là ce respect enfantin dont je parlais tout à l'heure, qui nous saisit devant les *Sabines,* devant le *Marat* dans sa baignoire, devant *le Déluge,* devant le mélodramatique *Brutus.* C'est une sensation puissante, il est vrai, — pourquoi nier la puissance de M. Ingres? — mais d'un ordre inférieur, d'un ordre quasi maladif. C'est presque une sensation négative, si cela pouvait se dire. En effet, il faut l'avouer tout de suite, le célèbre peintre, révolutionnaire à sa manière, a des mérites, des charmes même tellement incontestables et dont j'analyserai tout à l'heure la source, qu'il serait puéril de ne pas constater ici une lacune, une privation, un amoindrissement dans le jeu des facultés spirituelles. L'imagination qui soutenait ces grands maîtres, dévoyés dans leur gymnastique académique, l'imagination, cette reine des facultés, a disparu.

Plus d'imagination, partant plus de mouvement. Je ne pousserai pas l'irrévérence et la mauvaise volonté jusqu'à dire que c'est chez M. Ingres une résignation; je devine assez son caractère pour croire plutôt que c'est de sa part une immolation héroïque, un sacrifice sur l'autel des facultés qu'il considère sincèrement comme plus grandioses et plus importantes.

C'est en quoi il se rapproche, quelque énorme que paraisse ce paradoxe, d'un jeune peintre dont les débuts remarquables se sont produits récemment avec l'allure d'une insurrection. M. Courbet, lui aussi, est un puissant ouvrier, une sauvage et patiente volonté; et les résultats qu'il a obtenus, résultats qui ont déjà pour quelques esprits plus de charme que ceux du grand maître de la tradition raphaélesque, à cause sans doute de leur solidité positive et de leur amoureux cynisme, ont, comme ces derniers, ceci de singulier qu'ils manifestent un esprit de sectaire, un massacreur de facultés. La politique, la littérature produisent, elles aussi, de ces vigoureux tempéraments, de ces protestants, de ces anti-surnaturalistes, dont la seule légitimation est un esprit de réaction quelquefois salutaire. La providence qui préside aux affaires de la peinture leur donne pour complices tous ceux que l'idée adverse prédominante avait lassés ou opprimés. Mais la différence est que le sacrifice héroïque que M. Ingres fait en l'honneur de la tradition et de l'idée du beau raphaélesque, M. Courbet l'accomplit au profit de la nature extérieure, positive, immédiate. Dans leur guerre à l'imagination, ils obéissent à des mobiles différents; et deux fanatismes inverses les conduisent à la même immolation.

Maintenant, pour reprendre le cours régulier de notre analyse, quel est le but de M. Ingres? Ce n'est pas, à coup sûr, la traduction des sentiments, des passions, des variantes de ces passions et de ces sentiments; ce n'est pas non plus la représentation de grandes scènes historiques (malgré ses beautés italiennes, trop italiennes, le tableau du *Saint Symphorien,* italianisé jusqu'à l'empilement des figures, ne révèle certainement pas la sublimité d'une victime chrétienne, ni la bestialité féroce et indifférente à la fois des païens conservateurs). Que cherche donc, que rêve donc M. Ingres? Qu'est-il venu dire en ce monde? Quel appendice nouveau apporte-t-il à l'évangile de la peinture?

Je croirais volontiers que son idéal est une espèce d'idéal fait moitié de santé, moitié de calme, presque d'indifférence, quelque chose d'analogue à l'idéal antique, auquel il a ajouté les curiosités et les minuties de l'art moderne. C'est cet accouplement qui donne souvent à ses œuvres leur charme bizarre. Épris ainsi d'un idéal qui mêle dans un adultère agaçant la solidité calme de Raphaël avec les recherches de la petite-maîtresse, M. Ingres devait surtout réussir dans les portraits; et c'est en effet dans ce genre qu'il a trouvé ses plus grands, ses plus légitimes succès. Mais il n'est point un de ces peintres à l'heure, un de ces fabricants banals de portraits auxquels un homme vulgaire peut aller, la bourse à la main, demander la reproduction de sa malséante personne. M. Ingres choisit ses modèles, et il choisit, il faut le reconnaître, avec un tact merveilleux, les modèles les plus propres à faire valoir son genre de talent. Les belles femmes, les natures riches, les santés calmes et florissantes, voilà son triomphe et sa joie!

Ici cependant se présente une question discutée cent fois, et sur laquelle il est toujours bon de revenir. Quelle est la qualité du dessin de M. Ingres? Est-il d'une qualité supérieure? Est-il absolument intelligent? Je serai compris de tous les gens qui ont comparé entre elles les manières de dessiner des principaux maîtres en disant que le dessin de M. Ingres est le dessin d'un homme à système. Il croit que la nature doit être corrigée, amendée; que la tricherie heureuse, agréable, faite en vue du plaisir des yeux, est non-seulement un droit, mais un devoir. On avait dit jusqu'ici que la nature devait être interprétée, traduite dans son ensemble et avec toute sa logique; mais dans les œuvres du maître en question il y a souvent dol, ruse, violence, quelquefois tricherie et croc-en-jambe. Voici une armée de doigts trop uniformément allongés en fuseaux et dont les extrémités étroites oppriment les ongles, que Lavater, à l'inspection de cette poitrine large, de cet avant-bras musculeux, de cet ensemble un peu viril, aurait jugés devoir être carrés, symptôme d'un esprit porté aux occupations masculines, à la symétrie et aux ordonnances de l'art. Voici des figures délicates et des épaules simplement élégantes associées à des bras trop robustes, trop pleins d'une succulence raphaélique. Mais Raphaël aimait les gros bras, il fallait avant tout obéir et plaire au maître. Ici nous trouverons un nombril qui s'égare vers les côtes, là un sein qui pointe trop vers l'aisselle; ici, — chose moins excusable (car généralement ces différentes tricheries ont une excuse plus ou moins plausible et toujours facilement devinable dans le goût immodéré du *style*), — ici, dis-je, nous sommes tout à fait déconcertés par une jambe sans nom, toute maigre, sans muscles, sans formes, et sans pli au jarret (*Jupiter et Antiope*).

Remarquons aussi qu'emporté par cette préoccupation presque maladive du style, le peintre supprime souvent le modelé ou l'amoindrit jusqu'à l'invisible, espérant ainsi donner plus de valeur au contour, si bien que ses figures ont l'air de patrons d'une forme très-correcte, gonflés d'une matière molle et non vivante, étrangère à l'organisme humain. Il arrive quelquefois que l'œil tombe sur des morceaux charmants, irréprochablement vivants; mais cette méchante pensée traverse alors l'esprit, que ce n'est pas M. Ingres qui a cherché la nature, mais la nature qui a violé le peintre, et que cette haute et puissante dame l'a dompté par son ascendant irrésistible.

D'après tout ce qui précède, on comprendra facilement que M. Ingres peut être considéré comme un homme doué de hautes qualités, un amateur éloquent de la beauté, mais dénué de ce tempérament énergique qui fait la fatalité du génie. Ses préoccupations dominantes sont le goût de l'antique et le respect de l'école. Il a, en somme, l'admiration assez facile, le caractère assez éclectique, comme tous les hommes qui manquent de fatalité. Aussi le voyons-nous errer d'archaïsme en archaïsme; Titien (*Pie VII tenant chapelle*), les émailleurs de la Renaissance (*Vénus anadyomène*), Poussin et Carrache (*Vénus et Antiope*), Raphaël (*Saint Symphorien*), les primitifs Allemands (tous les petits tableaux du genre imagier et anecdotique), les curiosités et le bariolage persan et chinois (la petite *Odalisque*) se disputent ses préférences. L'amour et l'influence de l'antiquité se sentent partout; mais M. Ingres me paraît souvent être à l'antiquité ce que le bon ton, dans ses caprices transitoires, est aux bonnes manières naturelles qui viennent de la dignité et de la charité de l'individu.

C'est surtout dans l'*Apothéose de l'Empereur Napoléon Ier*, tableau venu de l'Hôtel de ville, que M. Ingres a laissé voir son goût pour les Étrusques. Cependant les Étrusques, grands simplificateurs, n'ont pas poussé la simplification jusqu'à ne pas atteler les chevaux aux chariots. Ces chevaux surnaturels (en quoi sont-ils, ces chevaux qui semblent d'une matière polie, solide, comme le cheval de bois qui prit la ville de Troie?) possèdent-ils donc la force de l'aimant pour entraîner le char derrière eux sans traits et sans harnais? De l'empereur Napoléon j'aurais bien envie de dire que je n'ai point retrouvé en lui cette beauté épique et destinale dont le dotent généralement ses contemporains et ses historiens; qu'il m'est pénible de ne pas voir conserver le caractère extérieur et légendaire des grands hommes, et que le peuple, d'accord avec moi en ceci, ne conçoit guère son héros de prédilection que dans les costumes officiels des cérémonies ou sous cette historique capote gris de fer, qui, n'en déplaise aux amateurs forcenés du style, ne déparerait nullement une apothéose moderne.

Mais on pourrait faire à cette œuvre un reproche plus grave. Le caractère principal d'une apothéose doit être le sentiment surnaturel, la puissance d'ascension vers les régions supérieures, un entraînement, un vol irrésistible vers le ciel, but de toutes les aspirations humaines et habitacle classique de tous les grands hommes. Or, cette apothéose ou plutôt cet attelage tombe, tombe avec une vitesse proportionnée à sa pesanteur. Les chevaux entraînent le char vers la terre. Le tout, comme un ballon sans gaz, qui aurait gardé tout son lest, va inévitablement se briser sur la surface de la planète.

Quant à la *Jeanne d'Arc* qui se dénonce par une

pédanterie outrée de moyens, je n'ose en parler. Quelque peu de sympathie que j'aie montré pour M. Ingres au gré de ses fanatiques, je préfère croire que le talent le plus élevé conserve toujours des droits à l'erreur. Ici, comme dans l'*Apothéose,* absence totale de sentiment et de surnaturalisme. Où donc est-elle, cette noble pucelle, qui, selon la promesse de ce bon M. Delécluze, devait se venger et nous venger des polissonneries de Voltaire? Pour me résumer, je crois qu'abstraction faite de son érudition, de son goût intolérant et presque libertin de la beauté, la faculté qui a fait de M. Ingres ce qu'il est, le puissant, l'indiscutable, l'incontrôlable dominateur, c'est la volonté, ou plutôt un immense abus de la volonté. En somme, ce qu'il est, il le fut dès le principe. Grâce à cette énergie qui est en lui, il restera tel jusqu'à la fin. Comme il n'a pas progressé, il ne vieillira pas. Ses admirateurs trop passionnés seront toujours ce qu'ils furent, amoureux jusqu'à l'aveuglement; et rien ne sera changé en France, pas même la manie de prendre à un grand artiste des qualités bizarres qui ne peuvent être qu'à lui, et d'imiter l'inimitable.

Mille circonstances, heureuses d'ailleurs, ont concouru à la solidification de cette puissante renommée. Aux gens du monde M. Ingres s'imposait par un emphatique amour de l'antiquité et de la tradition. Aux excentriques, aux blasés, à mille esprits délicats toujours en quête de nouveautés, même de nouveautés amères, il plaisait par la bizarrerie. Mais ce qui fut bon, ou tout ou moins séduisant, en lui eut un effet déplorable dans la foule des imitateurs; c'est ce que j'aurai plus d'une fois l'occasion de démontrer.

III

EUGÈNE DELACROIX

MM. Eugène Delacroix et Ingres se partagent la faveur et la haine publiques. Depuis longtemps l'opinion a fait un cercle autour d'eux comme autour de deux lutteurs. Sans donner notre acquiescement à cet amour commun et puéril de l'antithèse, il nous faut commencer par l'examen de ces deux maîtres français, puisque autour d'eux, au-dessous d'eux, se sont groupées et échelonnées presque toutes les individualités qui composent notre personnel artistique.

En face des trente-cinq tableaux de M. Delacroix, la première idée qui s'empare du spectateur est l'idée d'une vie bien remplie, d'un amour opiniâtre, incessant de l'art. Quel est le meilleur tableau? on ne saurait le trouver; le plus intéressant? on hésite. On croit découvrir par-ci par-là des échantillons de progrès; mais si de certains tableaux plus récents témoignent que certaines importantes qualités ont été poussées à outrance, l'esprit impartial perçoit avec confusion que dès ses premières productions, dès sa jeunesse (*Dante et Virgile aux enfers* est de 1822), M. Delacroix fut grand. Quelquefois il a été plus délicat, quelquefois plus singulier, quelquefois plus peintre, mais toujours il a été grand.

Devant une destinée si noblement, si heureusement remplie, une destinée bénie par la nature et menée à bonne fin par la plus admirable volonté, je sens flotter incessamment dans mon esprit les vers du grand poëte :

Il naît sous le soleil de nobles créatures
Unissant ici-bas tout ce qu'on peut rêver :
Corps de fer, cœurs de flamme; admirables natures!

Dieu semble les produire afin de se prouver;
Il prend pour les pétrir une argile plus douce,
Et souvent passe un siècle à les parachever.

Il met, comme un sculpteur, l'empreinte de son pouce
Sur leurs fronts rayonnants de la gloire des cieux,
Et l'ardente auréole en gerbes d'or y pousse.

Ces hommes-là s'en vont, calmes et radieux,
Sans quitter un instant leur pose solennelle,
Avec l'œil immobile et le maintien des dieux.

. . . .

Ne leur donnez qu'un jour, ou donnez-leur cent ans,
L'orage ou le repos, la palette ou le glaive :
Ils mèneront à bout leurs dessins éclatants.

Leur existence étrange est le réel du rêve!
Ils exécuteront votre plan idéal,
Comme un maître savant le croquis d'un élève.

Vos désirs inconnus sous l'arceau triomphal,
Dont votre esprit en songe arrondissait la voûte,
Passent assis en croupe au dos de leur cheval.

. . . .

De ceux-là chaque peuple en compte cinq ou six,
Cinq ou six tout au plus, dans les siècles prospères,
Types toujours vivants dont on fait des récits.

Théophile Gautier appelle cela une *Compensation*. M. Delacroix ne pouvait-il pas, à lui seul, combler les vides d'un siècle?

Jamais artiste ne fut plus attaqué, plus ridiculisé, plus entravé. Mais que nous font les hésitations des gouvernements (je parle d'autrefois), les criailleries de quelques salons bourgeois, les dissertations haineuses de quelques académies d'estaminet et le pédantisme des joueurs de dominos? La preuve est faite, la question est à jamais vidée, le résultat est là, visible, immense, flamboyant.

M. Delacroix a traité tous les genres; son imagination et son savoir se sont promenés dans toutes les parties du domaine pittoresque. Il a fait (avec quel amour, avec quelle délicatesse!) de charmants petits tableaux, pleins d'intimité et de profondeur; il a *illustré* les murailles de nos palais, il a rempli nos musées de vastes compositions.

Cette année, il a profité très légitimement de l'occasion de montrer une partie assez considérable du travail de sa vie, et de nous faire, pour ainsi dire, reviser les pièces du procès. Cette collection a été choisie avec beaucoup de tact, de manière à nous fournir des échantillons concluants et variés de son esprit et de son talent.

Voici *Dante et Virgile,* ce tableau d'un jeune homme, qui fut une révolution, et dont on a longtemps attribué faussement une figure à Géricault (le torse de l'homme renversé.) Parmi les grands tableaux, il est permis d'hésiter entre la *Justice de Trajan* et la *Prise de Constantinople par les Croisés.* La *Justice de Trajan* est un tableau si prodigieusement lumineux, si aéré, si rempli de tumulte et de pompe! L'empereur est si beau, la foule, tortillée autour des colonnes ou circulant avec le cortége, si tumultueuse, la veuve éplorée, si dramatique! Ce tableau est celui qui fut *illustré* jadis par les petites plaisanteries de M. Karr, l'homme au bon sens de travers, sur le cheval rose; comme s'il n'existait pas des chevaux légèrement rosés, et comme si, en tout cas, le peintre n'avait pas le droit d'en faire.

Mais le tableau des *Croisés* est si profondément pénétrant, abstraction faite du sujet, par son harmonie orageuse et lugubre! Quel ciel et quelle mer! Tout y est tumultueux et tranquille, comme la suite d'un grand événement. La ville, échelonnée derrière les *Croisés* qui viennent de la traverser, s'allonge avec une prestigieuse vérité. Et toujours ces drapeaux miroitants, ondoyants, faisant se dérouler et claquer leurs plis lumineux dans l'atmosphère transparente! Toujours la foule agissante, inquiète, le tumulte des armes, la pompe des vêtements, la vérité emphatique du geste dans les grandes circonstances de la vie! Ces deux tableaux sont d'une beauté essentiellement shakspearienne. Car nul, après Shakspeare, n'excelle comme Delacroix à fondre dans une unité mystérieuse le drame et la rêverie.

Le public retrouvera tous ces tableaux d'orageuse mémoire qui furent des insurrections, des luttes et des triomphes: le *Doge Marino Faliero* (salon de 1827. — Il est curieux de remarquer que *Justinien composant ses lois* et le *Christ au jardin des Oliviers* sont de la même année), l'*Évêque de Liége,* cette admirable traduction de Walter Scott, pleine de foule, d'agitation et de lumière, les *Massacres de Scio*, le *Prisonnier de Chillon,* le *Tasse en prison*, la *Noce juive,* les *Convulsionnaires de Tanger,* etc., etc. Mais comment définir cet ordre de tableaux charmants, tels que *Hamlet,* dans la scène du crâne, et les *Adieux de Roméo et Juliette,* si profondément pénétrants et attachants, que l'œil qui a trempé son regard dans leurs petits mondes mélancoliques ne peut plus les fuir, que l'esprit ne peut plus les éviter?

Et le tableau quitté *nous* tourmente et *nous* suit.

Ce n'est pas là le *Hamlet* tel que nous l'a fait voir Rouvière, tout récemment encore et avec tant d'éclat, âcre, malheureux et violent, poussant l'inquiétude jusqu'à la turbulence. C'est bien la bizarrerie romantique du grand tragédien ; mais Delacroix, plus fidèle peut-être, nous a montré un *Hamlet* tout délicat et pâlot, aux mains blanches et féminines, une nature exquise, mais molle, légèrement indécise, avec un œil presque atone.

Voici la fameuse tête de la *Madeleine* renversée, au sourire bizarre et mystérieux, et si surnaturellement belle qu'on ne sait si elle est auréolée par la mort, ou embellie par les pamoisons de l'amour divin.

A propos des *Adieux de Roméo et Juliette*, j'ai une remarque à faire que je crois fort importante. J'ai tant entendu plaisanter de la laideur des femmes de Delacroix, sans pouvoir comprendre ce genre de plaisanterie, que je saisis l'occasion pour protester contre ce préjugé. M. Victor Hugo le partageait, à ce qu'on m'a dit. Il déplorait, — c'était dans les beaux temps du Romantisme, — que celui à qui l'opinion publique faisait une gloire parallèle à la sienne commît de si monstrueuses erreurs à l'endroit de la beauté. Il lui est arrivé d'appeler les femmes de Delacroix des grenouilles. Mais M. Victor Hugo est un grand poëte sculptural qui a l'œil fermé à la spiritualité.

Je suis fâché que le *Sardanapale* n'ait pas reparu cette année. On y aurait vu de très-belles femmes, claires, lumineuses, roses, autant qu'il m'en souvient du moins. Sardanapale lui-même était beau comme une femme. Généralement les femmes de Delacroix peuvent se diviser en deux classes : les unes, faciles à comprendre, souvent mythologiques, sont nécessairement belles (la Nymphe couchée et vue de dos, dans le plafond de la galerie d'Apollon). Elles sont riches, très-fortes, plantureuses, abondantes, et jouissent d'une transparence de chair merveilleuse et de chevelures admirables.

Quant aux autres, quelquefois des femmes historiques (la *Cléopâtre* regardant l'aspic), plus souvent des femmes de caprice, de tableaux de genre, tantôt des

Marguerite, tantôt des Ophélia, des Desdémone, des Sainte Vierge même, des Madeleine, je les appellerais volontiers des femmes d'intimité. On dirait qu'elles portent dans les yeux un secret douloureux, impossible à enfouir dans les profondeurs de la dissimulation. Leur pâleur est comme une révélation des batailles intérieures. Qu'elles se distinguent par le charme du crime ou par l'odeur de la sainteté, que leurs gestes soient allanguis ou violents, ces femmes malades du cœur ou de l'esprit ont dans les yeux le plombé de la fièvre ou la nitescence anormale et bizarre de leur mal, dans le regard, l'intensité du surnaturalisme.

Mais toujours, et quand même, ce sont des femmes *distinguées*, essentiellement *distinguées;* et enfin, pour tout dire en un seul mot, M. Delacroix me paraît être l'artiste le mieux doué pour exprimer la femme moderne, surtout la femme moderne dans sa manifestation héroïque, dans le sens infernal ou divin. Ces femmes ont même la beauté physique moderne, l'air de rêverie, mais la gorge abondante, avec une poitrine un peu étroite, le bassin ample, et des bras et des jambes charmants.

Les tableaux nouveaux et inconnus du public sont les *Deux Foscari*, la *Famille arabe,* la *Chasse aux Lions,* une *Tête de vieille femme* (un portrait par M. Delacroix est une rareté). Ces différentes peintures servent à constater la prodigieuse certitude à laquelle le maître est arrivé. La *Chasse aux Lions* est une véritable explosion de couleur (que ce mot soit pris dans le bon sens). Jamais couleurs plus belles, plus intenses, ne pénétrèrent jusqu'à l'âme par le canal des yeux.

Par le premier et rapide coup d'œil jeté sur l'ensemble de ces tableaux, et par leur examen minutieux et attentif, sont constatées plusieurs vérités irréfutables. D'abord il faut remarquer, et c'est très-important, que, vu à une distance trop grande pour analyser ou même comprendre le sujet, un tableau de Delacroix a déjà produit sur l'âme une impression riche, heureuse ou mélancolique. On dirait que cette peinture, comme les sorciers et les magnétiseurs, projette sa pensée à distance. Ce singulier phénomène tient à la puissance du coloriste, à l'accord parfait des tons, et à l'harmonie (préétablie dans le cerveau du peintre) entre la couleur et le sujet. Il semble que cette couleur, qu'on me pardonne ces subterfuges de langage pour exprimer des idées fort délicates, pense par elle-même, indépendamment des objets qu'elle habille. Puis ces admirables accords de sa couleur font souvent rêver d'harmonie et de mélodie, et l'impression qu'on emporte de ses tableaux est souvent quasi musicale. Un poëte a essayé d'exprimer ces sensations subtiles dans des vers dont la sincérité peut faire passer la bizarrerie :

> Delacroix, lac de sang, hanté des mauvais anges,
> Ombragé par un bois de sapins toujours vert,
> Où, sous un ciel chagrin, des fanfares étranges
> Passent comme un soupir étouffé de Weber [1].

1. Charles Baudelaire rappelle ici une des plus belles pièces des *Fleurs du Mal*, la VIe, *les Phares*.

Lac de sang : le rouge; — *hanté des mauvais anges :* surnaturalisme; *un bois toujours vert :* le vert, complémentaire du rouge; — *un ciel chagrin :* les fonds tumultueux et orageux de ses tableaux; — *les fanfares et Weber :* idées de musique romantique que réveillent les harmonies de sa couleur.

Du dessin de Delacroix, si absurdement, si niaisement critiqué, que faut-il dire, si ce n'est qu'il est des vérités élémentaires complétement méconnues; qu'un bon dessin n'est pas une ligne dure, cruelle, despotique, immobile, enfermant une figure comme une camisole de force; que le dessin doit être comme la nature, vivant et agité; que la simplification dans le dessin est une monstruosité, comme la tragédie dans le monde dramatique, que la nature nous présente une série infinie de lignes courbes, fuyantes, brisées, suivant une loi de génération impeccable, où le parallélisme est toujours indécis et sinueux, où les concavités et les convexités se correspondent et se poursuivent; que M. Delacroix satisfait admirablement à toutes ces conditions et que, quand même son dessin laisserait percer quelquefois des défaillances ou des outrances, il a au moins cet immense mérite d'être une protestation perpétuelle et efficace contre la barbare invasion de la ligne droite, cette ligne tragique et systématique, dont actuellement les ravages sont déjà immenses dans la peinture et dans la sculpture?

Une autre qualité, très-grande, très-vaste, du talent de M. Delacroix, et qui fait de lui le peintre aimé des poëtes, c'est qu'il est essentiellement littéraire. Non-seulement sa peinture a parcouru, toujours avec succès, le champ des hautes littératures, non-seulement elle a traduit, elle a fréquenté Arioste, Byron, Dante, Walter Scott, Shakspeare, mais elle sait révéler des idées d'un ordre plus élevé, plus fines, plus profondes que la plupart des peintures modernes. Et remarquez bien que ce n'est jamais par la grimace, par la minutie, par la tricherie de moyens, que M. Delacroix arrive à ce prodigieux résultat; mais par l'ensemble, par l'accord profond, complet, entre sa couleur, son sujet, son dessin, et par la dramatique gesticulation de ses figures.

Edgar Poe dit, je ne sais plus où, que le résultat de l'opium pour les sens est de revêtir la nature entière d'un intérêt surnaturel qui donne à chaque objet un sens plus profond, plus volontaire, plus despotique. Sans avoir recours à l'opium, qui n'a connu ces admirables heures, véritables fêtes du cerveau, où les sens plus attentifs perçoivent des sensations plus retentissantes, où le ciel d'un azur plus transparent s'enfonce comme un abîme plus infini, où les sons tintent musicalement, où les couleurs parlent, où les parfums racontent des mondes d'idées? Eh bien, la peinture de Delacroix me paraît la traduction de ces beaux jours de l'esprit. Elle est revêtue d'intensité, et sa splendeur est privilégiée. Comme la nature perçue par des nerfs ultra-sensibles, elle révèle le surnaturalisme.

Que sera M. Delacroix pour la postérité? Que dira de lui cette redresseuse de torts? Il est déjà facile, au point de sa carrière où il est parvenu, de l'affirmer sans trouver trop de contradicteurs. Elle dira, comme nous, qu'il fut un accord unique des facultés les plus étonnantes; qu'il eut comme Rembrandt le sens de l'intimité et la magie profonde, l'esprit de combinaison et de décoration comme Rubens et Lebrun, la couleur féerique comme Véronèse, etc ; mais qu'il eut aussi une qualité *sui generis,* indéfinissable et définissant la partie mélancolique et ardente du siècle, quelque chose de tout à fait nouveau, qui a fait de lui un artiste unique, sans générateur, sans précédent, probablement sans successeur, un anneau si précieux qu'il n'en est point de rechange, et qu'en le supprimant, si une pareille chose était possible, on supprimerait un monde d'idées et de sensations, on ferait une lacune trop grande dans la chaîne historique.

V

SALON DE 1859

LETTRES

A M. LE DIRECTEUR DE LA *REVUE FRANÇAISE*

I

L'ARTISTE MODERNE

Mon cher M****, quand vous m'avez fait l'honneur de me demander l'analyse du *Salon,* vous m'avez dit : « Soyez bref; ne faites pas un catalogue, mais un aperçu général, quelque chose comme le récit d'une rapide promenade philosophique à travers les peintures. » Eh bien, vous serez servi à souhait; non pas parce que votre programme s'accorde (et il s'accorde en effet) avec ma manière de concevoir ce genre d'article si ennuyeux qu'on appelle le *Salon;* non pas que cette méthode soit plus facile que l'autre, la brièveté réclamant toujours plus d'efforts que la prolixité; mais simplement parce que, surtout dans le cas présent, il n'y en a pas d'autre possible. Certes, mon embarras eût été plus grave si je m'étais trouvé perdu dans une forêt d'originalités, si le tempérament français moderne, soudainement modifié, purifié et rajeuni, avait donné des fleurs si vigoureuses et d'un parfum si varié qu'elles eussent créé des étonnements irrépressibles, provoqué des éloges abondants, une admiration bavarde, et nécessité dans la langue critique des catégories nouvelles. Mais rien de tout cela, heureusement (pour moi). Nulle explosion ; pas de génies inconnus. Les pensées suggérées par l'aspect de ce Salon sont d'un ordre si simple, si ancien, si classique, que peu de pages me suffiront sans doute pour les développer. Ne vous étonnez donc pas que la banalité dans le peintre ait engendré le *lieu commun* dans l'écrivain. D'ailleurs, vous n'y perdrez rien ; car existe-t-il (je me plais à constater que vous êtes en cela de mon avis) quelque chose de plus charmant, de plus fertile et d'une nature plus positivement *excitante* que le lieu commun ?

Avant de commencer, permettez-moi d'exprimer un regret, qui ne sera, je le crois, que rarement exprimé. On nous avait annoncé que nous aurions des hôtes à recevoir, non pas précisément des hôtes inconnus ; car l'exposition de l'avenue Montaigne a déjà fait connaître au public parisien quelques-uns de ces charmants artistes qu'il avait trop longtemps ignorés. Je m'étais donc fait une fête de renouer connaissance avec Leslie, ce riche, naïf et noble *humourist,* expression des plus accentuées de l'esprit britannique ; avec les deux Hunt, l'un naturaliste opiniâtre, l'autre ardent et volontaire créateur du préraphaélisme; avec Maclise, l'audacieux compositeur, aussi fougueux que sûr de lui-même; avec Millais, ce poëte si minutieux; avec J. Chalon, ce Claude mêlé de Watteau, historien des belles fêtes d'après-midi dans les grands parcs italiens; avec Grant, cet héritier naturel de Reynolds; avec Hook, qui sait inonder d'une lumière magique ses *Rêves vénitiens ;* avec cet étrange Paton, qui ramène l'esprit vers Fuseli et brode avec une patience d'un autre âge de gracieux chaos panthéistiques; avec Cattermole, l'aquarelliste *peintre d'histoire,* et avec cet autre, si étonnant, dont le nom m'échappe, un architecte songeur, qui bâtit sur le papier des villes dont les ponts ont des éléphants pour piliers, et laissent passer entre leurs nombreuses jambes de colosses, toutes voiles dehors, des trois-mâts gigantesques! On avait même préparé le logement pour ces amis de l'imagination et de la couleur singulière, pour ces favoris de la muse bizarre; mais, hélas! pour des raisons que j'ignore, et dont l'exposé ne peut pas, je crois, prendre place dans votre journal, mon espérance a été déçue. Ainsi, ardeurs tragiques, gesticulations à la Kean et à la Macready, intimes gentillesses du *home,* splendeurs orientales réfléchies dans le poétique miroir de l'esprit anglais, verdures écossaises, fraîcheurs enchanteresses, profondeurs fuyantes des aquarelles grandes comme des décors, quoique si petites, nous ne vous contemplerons pas, cette fois du moins. Représentants enthousiastes de l'imagination et des facultés les plus précieuses de l'âme, fûtes-vous donc si mal reçus la première fois, et nous jugez-vous indignes de vous comprendre?

Ainsi, mon cher M***, nous nous en tiendrons à la France, forcément; et croyez que j'éprouverais une immense jouissance à prendre le ton lyrique pour parler des artistes de mon pays; mais malheureusement, dans un esprit critique tant soit peu exercé, le patriotisme ne joue pas un rôle absolument tyrannique, et nous avons à faire quelques aveux humiliants. La première fois que je mis les pieds au *Salon,* je fis, dans l'escalier même, la rencontre d'un de nos critiques les plus subtils et les plus estimés, et, à la première question, à la question naturelle que je devais lui adresser, il répondit : « Plat, médiocre; j'ai rarement vu un *Salon* aussi maussade. » Il avait à la fois tort et raison. Une exposition qui possède de nombreux ouvrages de Delacroix, de Penguilly, de Fromentin, ne peut pas être maussade; mais, par un examen général, je vis qu'il était dans le vrai. Que dans tous les temps, la médiocrité ait dominé, cela est indubitable; mais qu'elle règne plus que jamais, qu'elle devienne absolument triomphante et encombrante, c'est ce qui est aussi vrai qu'affligeant. Après avoir quelque temps promené mes yeux sur tant de platitudes menées à bonne fin, tant de niaiseries soigneusement léchées, tant de bêtises ou de faussetés habilement construites, je fus naturellement conduit par le cours de mes réflexions à considérer l'artiste dans le passé, et à le mettre en regard avec l'artiste dans le présent; et puis le terrible, l'éternel pourquoi se dressa, comme d'habitude, inévitablement au bout de ces décourageantes réflexions. On dirait que la petitesse, la puérilité, l'incuriosité, le calme plat de la fatuité ont succédé à l'ardeur, à la noblesse et à la turbulente ambition, aussi bien dans les beaux-arts que dans la littérature; et que rien, pour le moment, ne nous donne lieu d'espérer des floraisons spirituelles aussi abondantes que celles de la Restauration. Et je ne suis pas le seul qu'oppriment ces amères réflexions, croyez-le bien; et je vous le prouverai tout à l'heure. Je me disais donc : Jadis, qu'était l'artiste (Lebrun ou David, par exemple)? Lebrun, érudition, imagination, connaissance du passé, amour du grand. David, ce colosse injurié par des mirmidons, n'était-il pas aussi l'amour du passé, l'amour du grand uni à l'érudition? Et aujourd'hui, qu'est-il, l'artiste, ce frère antique du poëte? Pour bien répondre à cette question, mon cher M***, il ne faut pas craindre d'être trop dur. Un scandaleux favoritisme appelle quelquefois une réaction équivalente. L'artiste, aujourd'hui et depuis de nombreuses années, est, malgré son absence de mérite, un simple *enfant gâté*. Que d'honneurs, que d'argent prodigués à des hommes sans âme et sans instruction! Certes, je ne suis pas partisan de l'introduction dans un art de moyens qui lui sont étrangers; cependant, pour citer un exemple, je ne puis pas m'empêcher d'éprouver de la sympathie pour un artiste tel que Chenavard, toujours aimable, aimable comme les livres, et gracieux jusque dans ses lourdeurs. Au moins avec celui-là (qu'il soit la cible des plaisanteries du rapin, que m'importe?) je suis sûr de pouvoir causer de Virgile ou de Platon. Préault a un don charmant, c'est un goût instinctif qui le jette sur le beau comme l'animal chasseur sur sa proie naturelle. Daumier est doué d'un bon sens lumineux qui colore toute sa conversation. Ricard, malgré le papillotage et le bondissement de son discours, laisse voir à chaque instant qu'il sait beaucoup et qu'il a beaucoup comparé. Il est inutile, je pense, de parler de la conversation d'Eugène Delacroix, qui est un mélange admirable de solidité philosophique, de légèreté spirituelle et d'enthousiasme brûlant. Et après ceux-là, je ne me rappelle plus personne qui soit digne de converser avec un philosophe ou un poëte. En dehors, vous ne trouverez guère que l'*enfant gâté*. Je vous en supplie, je vous en conjure, dites-moi dans quel salon, dans quel cabaret, dans quelle réunion mondaine ou intime vous avez entendu un mot spirituel prononcé par l'*enfant gâté*, un mot profond, brillant, concentré, qui fasse penser ou rêver, un mot suggestif enfin! Si un tel mot a été lancé, ce n'a peut-être pas été par un politique ou un philosophe, mais bien par quelque homme de profession bizarre, un chasseur, un marin, un empailleur; par un artiste, un *enfant gâté*, jamais.

L'*enfant gâté* a hérité du privilége, légitime alors, de ses devanciers. L'enthousiasme qui a salué David, Guérin, Girodet, Gros, Delacroix, Bonnington, illumine encore d'une lumière charitable sa chétive personne; et, pendant que de bons poëtes, de vigoureux historiens gagnent laborieusement leur vie, le financier abêti paye magnifiquement les indécentes petites sottises de l'*enfant gâté*. Remarquez bien que, si cette faveur s'appliquait à des hommes méritants, je ne me plaindrais pas. Je ne suis pas de ceux qui envient à une chanteuse ou à une danseuse, parvenue au sommet de son art, une fortune acquise par un labeur et un danger quotidiens. Je craindrais de tomber dans le vice de feu Girardin, de sophistique mémoire, qui reprochait un jour à Théophile Gautier de faire payer son imagination beaucoup plus cher que les services d'un sous-préfet. C'était, si vous vous en souvenez bien, dans ces jours néfastes où le public épouvanté l'entendit parler latin; *pecudesque locutæ!* Non, je ne suis pas injuste à ce point; mais il est bon de hausser la voix et de crier haro sur la bêtise contemporaine, quand, à la même époque où un ravissant tableau de Delacroix trouvait difficilement acheteur à mille francs, les figures imperceptibles de Meissonier se faisaient payer dix et vingt fois plus. Mais ces *beaux* temps sont passés; nous sommes tombés plus bas, et M. Meissonier, qui, malgré tous ses mérites, eut le malheur d'introduire et de populariser le goût du petit, est un véritable géant auprès des faiseurs de babioles actuelles.

Discrédit de l'imagination, mépris du grand, amour

(non, ce mot est trop beau), pratique exclusive du métier, telles sont, je crois, quant à l'artiste, les raisons principales de son abaissement. Plus on possède d'imagination, mieux il faut posséder le métier pour accompagner celle-ci dans ses aventures et surmonter les difficultés qu'elle recherche avidement. Et mieux on possède son métier, moins il faut s'en prévaloir et le montrer, pour laisser l'imagination briller de tout son éclat. Voilà ce que dit la sagesse; et la sagesse dit encore : Celui qui ne possède que de l'habileté est une bête, et l'imagination qui veut s'en passer est une folle. Mais si simples que soient ces choses, elles sont au-dessus ou au-dessous de l'artiste moderne. Une fille de concierge se dit : « J'irai au Conservatoire, je débuterai à la Comédie-Française, et je réciterai les vers de Corneille jusqu'à ce que j'obtienne les droits de ceux qui les ont récités très-longtemps. » Et elle le fait comme elle l'a dit. Elle est très-classiquement monotone et très-classiquement ennuyeuse et ignorante; mais elle a réussi à ce qui était très-facile, c'est-à-dire à obtenir par sa patience les priviléges de sociétaire. Et l'*enfant gâté*, le peintre moderne se dit : « Qu'est-ce que l'imagination? Un danger et une fatigue. Qu'est-ce que la lecture et la contemplation du passé? Du temps perdu. Je serai classique, non pas comme Bertin (car le classique change de place et de nom), mais comme... Troyon, par exemple. » Et il le fait comme il l'a dit. Il peint, il peint; et il bouche son âme, et il peint encore, jusqu'à ce qu'il ressemble enfin à l'artiste à la mode, et que par sa bêtise et son habileté il mérite le suffrage et l'argent du public. L'imitateur de l'imitateur trouve ses imitateurs, et chacun poursuit ainsi son rêve de grandeur, bouchant de mieux en mieux son âme, et surtout ne *lisant rien,* pas même le *Parfait Cuisinier,* qui pourtant aurait pu lui ouvrir une carrière moins lucrative, mais plus glorieuse. Quand il possède bien l'art des sauces, des patines, des glacis, des frottis, des jus, des ragoûts (je parle peinture), l'*enfant gâté* prend de fières attitudes, et se répète avec plus de conviction que jamais que tout le reste est inutile.

Il y avait un paysan allemand qui vint trouver un peintre et qui lui dit: «—Monsieur le peintre, je veux que vous fassiez *mon portrait.* Vous me représenterez assis à l'entrée principale de ma ferme, dans le grand fauteuil qui me vient de mon père. A côté de moi, vous peindrez ma femme avec sa quenouille; derrière nous, allant et venant, mes filles qui préparent notre souper de famille. Par la grande avenue à gauche débouchent ceux de mes fils qui reviennent des champs, après avoir ramené les bœufs à l'étable; d'autres, avec mes petits-fils, font rentrer les charrettes remplies de foin. Pendant que je contemple ce spectacle, n'oubliez pas, je vous prie, les bouffées de ma pipe qui sont nuancées par le soleil couchant. Je veux aussi *qu'on entende* les sons de l'Angelus qui sonne au clocher voisin. C'est là que nous nous sommes tous mariés, les pères et les fils. Il est important que vous peigniez *l'air de satisfaction* dont je jouis à cet instant de la journée, en contemplant à la fois *ma famille et ma richesse augmentée du labeur d'une journée!* »

Vive ce paysan! Sans s'en douter, il comprenait la peinture. L'amour de sa profession avait élevé son *imagination*. Quel est celui de nos artistes à la mode qui serait digne d'exécuter ce portrait, et dont l'imagination peut se dire au niveau de celle-là?

II

LE PUBLIC MODERNE ET LA PHOTOGRAPHIE

Mon cher M***, si j'avais le temps de vous égayer, j'y réussirais facilement en feuilletant le catalogue et en faisant un extrait de tous les titres ridicules et de tous les sujets cocasses qui ont l'ambition d'attirer les yeux. C'est là l'esprit français. Chercher à étonner par des moyens d'étonnement étrangers à l'art en question est la grande ressource des gens qui ne sont pas *naturellement* peintres. Quelquefois même, mais toujours en France, ce vice entre dans des hommes qui ne sont pas dénués de talent et qui le déshonorent ainsi par un mélange adultère. Je pourrais faire défiler sous vos yeux le titre comique à la manière des vaudevillistes, le titre sentimental auquel il ne manque que le point d'exclamation, le titre-calembour, le titre profond et philosophique, le titre trompeur, ou titre à piége, dans le genre de *Brutus, lâche César!* « O race incrédule et dépravée! dit Notre-Seigneur, jusques à quand serai-je avec vous? jusques à quand souffrirai-je? » Cette race, en effet, artistes et public, a si peu foi dans la peinture, qu'elle cherche sans cesse à la déguiser et à l'envelopper comme une médecine désagréable dans des capsules de sucre; et quel sucre, grand Dieu! Je vous signalerai deux titres de tableaux que d'ailleurs je n'ai pas vus : *Amour et Gibelotte!* Comme la curiosité se trouve tout de suite en *appétit,* n'est-ce pas? Je cherche à combiner intimement ces deux idées, l'idée de l'amour et l'idée d'un lapin dépouillé et arrangé en ragoût. Je ne puis vraiment pas supposer que l'imagination du peintre soit allée jusqu'à adapter un carquois, des ailes et un bandeau sur le cadavre d'un animal domestique; l'allégorie serait vraiment trop obscure. Je crois plutôt que le titre a été composé suivant la recette de *Misanthropie et Repentir.* Le vrai titre serait donc : *Personnes amoureuses mangeant une gibelotte.* Maintenant, sont-ils jeunes ou vieux, un ouvrier et une grisette, ou bien un invalide et une vagabonde sous une tonnelle poudreuse? Il faudrait avoir vu le tableau. — *Monarchique, catholique et soldat!* Celui-ci est dans le genre noble, le genre *paladin, Itinéraire de Paris à Jérusalem* (Chateaubriand, pardon! les choses les plus nobles peuvent devenir des moyens de caricature, et les paroles politiques d'un chef d'empire des pétards de rapin). Ce tableau ne peut représenter qu'un personnage qui fait trois choses *à la fois*, se bat, communie et assiste au petit lever de Louis XIV. Peut-être est-ce un guerrier tatoué de fleurs de lis et d'images de dévotion. Mais à quoi bon s'égarer? Disons simplement que c'est un moyen, perfide et stérile, d'étonnement. Ce qu'il y a de plus déplorable, c'est que le tableau, si singulier que cela puisse paraître, est peut-être bon. *Amour et Gibelotte* aussi. N'ai-je pas remarqué un excellent petit groupe de sculpture dont malheureusement je n'avais pas noté le numéro, et quand j'ai voulu connaître le sujet, j'ai, à quatre reprises et infructueusement, relu le catalogue. Enfin vous m'avez charitablement instruit que cela s'appelait *Toujours et Jamais*. Je me suis senti sincèrement affligé de voir qu'un homme d'un vrai talent cultivât inutilement le rébus.

Je vous demande pardon de m'être diverti quelques instants à la manière des petits journaux. Mais, quelque frivole que vous paraisse la matière, vous y trouverez cependant, en l'examinant bien, un symptôme déplorable. Pour me résumer d'une manière paradoxale, je vous demanderai, à vous et à ceux de mes amis qui sont plus instruits que moi dans l'histoire de l'art, si le goût du bête, le goût du spirituel (qui est la même chose) ont existé de tout temps, si *Appartement à louer* et autres conceptions alambiquées ont paru dans tous les âges pour soulever le même enthousiasme, si la Venise de Véronèse et de Bassan a été affligée par ces logogriphes, si les yeux de Jules Romain, de Michel-

Ange, de Bandinelli, ont été effarés par de semblables monstruosités; je demande, en un mot, si M. Biard est éternel et omniprésent, comme Dieu. Je ne le crois pas, et je considère ces horreurs comme une grâce spéciale attribuée à la race française. Que ses artistes lui en inoculent le goût, cela est vrai; qu'elle exige d'eux qu'ils satisfassent à ce besoin, cela est non moins vrai; car si l'artiste abêtit le public, celui-ci le lui rend bien. Ils sont deux termes corrélatifs qui agissent l'un sur l'autre avec une égale puissance. Aussi admirons avec quelle rapidité nous nous enfonçons dans la voie du progrès (j'entends par progrès la domination progressive de la matière), et quelle diffusion merveilleuse se fait tous les jours de l'habileté commune, de celle qui peut s'acquérir par la patience.

Chez nous le peintre naturel, comme le poëte naturel, est presque un monstre. Le goût exclusif du Vrai (si noble quand il est limité à ses véritables applications) opprime ici et étouffe le goût du Beau. Où il faudrait ne voir que le Beau (je suppose une belle peinture, et l'on peut aisément deviner celle que je me figure), notre public ne cherche que le Vrai. Il n'est pas artiste, naturellement artiste; philosophe peut-être, moraliste, ingénieur, amateur d'anecdotes instructives, tout ce qu'on voudra, mais jamais spontanément artiste. Il sent ou plutôt il juge successivement, analytiquement. D'autres peuples, plus favorisés, sentent tout de suite, tout à la fois, synthétiquement.

Je parlais tout à l'heure des artistes qui cherchent à étonner le public. Le désir d'étonner et d'être étonné est très-légitime. *It is a happiness to wonder,* « c'est un bonheur d'être étonné »; mais aussi, *it is a happiness to dream,* « c'est un bonheur de rêver. » Toute la question, si vous exigez que je vous confère le titre d'artiste ou d'amateur des beaux-arts, est donc de savoir par quels procédés vous voulez créer ou sentir l'étonnement. Parce que le Beau est *toujours* étonnant, il serait absurde de supposer que ce qui est étonnant est *toujours* beau. Or notre public, qui est singulièrement impuissant à sentir le bonheur de la rêverie ou de l'admiration (signe des petites âmes), veut être étonné par des moyens étrangers à l'art, et ses artistes obéissants se conforment à son goût; ils veulent le frapper, le surprendre, le stupéfier par des stratagèmes indignes, parce qu'ils le savent incapable de s'extasier devant la tactique naturelle de l'art véritable.

Dans ces jours déplorables, une industrie nouvelle se produisit, qui ne contribua pas peu à confirmer la sottise dans sa foi et à ruiner ce qui pouvait rester de divin dans l'esprit français. Cette foule idolâtre postulait un idéal digne d'elle et approprié à sa nature, cela est bien entendu. En matière de peinture et de statuaire, le *Credo* actuel des gens du monde, surtout en France (et je ne crois pas que qui que ce soit ose affirmer le contraire), est celui-ci : « Je crois à la nature et je ne crois qu'à la nature (il y a de bonnes raisons pour cela). Je crois que l'art est et ne peut être que la reproduction exacte de la nature (une secte timide et dissidente veut que les objets de nature répugnante soient écartés, ainsi un pot de chambre ou un squelette). Ainsi l'industrie qui nous donnerait un résultat identique à la nature serait l'art absolu. » Un Dieu vengeur a exaucé les vœux de cette multitude. Daguerre fut son messie. Et alors elle se dit : « Puisque la photographie nous donne toutes les garanties désirables d'exactitude (ils croient cela, les insensés!), l'art, c'est la photographie. » A partir de ce moment, la société immonde se rua, comme un seul Narcisse, pour contempler sa triviale image sur le métal. Une folie, un fanatisme extraordinaire s'empara de tous ces nouveaux adorateurs du soleil. D'étranges abominations se produisirent. En associant et en groupant des drôles et des drôlesses, attifés comme les bouchers et les blanchisseuses dans le carnaval, en priant ces *héros* de vouloir bien continuer, pour le temps nécessaire à l'opération, leur grimace de circonstance, on se flatta de rendre les scènes, tragiques ou gracieuses, de l'histoire ancienne. Quelque écrivain démocrate a dû voir là le moyen, à bon marché, de répandre dans le peuple le dégoût de l'histoire et de la peinture, commettant ainsi un double sacrilége et insultant à la fois la divine peinture et l'art sublime du comédien. Peu de temps après, des milliers d'yeux avides se penchaient sur les trous du stéréoscope comme sur les lucarnes de l'infini. L'amour de l'obscénité, qui est aussi vivace dans le cœur naturel de l'homme que l'amour de soi-même, ne laissa pas échapper une si belle occasion de se satisfaire. Et qu'on ne dise pas que les enfants qui reviennent de l'école prenaient seuls plaisir à ces sottises; elles furent l'engouement du monde. J'ai entendu une belle dame, une dame du beau monde, non pas du mien, répondre à ceux qui lui cachaient discrètement de pareilles images, se chargeant ainsi d'avoir de la pudeur pour elle : « Donnez toujours; il n'y a rien de trop fort pour moi. » Je jure que j'ai entendu cela; mais qui me croira? « Vous voyez bien que ce sont de grandes dames! » dit Alexandre Dumas. « Il y en a de plus grandes encore! » dit Cazotte.

Comme l'industrie photographique était le refuge de tous les peintres manqués, trop mal doués ou trop paresseux pour achever leurs études, cet universel engouement portait non-seulement le caractère de l'aveuglement et de l'imbécillité, mais avait aussi la couleur d'une vengeance. Qu'une si stupide conspiration, dans laquelle on trouve, comme dans toutes les autres, les méchants et les dupes, puisse réussir d'une manière absolue, je ne le crois pas, ou du moins je ne veux pas le croire; mais je suis convaincu que les progrès mal appliqués de la photographie ont beaucoup contribué, comme d'ailleurs tous les progrès purement matériels, à l'appauvrissement du génie artistique français, déjà si rare. La Fatuité moderne aura beau rugir, éructer tous les borborygmes de sa ronde personnalité, vomir tous les sophismes indigestes dont une philosophie récente l'a bourrée à gueule-que-veux-tu, cela tombe sous le sens que l'industrie, faisant irruption dans l'art, en devient la plus mortelle ennemie, et que la confusion des fonctions empêche qu'aucune soit bien remplie. La poésie et le progrès sont deux ambitieux qui se haïssent d'une haine instinctive, et, quand ils se rencontrent dans le même chemin, il faut que l'un des deux serve l'autre. S'il est permis à la photographie de suppléer l'art dans quelques-unes de ses fonctions, elle l'aura bientôt supplanté ou corrompu tout à fait, grâce à l'alliance naturelle qu'elle trouvera dans la sottise de la multitude. Il faut donc qu'elle rentre dans son véritable devoir, qui est d'être la servante des sciences et des arts, mais la très-humble servante, comme l'imprimerie et la sténographie, qui n'ont ni créé ni suppléé la littérature. Qu'elle enrichisse rapidement l'album du voyageur et rende à ses yeux la précision qui manquerait à sa mémoire, qu'elle orne la bibliothèque du naturaliste, exagère les animaux microscopiques, fortifie même de quelques renseignements les hypothèses de l'astronome; qu'elle soit enfin le secrétaire et le garde-note de quiconque a besoin dans sa profession d'une absolue exactitude matérielle, jusque-là rien de mieux. Qu'elle sauve de l'oubli les ruines pendantes, les livres, les estampes et les manuscrits que le temps dévore, les choses précieuses dont la forme va disparaître et qui demandent une place dans les archives de notre mémoire, elle sera remerciée et applaudie. Mais s'il lui est permis d'empiéter sur le domaine de l'impalpable et de l'imaginaire, sur tout ce qui ne vaut que parce que l'homme y ajoute de son âme, alors malheur à nous!

Je sais bien que plusieurs me diront : « La maladie que vous venez d'expliquer est celle des imbéciles. Quel homme, digne du nom d'artiste, et quel amateur véritable a jamais confondu l'art avec l'industrie? » Je le sais, et cependant je leur demanderai à mon tour s'ils croient à la contagion du bien et du mal, à l'action des foules sur les individus et à l'obéissance involontaire, forcée, de l'individu à la foule. Que l'artiste agisse sur le public, et que le public réagisse sur l'artiste, c'est une loi incontestable et irrésistible; d'ailleurs les faits, terribles témoins, sont faciles à étudier; on peut constater le désastre. De jour en jour l'art diminue le respect de lui-même, se prosterne devant la réalité extérieure, et le peintre devient de plus en plus enclin à peindre, non pas ce qu'il rêve, mais ce qu'il voit. Cependant *c'est un bonheur de rêver,* et c'était une gloire d'exprimer ce qu'on rêvait; mais, que dis-je! connaît-il encore ce bonheur?

L'observateur de bonne foi affirmera-t-il que l'invasion de la photographie et la grande folie industrielle sont tout à fait étrangères à ce résultat déplorable? Est-il permis de supposer qu'un peuple dont les yeux s'accoutument à considérer les résultats d'une science matérielle comme les produits du beau n'a pas singulièrement, au bout d'un certain temps, diminué la faculté de juger et de sentir, ce qu'il y a de plus éthéré et de plus immatériel ?

III

LA REINE DES FACULTÉS

Dans ces derniers temps nous avons entendu dire de mille manières différentes : « Copiez la nature ; ne copiez que la nature. Il n'y a pas de plus grande jouissance ni de plus beau triomphe qu'une copie excellente de la nature. » Et cette doctrine, ennemie de l'art, prétendait être appliquée non-seulement à la peinture, mais à tous les arts, même au roman, même à la poésie. A ces doctrinaires si satisfaits de la nature un homme imaginatif aurait certainement eu le droit de répondre : « Je trouve inutile et fastidieux de représenter ce qui est, parce que rien de ce qui est ne me satisfait. La nature est laide, et je préfère les monstres de ma fantaisie à la trivialité positive. » Cependant il eût été plus philosophique de demander aux doctrinaires en question, d'abord s'ils sont bien certains de l'existence de la nature extérieure, ou, si cette question eût paru trop bien faite pour réjouir leur causticité, s'ils sont bien sûrs de connaître *toute la nature*, tout ce qui est contenu dans la nature. Un oui eût été la plus fanfaronne et la plus extravagante des réponses. Autant que j'ai pu comprendre ces singulières et avilissantes divagations, la doctrine voulait dire, je lui fais l'honneur de croire qu'elle voulait dire : L'artiste, le vrai artiste, le vrai poëte, ne doit peindre que selon qu'il voit et qu'il sent. Il doit être *réellement* fidèle à sa propre nature. Il doit éviter comme la mort d'emprunter les yeux et les sentiments d'un autre homme, si grand qu'il soit; car alors les productions qu'il nous donnerait seraient, relativement à lui, des mensonges, et non des *réalités*. Or, si les pédants dont je parle (il y a de la pédanterie même dans la bassesse), et qui ont des représentants partout, cette théorie flattant également l'impuissance et la paresse, ne voulaient pas que la chose fût entendue ainsi, croyons simplement qu'ils voulaient dire : « Nous n'avons pas d'imagination, et nous décrétons que personne n'en aura. »

Mystérieuse faculté que cette reine des facultés! Elle touche à toutes les autres; elle les excite, elle les envoie au combat. Elle leur ressemble quelquefois au point de se confondre avec elles, et cependant elle est toujours bien elle-même, et les hommes qu'elle n'agite pas sont facilement reconnaissables à je ne sais quelle malédiction qui dessèche leurs productions comme le figuier de l'Évangile.

Elle est l'analyse, elle est la synthèse; et cependant des hommes habiles dans l'analyse et suffisamment aptes à faire un résumé peuvent être privés d'imagination. Elle est cela, et elle n'est pas tout à fait cela.

Elle est la sensibilité, et pourtant il y a des personnes très-sensibles, trop sensibles peut-être, qui en sont privées. C'est l'imagination qui a enseigné à l'homme le sens moral de la couleur, du contour, du son et du parfum. Elle a créé, au commencement du monde, l'analogie et la métaphore. Elle décompose toute la création, et, avec les matériaux amassés et disposés suivant des règles dont on ne peut trouver l'origine que dans le plus profond de l'âme, elle crée un monde nouveau, elle produit la sensation du neuf. Comme elle a créé le monde (on peut bien dire cela, je crois, même dans un sens religieux), il est juste qu'elle le gouverne. Que dit-on d'un guerrier sans imagination? Qu'il peut faire un excellent soldat, mais que, s'il commande des armées, il ne fera pas de conquêtes. Le cas peut se comparer à celui d'un poëte ou d'un romancier qui enlèverait à l'imagination le commandement des facultés pour le donner, par exemple, à la connaissance de la langue ou à l'observation des faits. Que dit-on d'un diplomate sans imagination? Qu'il peut très-bien connaître l'histoire des traités et des alliances dans le passé, mais qu'il ne devinera pas les traités et les alliances contenus dans l'avenir. D'un savant sans imagination? Qu'il a appris tout ce qui, ayant été enseigné, pouvait être appris, mais qu'il ne trouvera pas les lois non encore devinées. L'imagination est la reine du vrai, et le *possible* est une des provinces du vrai. Elle est positivement apparentée avec l'infini.

Sans elle, toutes les facultés, si solides ou si aiguisées

qu'elles soient, sont comme si elles n'étaient pas, tandis que la faiblesse de quelques facultés secondaires, excitées par une imagination vigoureuse, est un malheur secondaire. Aucune ne peut se passer d'elle, et elle peut suppléer quelques-unes. Souvent ce que celles-ci cherchent et ne trouvent qu'après les essais successifs de plusieurs méthodes non adaptées à la nature des choses, fièrement et simplement elle le devine. Enfin elle joue un rôle puissant même dans la morale; car, permettez-moi d'aller jusque-là, qu'est-ce que la vertu sans imagination? Autant dire la vertu sans la pitié, la vertu sans le ciel; quelque chose de dur, de cruel, de stérilisant, qui, dans certains pays, est devenu la bigoterie, et dans certains autres le protestantisme.

Malgré tous les magnifiques priviléges que j'attribue à l'imagination, je ne ferai pas à vos lecteurs l'injure de leur expliquer que mieux elle est secourue et plus elle est puissante, et que ce qu'il y a de plus fort dans les batailles avec l'idéal, c'est une belle imagination disposant d'un immense magasin d'observations. Cependant, pour revenir à ce que je disais tout à l'heure relativement à cette permission de suppléer que doit l'imagination à son origine divine, je veux vous citer un exemple, un tout petit exemple, dont vous ne ferez pas mépris, je l'espère. Croyez-vous que l'auteur d'*Antony,* du *Comte Hermann,* de *Monte-Cristo,* soit un savant? Non, n'est-ce pas? Croyez-vous qu'il soit versé dans la pratique des arts, qu'il en ait fait une étude patiente? Pas davantage. Cela serait même, je crois, antipathique à sa nature. Eh bien, il est un exemple qui prouve que l'imagination, quoique non servie par la pratique et la connaissance des termes techniques, ne peut pas proférer de sottises hérétiques en une matière qui est, pour la plus grande partie, de son ressort. Récemment je me trouvais dans un wagon, et je rêvais à l'article que j'écris présentement; je rêvais surtout à ce singulier renversement des choses qui a permis, dans un siècle, il est vrai, où, pour le châtiment de l'homme, tout lui a été permis, de mépriser la plus honorable et la plus utile des facultés morales, quand je vis, traînant sur un coussin voisin, un numéro égaré de l'*Indépendance belge*. Alexandre Dumas s'était chargé d'y faire le compte rendu des ouvrages du *Salon*. La circonstance me commandait la curiosité. Vous pouvez deviner quelle fut ma joie quand je vis mes rêveries pleinement vérifiées par un exemple que me fournissait le hasard. Que cet homme, qui a l'air de représenter la vitalité universelle, louât magnifiquement une époque qui fut pleine de vie, que le créateur du drame romantique chantât, sur un ton qui ne manquait pas de grandeur, je vous assure, le temps heureux où, à côté de la nouvelle école littéraire, florissait la nouvelle école de peinture : Delacroix, les Devéria, Boulanger, Poterlet, Bonington, etc., le beau sujet d'étonnement! direz-vous. C'est bien là son affaire! *Laudator temporis acti!* Mais qu'il louât spirituellement Delacroix, qu'il expliquât nettement le genre de folie de ses adversaires, et qu'il allât plus loin même, jusqu'à montrer en quoi péchaient les plus forts parmi les peintres de la plus récente célébrité; que lui, Alexandre Dumas, si abandonné, si coulant, montrât si bien, par exemple, que Troyon n'a pas de génie et ce qui lui manque même pour simuler le génie, dites-moi, mon cher ami, trouvez-vous cela aussi simple? Tout cela, sans doute, était écrit avec ce *lâché* dramatique dont il a pris l'habitude en causant avec son innombrable auditoire; mais cependant que de grâce et de soudaineté dans l'expression du vrai! Vous avez fait déjà ma conclusion : Si Alexandre Dumas, qui n'est pas un savant, ne possédait pas heureusement une riche imagination, il n'aurait dit que des sottises; il a dit des choses sensées et les a bien dites, parce que... (il faut bien achever) parce que l'imagination, grâce à sa nature suppléante, contient l'esprit critique.

Il reste, cependant, à mes contradicteurs une ressource, c'est d'affirmer qu'Alexandre Dumas n'est pas l'auteur de son *Salon*. Mais cette insulte est si vieille et cette ressource si banale, qu'il faut l'abandonner aux amateurs de friperie, aux faiseurs de *courriers* et de *chroniques*. S'ils ne l'ont pas déjà ramassée, ils la ramasseront.

Nous allons entrer plus intimement dans l'examen des fonctions de cette faculté *cardinale* (sa richesse ne rappelle-t-elle pas des idées de pourpre?). Je vous raconterai simplement ce que j'ai appris de la bouche d'un maître homme, et, de même qu'à cette époque je vérifiais, avec la joie d'un homme qui s'instruit, ses préceptes si simples sur toutes les peintures qui tombaient sous mon regard, nous pourrons les appliquer successivement, comme une pierre de touche, sur quelques-uns de nos peintres.

IV

LE GOUVERNEMENT DE L'IMAGINATION

Hier soir, après vous avoir envoyé les dernières pages de ma lettre, où j'avais écrit, mais non sans une certaine timidité : *Comme l'imagination a créé le monde, elle le gouverne,* je feuilletais la *Face Nocturne de la Nature* et je tombai sur ces lignes, que je cite uniquement parce qu'elles sont la paraphrase justificative de la ligne qui m'inquiétait : « *By imagination, I do not simply mean to convey the common notion implied by that much abused word, which is only* fancy, *but the* constructive *imagination, which is a much higher function, and which, in as much as man is made in the likeness of God, bears a distant relation to that sublime power by which the Creator projects, creats, and upholds his universe.* » — « Par imagination, je ne veux pas seulement exprimer l'idée commune impliquée dans ce mot dont on fait si grand abus, laquelle est simplement *fantaisie,* mais bien l'imagination *créatrice,* qui est une fonction beaucoup plus élevée, et qui, en tant que l'homme est fait à la ressemblance de Dieu, garde un rapport éloigné avec cette puissance sublime par laquelle le Créateur conçoit, crée et entretient son univers. » Je ne suis pas du tout honteux, mais au contraire très-heureux de m'être rencontré avec cette excellente Mme Crowe, de qui j'ai toujours admiré et envié la faculté de croire, aussi développée en elle que chez d'autres la défiance.

Je disais que j'avais entendu, il y a longtemps déjà, un homme vraiment savant et profond dans son art exprimer sur ce sujet les idées les plus vastes et cependant les plus simples. Quand je le vis pour la première fois, je n'avais pas d'autre expérience que celle que donne un amour excessif ni d'autre raisonnement que l'instinct. Il est vrai que cet amour et cet instinct étaient passablement vifs; car, très-jeunes, mes yeux remplis d'images peintes ou gravées n'avaient jamais pu se rassasier, et je crois que les mondes pourraient finir, *impavidum ferient,* avant que je devienne iconoclaste. Évidemment il voulut être plein d'indulgence et et de complaisance; car nous causâmes tout d'abord de lieux communs, c'est-à-dire des questions les plus vastes et les plus profondes. Ainsi, de la nature, par exemple. « La nature n'est qu'un dictionnaire, » répétait-il fréquemment. Pour bien comprendre l'étendue du sens impliqué dans cette phrase, il faut se figurer les usages nombreux et ordinaires du dictionnaire. On y cherche le sens des mots, la génération des mots, l'étymologie des mots; enfin on en extrait tous les éléments qui composent une phrase et un récit; mais personne n'a jamais considéré le dictionnaire comme une composition dans le sens poétique du mot. Les peintres qui obéissent à l'imagination cherchent dans leur dictionnaire les éléments qui s'accordent à leur conception; encore, en les ajustant avec un certain art, leur donnent-ils une physionomie toute nouvelle. Ceux qui n'ont pas d'imagination copient le dictionnaire. Il en résulte un très-grand vice, le vice de la banalité, qui est plus particulièrement propre à ceux d'entre les peintres que leur spécialité rapproche davantage de la nature extérieure, par exemple les paysagistes, qui généralement considèrent comme un triomphe de ne pas montrer leur personnalité. A force de contempler, ils oublient de sentir et de penser.

Pour ce grand peintre, toutes les parties de l'art, dont l'un prend celle-ci et l'autre celle-là pour la principale, n'étaient, ne sont, veux-je dire, que les très-humbles servantes d'une faculté unique et supérieure.

Si une exécution très-nette est nécessaire, c'est pour que le langage du rêve soit très-nettement traduit; qu'elle soit très-rapide, c'est pour que rien ne se perde de l'impression extraordinaire qui accompagnait la conception; que l'attention de l'artiste se porte même sur la propreté matérielle des outils, cela se conçoit sans peine, toutes les précautions devant être prises pour rendre l'exécution agile et décisive.

Dans une pareille méthode, qui est essentiellement

logique, tous les personnages, leur disposition relative, le paysage ou l'intérieur qui leur sert de fond ou d'horizon, leurs vêtements, tout enfin doit servir à illuminer l'idée génératrice et porter encore sa couleur originelle, sa livrée, pour ainsi dire. Comme un rêve est placé dans une atmosphère qui lui est propre, de même une conception, devenue composition, a besoin de se mouvoir dans un milieu coloré qui lui soit particulier. Il y a évidemment un ton particulier attribué à une partie quelconque du tableau qui devient clef et qui gouverne les autres. Tout le monde sait que le jaune, l'orangé, le rouge, inspirent et représentent des idées de joie, de richesse, de gloire et d'amour; mais il y a des milliers d'atmosphères jaunes ou rouges, et toutes les autres couleurs seront affectées logiquement et dans une quantité proportionnelle par l'atmosphère dominante. L'art du coloriste tient évidemmont par de certains côtés aux mathématiques et à la musique. Cependant ses opérations les plus délicates se font par un sentiment auquel un long exercice a donné une sûreté inqualifiable. On voit que cette grande loi d'harmonie générale condamne bien des papillotages et bien des crudités, même chez les peintres les plus illustres. Il y a des tableaux de Rubens qui non-seulement font penser à un feu d'artifice coloré, mais même à plusieurs feux d'artifice tirés sur le même emplacement. Plus un tableau est grand, plus la touche doit être large, cela va sans dire; mais il est bon que les touches ne soient pas matériellement fondues; elles se fondent naturellement à une distance voulue par la loi sympathique qui les a associées. La couleur obtient ainsi plus d'énergie et de fraîcheur.

Un bon tableau, fidèle et égal au rêve qui l'a enfanté, doit être produit comme un monde. De même que la création, telle que nous la voyons, est le résultat de plusieurs créations dont les précédentes sont toujours complétées par la suivante; ainsi un tableau conduit harmoniquement consiste en une série de tableaux superposés, chaque nouvelle couche donnant au rêve plus de réalité et le faisant monter d'un degré vers la perfection. Tout au contraire, je me rappelle avoir vu dans les ateliers de Paul Delaroche et d'Horace Vernet de vastes tableaux, non pas ébauchés, mais commencés, c'est-à-dire absolument finis dans de certaines parties, pendant que certaines autres n'étaient encore indiquées que par un contour noir ou blanc. On pourrait comparer ce genre d'ouvrage à un travail purement manuel qui doit couvrir une certaine quantité d'espace en un temps déterminé, ou à une longue route divisée en un grand nombre d'étapes. Quant une étape est faite, elle n'est plus à faire, et quand toute la route est parcourue, l'artiste est délivré de son tableau.

Tous ces préceptes sont évidemment modifiés plus ou moins par le tempérament varié des artistes. Cependant je suis convaincu que c'est là la méthode la plus sûre pour les imaginations riches. Conséquemment, de trop grands écarts faits hors de la méthode en question témoignent d'une importance anormale et injuste donnée à quelque partie secondaire de l'art.

Je ne crains pas qu'on dise qu'il y a absurdité à supposer une même éducation appliquée à une foule d'individus différents. Car il est évident que les rhétoriques et les prosodies ne sont pas des tyrannies inventées arbitrairement, mais une collection de règles réclamées par l'organisation même de l'être spirituel. Et jamais les prosodies et les rhétoriques n'ont empêché l'originalité de se produire distinctement. Le contraire, à savoir qu'elles ont aidé l'éclosion de l'originalité, serait infiniment plus vrai.

Pour être bref, je suis obligé d'omettre une foule de corollaires résultant de la formule principale, où est, pour ainsi dire, contenu tout le formulaire de la véritable esthétique, et qui peut être exprimée ainsi : Tout l'univers visible n'est qu'un magasin d'images et de signes auxquels l'imagination donnera une place et une valeur relative ; c'est une espèce de pâture que l'imagination doit digérer et transformer. Toutes les facultés de l'âme humaine doivent être subordonnées à l'imagination, qui les met en réquisition toutes à la fois. De même que bien connaître le dictionnaire n'implique pas nécessairement la connaissance de l'art de la composition, et que l'art de la composition lui-même n'implique pas l'imagination universelle, ainsi un bon peintre peut n'être pas un grand peintre. Mais un grand peintre est forcément un bon peintre, parce que l'imagination universelle renferme l'intelligence de tous les moyens et le désir de les acquérir.

Il est évident que, d'après les notions que je viens d'élucider tant bien que mal (il y aurait encore tant de choses à dire, particulièrement sur les parties concordantes de tous les arts et les ressemblances dans leurs méthodes!), l'immense classe des artistes, c'est-à-dire des hommes qui se sont voués à l'expression de l'art, peut se diviser en deux camps bien distincts : celui-ci, qui s'appelle lui-même *réaliste,* mot à double entente et dont le sens n'est pas bien déterminé, et que nous appellerons, pour mieux caractériser son erreur, un *positiviste,* dit : « Je veux représenter les choses telles qu'elles sont, ou bien qu'elles seraient, en supposant que je n'existe pas. » L'univers sans l'homme. Et celui-là, l'imaginatif, dit : « Je veux illuminer les choses avec mon esprit et en projeter le reflet sur les autres esprits. » Bien que ces deux méthodes absolument contraires puissent agrandir ou amoindrir tous les sujets, depuis la scène religieuse jusqu'au plus modeste paysage, toutefois l'homme d'imagination a dû généralement se produire dans la peinture religieuse et dans la fantaisie, tandis que la peinture dite de genre et le paysage devaient offrir en apparence de vastes ressources aux esprits paresseux et difficilement excitables.

Outre les imaginatifs et les soi-disant réalistes, il y a encore une classe d'hommes, timides et obéissants, qui mettent tout leur orgueil à obéir à un code de fausse dignité. Pendant que ceux-ci croient représenter la nature et que ceux-là veulent peindre leur âme, d'autres se conforment à des règles de pure convention, tout à fait arbitraires, non tirées de l'âme humaine, et simplement imposées par la routine d'un atelier célèbre. Dans cette classe très-nombreuse, mais si peu intéressante, sont compris les faux amateurs de l'antique, les faux amateurs du style, et en un mot tous les hommes qui par leur impuissance ont élevé le poncif aux honneurs du style.

V

RELIGION, HISTOIRE, FANTAISIE

A chaque nouvelle exposition, les critiques remarquent que les peintures religieuses font de plus en plus défaut. Je ne sais s'ils ont raison quant au nombre; mais certainement ils ne se trompent pas quant à la qualité. Plus d'un écrivain religieux, naturellement enclin, comme les écrivains démocrates, à suspendre le beau à la croyance, n'a pas manqué d'attribuer à l'absence de foi cette difficulté d'exprimer les choses de la foi. Erreur qui pourrait être philosophiquement démontrée, si les faits ne nous prouvaient pas suffisamment le contraire, et si l'histoire de la peinture ne nous offrait pas des artistes impies et athées produisant d'excellentes œuvres religieuses.

Disons donc simplement que la religion étant la plus haute *fiction* de l'esprit humain (je parle exprès comme parlerait un athée professeur de beaux-arts, et rien n'en doit être conclu contre ma foi), elle réclame de ceux qui se vouent à l'expression de ses actes et de ses sentiments l'imagination la plus vigoureuse et les efforts les plus tendus. Ainsi le personnage de Polyeucte exige du poëte et du comédien une ascension spirituelle et un enthousiasme beaucoup plus vif que tel personnage vulgaire épris d'une vulgaire créature de la terre, ou même qu'un héros purement politique. La seule concession qu'on puisse raisonnablement faire aux partisans de la théorie qui considère la foi comme l'unique source d'inspiration religieuse, est que le poëte, le comédien et l'artiste, au moment où ils exécutent l'ouvrage en question, croient à la réalité de ce qu'ils représentent, échauffés qu'ils sont par la nécessité. Ainsi l'art est le seul domaine spirituel où l'homme puisse dire : « Je croirai si je veux, et si je ne veux pas, je ne croirai pas. » La cruelle et humiliante maxime : *Spiritus flat ubi vult,* perd ses droits en matière d'art.

J'ignore si MM. Legros et Amand Gautier possèdent la foi comme l'entend l'Église, mais très-certainement ils ont eu, en composant chacun un excellent ouvrage de piété, la foi suffisante pour l'objet en vue. Ils ont prouvé que, même au XIXe siècle, l'artiste peut produire un bon tableau de religion, pourvu que son imagination soit apte à s'élever jusque-là. Bien que les peintures plus importantes d'Eugène Delacroix nous attirent et nous réclament, j'ai trouvé bon, mon cher M***, de citer tout d'abord deux noms inconnus ou peu connus. La fleur oubliée ou ignorée ajoute à son parfum naturel le parfum paradoxal de son obscurité, et sa valeur positive est augmentée par la joie de l'avoir découverte. J'ai peut-être tort d'ignorer entièrement M. Legros, mais j'avouerai que je n'avais encore vu aucune production signée de son nom. La première fois que j'aperçus son tableau, j'étais avec notre ami commun, M. C..., dont j'attirai les yeux sur cette production si humble et si pénétrante. Il n'en pouvait pas nier les singuliers mérites; mais cet aspect *villageois*, tout ce petit monde vêtu de velours, de coton, d'indienne et de cotonnade que l'*Angelus* rassemble le soir sous la voûte de l'église de nos grandes villes, avec ses sabots et ses parapluies, tout voûté par le travail, tout ridé par l'âge, tout parcheminé par la brûlure du chagrin, troublait un peu ses yeux, amoureux, comme ceux d'un bon connaisseur, des beautés élégantes et mondaines. Il obéissait évidemment à cette humeur française qui craint surtout d'être dupe, et qu'a si cruellement raillée l'écrivain français qui en était le plus singulièrement obsédé. Cependant l'esprit du vrai critique, comme l'esprit du vrai poëte, doit être ouvert à toutes les beautés; avec la même facilité il jouit de la grandeur éblouissante de César triomphant et de la grandeur du pauvre habitant des faubourgs incliné sous le regard de son Dieu. Comme les voilà bien *revenues* et retrouvées les sensations de rafraîchissement qui habitent les voûtes de l'église catholique, et l'humilité qui jouit d'elle-même, et la confiance du pauvre dans le Dieu juste, et l'espérance du secours, si ce n'est l'oubli des infortunes présentes! Ce qui prouve que M. Legros est un esprit vigoureux, c'est que l'accoutrement vulgaire de son sujet ne nuit pas du tout à la grandeur morale du même sujet, mais qu'au contraire la trivialité est ici comme un assaisonnement dans la charité et la tendresse. Par une association mystérieuse que les esprits délicats comprendront, l'enfant grotesquement habillé qui tortille avec gaucherie sa casquette dans le temple de Dieu, m'a fait penser à l'âne de Sterne et à ses macarons. Que l'âne soit comique en mangeant un gâteau, cela ne diminue rien de la sensation d'attendrissement qu'on éprouve en voyant le misérable esclave de la ferme cueillir quelques douceurs dans la main d'un philosophe. Ainsi l'enfant du pauvre, tout embarrassé de sa contenance, goûte, en tremblant, aux confitures célestes. J'oubliais de dire que l'exécution de cette œuvre pieuse est d'une remarquable solidité; la couleur un peu triste et la minutie des détails s'harmonisent avec le caractère éternellement *précieux* de la dévotion. M. C... me fit remarquer que les fonds ne fuyaient pas assez loin et que les personnages semblaient un peu plaqués sur la décoration qui les entoure. Mais ce défaut, je l'avoue, en me rappelant l'ardente naïveté des vieux tableaux, fut pour moi comme un charme de plus. Dans une œuvre moins intime et moins pénétrante, il n'eût pas été tolérable.

M. Amand Gautier est l'auteur d'un ouvrage qui avait déjà, il y a quelques années, frappé les yeux de la critique, ouvrage remarquable à bien des égards, refusé, je crois, par le jury, mais qu'on put étudier aux vitres d'un des principaux marchands du boulevard : je veux parler d'une cour d'un *Hôpital de folles;* sujet qu'il avait traité, non pas selon la méthode philosophique et germanique, celle de Kaulbach, par exemple, qui fait penser aux catégories d'Aristote, mais avec le sentiment dramatique français, uni à une observation fidèle et intelligente. Les amis de l'auteur disent que *tout* dans l'ouvrage était minutieusement exact : têtes, gestes, physionomies, et copié d'après la nature. Je ne le crois pas, d'abord parce que j'ai surpris dans l'arrangement du tableau des symptômes du contraire, et ensuite parce que ce qui est positivement et universellement exact n'est jamais admirable. Cette année-ci, M. Amand Gautier a exposé un unique ouvrage qui porte simplement pour titre les *Sœurs de charité.* Il faut une véritable puissance pour dégager la poésie sensible contenue dans ces longs vêtements uniformes, dans ces coiffures rigides et dans ces attitudes modestes et sérieuses comme la vie des personnes de religion. Tout dans le tableau de M. Gautier concourt au développement de la pensée principale : ces longs murs blancs, ces arbres correctement alignés, cette façade simple jusqu'à la pauvreté, les attitudes droites et sans coquetterie féminine, tout ce sexe réduit à la discipline comme le soldat, et dont le visage brille tristement des pâleurs rosées de la virginité consacrée, donnent la sensation de l'éternel, de l'invariable, du devoir agréable dans sa monotonie. J'ai éprouvé, en étudiant cette toile peinte avec une touche large et simple comme le sujet, ce je ne sais quoi que jettent dans l'âme certains Lesueur et les meilleurs Philippe de Champagne, ceux qui expriment les habitudes monastiques. Si, parmi les personnes qui me lisent, quelques-unes voulaient chercher ces tableaux, je crois bon de les avertir qu'elles les trouveront au bout de la galerie, dans la partie gauche du bâtiment, au fond d'un vaste salon carré où l'on a interné une multitude de toiles innommables, soi-disant religieuses pour la plupart. L'aspect de ce salon est si froid, que les promeneurs y sont plus rares, comme dans un coin de jardin que le soleil ne visite pas. C'est dans ce capharnaüm de faux *ex-voto,* dans cette immense voie lactée de plâtreuses sottises, qu'ont été reléguées ces deux modestes toiles.

L'imagination de Delacroix ! Celle-là n'a jamais craint d'escalader les hauteurs difficiles de la religion ; le ciel lui appartient, comme l'enfer, comme la guerre, comme l'Olympe, comme la volupté. Voilà bien le type du peintre-poëte ! Il est bien un des rares élus, et l'étendue de son esprit comprend la religion dans son domaine. Son imagination, ardente comme les chapelles ardentes, brille de toutes les flammes et de toutes les pourpres. Tout ce qu'il y a de douleur dans la *passion* le passionne; tout ce qu'il y a de splendeur dans l'Église l'illumine. Il verse tour à tour sur ses toiles inspirées le sang, la lumière et les ténèbres. Je crois qu'il ajouterait volontiers, comme surcroît, son faste naturel aux majestés de l'Évangile. J'ai vu une petite *Annonciation*, de Delacroix, où l'ange visitant Marie n'était pas seul, mais conduit en cérémonie par deux autres anges, et l'effet de cette cour céleste était puissant et charmant. Un de ses tableaux de jeunesse, le *Christ aux Oliviers* (« Seigneur, détournez de moi ce calice, » à Saint-Paul, rue Saint-Antoine), ruisselle de tendresse féminine et d'onction poétique. La douleur et la pompe, qui éclatent si haut dans la religion, font toujours écho dans son esprit.

Eh bien, mon cher ami, cet homme extraordinaire qui a lutté avec Scott, Byron, Gœthe, Shakspeare, Arioste, Tasse, Dante et l'Évangile, qui a illuminé l'histoire des rayons de sa palette et versé sa fantaisie à flots dans nos yeux éblouis, cet homme, avancé dans le nombre de ses jours, mais marqué d'une opiniâtre jeunesse, qui depuis l'adolescence a consacré tout son temps à exercer sa main, sa mémoire et ses yeux pour préparer des armes plus sûres à son imagination, ce génie a trouvé récemment un professeur pour lui enseigner son art, dans un jeune *chroniqueur* dont le sacerdoce s'était jusque-là borné à rendre compte de la robe de madame une telle au dernier bal de l'Hôtel de ville. Ah ! les chevaux *roses*, ah ! les paysans *lilas*, ah ! les fumées *rouges* (quelle audace, une fumée rouge !), ont été traités d'une *verte* façon. L'œuvre de Delacroix a été mis en poudre et jeté aux quatre vents du ciel. Ce genre d'articles, parlé d'ailleurs dans tous les salons bourgeois, commence invariablement par ces mots : « Je dois dire que je n'ai pas la prétention d'être un connaisseur, les mystères de la peinture me sont lettre close, *mais cependant,* etc... (en ce cas, pourquoi en parler ?) et finit généralement par une phrase pleine d'aigreur qui équivaut à un regard d'envie jeté sur les bienheureux qui comprennent l'incompréhensible.

Qu'importe, me direz-vous, qu'importe la sottise si le génie triomphe ? Mais, mon cher, il n'est pas superflu de mesurer la force de résistance à laquelle se heurte le génie, et toute l'importance de ce jeune chroniqueur se réduit, mais c'est bien suffisant, à représenter l'esprit moyen de la bourgeoisie. Songez donc que cette comédie se joue contre Delacroix depuis 1822, et que depuis cette époque, toujours exact au rendez-vous, notre peintre nous a donné à chaque exposition plusieurs tableaux parmi lesquels il y avait au moins un chef-d'œuvre, montrant infatigablement, pour me servir de l'expression polie et indulgente de M. Thiers, « cet élan de la supériorité qui ranime les espérances un peu découragées *par le mérite trop modéré de tout le reste.* » Et il ajoutait plus loin : « Je ne sais quel souvenir des grands artistes me *saisit* à l'aspect de ce tableau (*Dante et Virgile*). Je retrouve cette puissance sauvage, ardente, mais naturelle, qui cède sans effort à son propre entraînement... Je ne crois pas m'y tromper, M. Delacroix *a reçu le génie*; qu'il avance avec assurance, qu'il se livre aux *immenses* travaux, condition *indispensable* du talent... » Je ne sais pas combien de fois dans sa vie M. Thiers a été prophète, mais il le fut ce jour-là. Delacroix s'est livré aux *immenses travaux*, et il n'a pas désarmé l'opinion. A voir cet épanchement majestueux, intarissable, de peinture, il serait facile de deviner l'homme à qui j'entendais dire un soir : « Comme tous ceux de mon âge, j'ai connu plusieurs passions ; mais ce n'est que dans le travail que je me suis senti parfaitement heureux. » Pascal dit que les toges, la pourpre et les panaches ont été très-heureusement inventés pour imposer au vulgaire, pour marquer d'une étiquette ce qui est vraiment respectable ; et cependant les distinctions officielles dont Delacroix a été l'objet n'ont pas fait taire l'ignorance. Mais à bien regarder la chose, pour les gens qui, comme moi, veulent que les affaires d'art ne se traitent qu'entre aristocrates et qui croient que c'est la rareté des élus qui fait le paradis, tout est ainsi pour le mieux. Homme privilégié ! la Providence lui garde des ennemis en réserve. Homme heureux parmi les heureux ! non-seulement son talent triomphe des obstacles, mais il en fait naître de nouveaux pour en triompher encore ! Il est aussi grand que les anciens, dans un siècle et dans un pays où les anciens n'auraient pas pu vivre. Car, lorsque j'entends porter jusqu'aux étoiles des hommes comme Raphaël et Véronèse, avec une intention visible de diminuer le mérite qui s'est produit après eux, tout en accordant mon enthousiasme à ces grandes ombres qui n'en ont pas besoin, je me demande si un mérite, qui est *au moins* l'égal du leur (admettons un instant, par pure complaisance, qu'il lui soit inférieur), n'est pas infiniment plus *méritant*, puisqu'il s'est victorieusement développé dans une atmosphère et un terroir hostiles? Les nobles artistes de la Renaissance eussent été bien coupables de n'être pas grands, féconds et sublimes, encouragés et excités qu'ils étaient par une compagnie illustre de seigneurs et de prélats, que dis-je? par la multitude elle-même qui était artiste en ces âges d'or! Mais l'artiste moderne qui s'est élevé très-haut *malgré* son siècle, qu'en dirons-nous, si ce n'est de certaines choses que ce siècle n'acceptera pas, et qu'il faut laisser dire aux âges futurs?

Pour revenir aux peintures religieuses, dites-moi si vous vîtes jamais mieux exprimée la solennité nécessaire de la *Mise au tombeau*. Croyez-vous sincèrement que Titien eût inventé cela? Il eût conçu, il a conçu la chose autrement; mais je préfère cette manière-ci. Le décor, c'est le caveau lui-même, emblème de la vie souterraine que doit mener longtemps la religion nouvelle! Au dehors, l'air et la lumière qui glisse en rampant dans la spirale. La *Mère* va s'évanouir, elle se soutient à peine! Remarquons en passant qu'Eugène Delacroix, au lieu de faire de la très-sainte Mère une femmelette d'album, lui donne toujours un geste et une ampleur tragiques qui conviennent parfaitement à cette reine des mères. Il est impossible qu'un amateur un peu poëte ne sente pas son imagination frappée, non pas d'une impression historique, mais d'une impression poétique, religieuse, universelle, en contemplant ces quelques hommes qui descendent soigneusement le cadavre de leur Dieu au fond d'une crypte, dans ce sépulcre que le monde adorera, « le seul, dit superbement René, qui n'aura rien à rendre à la fin des siècles! »

Le *Saint Sébastien* est une merveille non pas seulement comme peinture, c'est aussi un délice de tristesse. *La Montée au Calvaire* est une composition compliquée, ardente et savante. « *Elle devait*, nous dit l'artiste qui connaît son monde, *être exécutée dans de grandes proportions* à Saint-Sulpice, dans la chapelle des fonts baptismaux, dont la destination a été changée. » Bien qu'il eût pris toutes ses précautions, disant clairement au public : « Je veux vous montrer le projet, en petit, d'un très-grand travail qui m'avait été confié, » les critiques n'ont pas manqué, comme à l'ordinaire, pour lui reprocher de ne savoir peindre que des esquisses!

Le voilà couché sur des verdures sauvages, avec une mollesse et une tristesse féminines, le poëte illustre qui enseigna l'*art d'aimer*. Ses grands amis de Rome sauront-ils vaincre la rancune impériale? Retrouvera-t-il un jour les somptueuses voluptés de la prodigieuse cité? Non, de ces pays sans gloire s'épanchera vainement le long et mélancolique fleuve des *Tristes;* ici il vivra, ici il mourra. « Un jour, ayant passé l'Ister vers son embouchure et étant un peu écarté de la troupe des chasseurs, je me trouvai à la vue des flots du Pont-Euxin. Je découvris un tombeau de pierre, sur lequel croissait un laurier. J'arrachai les herbes qui couvraient quelques lettres latines, et bientôt je parvins à lire ce premier vers des élégies d'un poëte infortuné :

— « Mon livre, vous irez à Rome, et vous irez à Rome sans moi. »

« Je ne saurais vous peindre ce que j'éprouvai en retrouvant au fond de ce désert le tombeau d'Ovide. Quelles tristes réflexions ne fis-je point sur les peines de l'exil, qui étaient aussi les miennes, et sur l'inutilité des talents pour le bonheur! Rome, qui jouit aujourd'hui des tableaux du plus ingénieux de ses poëtes, Rome a vu couler vingt ans, d'un œil sec, les larmes d'Ovide. Ah! moins ingrats que les peuples d'Ausonie, les sauvages habitants des bords de l'Ister se souviennent encore de l'Orphée qui parut dans leurs forêts! Ils viennent danser autour de ses cendres; ils ont même retenu quelque chose de son langage : tant leur est douce la mémoire de ce Romain qui s'accusait d'être le barbare, parce qu'il n'était pas entendu du Sarmate! »

Ce n'est pas sans motif que j'ai cité, à propos d'Ovide, ces réflexions d'Eudore. Le ton mélancolique du poëte des *Martyrs* s'adapte à ce tableau, et la tristesse languissante du prisonnier chrétien s'y réfléchit heureusement. Il y a là l'ampleur de touche et de sentiments qui caractérisait la plume qui a écrit les *Natchez;* et je reconnais, dans la sauvage idylle d'Eugène Delacroix, une *histoire parfaitement belle* parce qu'il y a mis la *fleur du désert, la grâce de la cabane et une simplicité à conter la douleur que je ne me flatte pas d'avoir con-*

servées. Certes je n'essayerai pas de traduire avec ma plume la volupté si triste qui s'exhale de ce verdoyant *exil.* Le catalogue, parlant ici la langue si nette et si brève des notices de Delacroix, nous dit simplement, et cela vaut mieux : « Les uns l'examinent avec curiosité, les autres lui font accueil à leur manière, et lui offrent des fruits sauvages et du lait de jument. » Si triste qu'il soit, le poëte des élégances n'est pas insensible à cette grâce barbare, au charme de cette hospitalité rustique. Tout ce qu'il y a dans Ovide de délicatesse et de fertilité a passé dans la peinture de Delacroix; et, comme l'exil a donné au brillant poëte la tristesse qui lui manquait, la mélancolie a revêtu de son vernis enchanteur le plantureux paysage du peintre. Il m'est impossible de dire : Tel tableau de Delacroix est le meilleur de ses tableaux; car c'est toujours le vin du même tonneau, capiteux, exquis, *sui generis;* mais on peut dire qu'*Ovide chez les Scythes* est une de ces étonnantes œuvres comme Delacroix seul sait les concevoir et les peindre. L'artiste qui a produit cela peut se dire un homme heureux, et heureux aussi se dira celui qui pourra tous les jours en rassasier son regard. L'esprit s'y enfonce avec une lente et gourmande volupté, comme dans le ciel, dans l'horizon de la mer, dans des yeux pleins de pensée, dans une tendance féconde et grosse de rêverie. Je suis convaincu que ce tableau a un charme tout particulier pour les esprits délicats; je jurerais presque qu'il a dû plaire plus que d'autres, peut-être, aux tempéraments ner veux et poétiques, à M. Fromentin, par exemple, dont j'aurai le plaisir de vous entretenir tout à l'heure.

Je tourmente mon esprit pour en arracher quelque formule qui exprime bien la *spécialité* d'Eugène Delacroix. Excellent dessinateur, prodigieux coloriste, compositeur ardent et fécond, tout cela est évident, tout cela a été dit. Mais d'où vient qu'il produit la sensation de nouveauté? Que nous donne-t-il de plus que le passé? Aussi grand que les grands, aussi habile que les habiles, pourquoi nous plaît-il davantage? On pourrait dire que, doué d'une plus riche imagination, il exprime surtout l'intime du cerveau, l'aspect étonnant des choses, tant son ouvrage garde fidèlement la marque et l'humeur de sa conception. C'est l'infini dans le fini. C'est le rêve! et je n'entends pas par ce mot les capharnaüms de la nuit, mais la vision produite par une intense méditation, ou, dans les cerveaux moins fertiles, par un excitant artificiel. En un mot, Eugène Delacroix peint surtout l'*âme* dans ses belles heures. Ah! mon cher ami, cet homme me donne quelquefois l'envie de durer autant qu'un patriarche, ou, malgré tout ce qu'il faudrait de courage à un mort pour consentir à revivre (« Rendez-moi aux enfers! » disait l'infortuné ressuscité par la sorcière thessalienne), d'être ranimé à temps pour assister aux enchantements et aux louanges qu'il excitera dans l'âge futur. Mais à quoi bon? Et quand ce vœu puéril serait exaucé, de voir une prophétie réalisée, quel bénéfice en tirerai-je, si ce n'est la honte de reconnaître que j'étais une âme faible et possédée du besoin de voir approuver ses convictions?

VI

RELIGION, HISTOIRE, FANTAISIE (SUITE)

L'esprit français épigrammatique, combiné avec un élément de pédanterie, destiné à relever d'un peu de sérieux sa légèreté naturelle, devait engendrer une école que Théophile Gautier, dans sa bénignité, appelle poliment l'école néo-grecque, et que je nommerai, si vous le voulez bien, l'école des *pointus*. Ici l'érudition a pour but de déguiser l'absence d'imagination. La plupart du temps, il ne s'agit dès lors que de transporter la vie commune et vulgaire dans un cadre grec ou romain. Dézobry et Barthélemy seront ici d'un grand secours, et des pastiches des fresques d'Herculanum, avec leurs teintes pâles obtenues par des frottis impalpables, permettront au peintre d'esquiver toutes les difficultés d'une peinture riche et solide. Ainsi d'un côté le bric-à-brac (élément sérieux), de l'autre la transposition des vulgarités de la vie dans le régime antique (élément de surprise et de succès), suppléeront désormais à toutes les conditions requises pour la bonne peinture. Nous verrons donc des moutards antiques jouer à la balle antique et au cerceau antique, avec d'antiques poupées et d'antiques joujoux ; des bambins idylliques jouer à la madame et au monsieur (*Ma sœur n'y est pas*); des amours enfourchant des bêtes aquatiques (*Décoration pour une salle de bains*) et des *Marchandes d'amour* à foison, qui offriront leur marchandise suspendue par les ailes, comme un lapin par les oreilles, et qu'on devrait renvoyer à la place de la Morgue, qui est le lieu où se fait un abondant commerce d'oiseaux plus naturels. L'Amour, l'inévitable Amour, l'immortel Cupidon des confiseurs, joue dans cette école un rôle dominateur et universel. Il est le président de cette république galante et minaudière. C'est un poisson qui s'accommode à toutes les sauces. Ne sommes-nous pas cependant bien las de voir la couleur et le marbre prodigués en faveur de ce vieux polisson, ailé comme un insecte, ou comme un canard, que Thomas Hood nous montre accroupi, et, comme un impotent, écrasant de sa molle obésité le nuage qui lui sert de coussin? De sa main gauche il tient en manière de sabre son arc appuyé contre sa cuisse; de la droite il exécute avec sa flèche le commandement : Portez armes! sa chevelure est frisée dru comme une perruque de cocher; ses joues rebondissantes oppriment ses narines et ses yeux; sa chair, ou plutôt sa viande, capitonnée, tubuleuse et soufflée, comme les graisses suspendues aux crochets des bouchers, est sans doute distendue par les soupirs de l'idylle universelle; à son dos montagneux sont accrochées deux ailes de papillon.

« Est-ce bien là l'incube qui oppresse le sein des belles?..... Ce personnage est-il le partenaire disproportionné pour lequel soupire Pastorella, dans la plus étroite des couchettes virginales? La platonique Amanda (qui est tout âme), fait-elle donc, quand elle disserte sur l'Amour, allusion à cet être trop palpable, qui est tout corps? Et Bélinda croit-elle, en vérité, que ce Sagittaire ultra-substantiel puisse être embusqué dans son dangereux œil bleu?

« La légende raconte qu'une fille de Provence s'amouracha de la statue d'Apollon et en mourut. Mais demoiselle passionnée délira-t-elle jamais et se dessécha-t-elle devant le piédestal de cette monstrueuse figure? ou plutôt ne serait-ce pas un emblème indécent qui servirait à expliquer la timidité et la résistance proverbiale des filles à l'approche de l'Amour?

« Je crois facilement qu'il lui faut *tout un cœur* pour lui tout seul; car il doit le bourrer jusqu'à la réplétion. Je crois à sa *confiance;* car il a l'air sédentaire et peu propre à la marche. Qu'il soit prompt à *fondre,* cela tient à sa graisse, et s'il brûle avec *flamme,* il en est de même de tous les corps gras. Il a des *langueurs* comme tous les corps d'un pareil tonnage, et il est naturel qu'un si gros soufflet *soupire.*

« Je ne nie pas qu'il s'*agenouille* aux pieds des dames, puisque c'est la posture des éléphants; qu'il *jure* que cet hommage sera *éternel;* certes il serait malaisé de concevoir qu'il en fût autrement. Qu'il *meure,* je n'en fais aucun doute, avec une pareille corpulence et un cou si court! S'il est *aveugle,* c'est l'enflure de sa joue de cochon qui lui bouche la vue. Mais qu'il loge dans l'œil bleu de Bélinda, ah! je me sens hérétique, je ne le croirai jamais; car elle n'a jamais eu une étable[1] dans l'œil! »

Cela est doux à lire, n'est-ce pas? et cela nous venge un peu de ce gros poupard troué de fossettes qui représente l'idée populaire de l'Amour. Pour moi, si j'étais invité à représenter l'Amour, il me semble que je le peindrais sous la forme d'un cheval enragé qui dévore son maître, ou bien d'un démon aux yeux cernés par la débauche et l'insomnie, traînant, comme un spectre ou un galérien, des chaînes bruyantes à ses chevilles, et secouant d'une main une fiole de poison, de l'autre le poignard sanglant du crime.

L'école en question, dont le principal caractère (à mes yeux) est un perpétuel agacement, touche à la fois au proverbe, au rébus et au vieux-neuf. Comme rébus, elle est, jusqu'à présent, restée inférieure à *L'Amour fait passer le Temps* et *Le Temps fait passer l'Amour,* qui ont le mérite d'un rébus sans pudeur, exact et irréprochable. Par sa manie d'habiller à l'antique la vie triviale moderne, elle commet sans cesse ce que j'appellerais volontiers une caricature à l'inverse. Je crois lui rendre un grand service en lui indiquant, si elle veut devenir plus agaçante encore, le

1. Une étable contient *plusieurs* cochons, et, de plus, il y a calembour; on peut deviner quel est le sens du mot *sty* au figuré.

petit livre de M. Édouard Fournier comme une source inépuisable de sujets. Revêtir des costumes du passé toute l'histoire, toutes les professions et toutes les industries modernes, voilà, je pense, pour la peinture, un infaillible et infini moyen d'étonnement. L'honorable érudit y prendra lui-même quelque plaisir.

Il est impossible de méconnaître chez M. Gérome de nobles qualités, dont les premières sont la recherche du nouveau et le goût des grands sujets ; mais son originalité (si toutefois il y a originalité) est souvent d'une nature laborieuse et à peine visible. Froidement il réchauffe les sujets par de petits ingrédients et par des expédients puérils. L'idée d'un combat de coqs appelle naturellement le souvenir de Manille ou de l'Angleterre. M. Gérome essayera de surprendre notre curiosité en transportant ce jeu dans une espèce de pastorale antique. Malgré de grands et nobles efforts, le *Siècle d'Auguste*, par exemple, — qui est encore une preuve de cette tendance française de M. Gérome à chercher le succès ailleurs que dans la seule peinture, — il n'a été jusqu'à présent, et ne sera, ou du moins cela est fort à craindre, que le premier des esprits pointus. Que ces jeux romains soient exactement représentés, que la couleur locale soit scrupuleusement observée, je n'en veux point douter ; je n'élèverai pas à ce sujet le moindre soupçon (cependant, puisque voici le rétiaire, où est le mirmillon ?) ; mais baser un succès sur de pareils éléments, n'est-ce pas jouer un jeu, sinon déloyal, au moins dangereux, et susciter une résistance méfiante chez beaucoup de gens qui s'en iront hochant la tête et se demandant s'il est bien certain que les choses se passassent absolument ainsi? En supposant même qu'une pareille critique soit injuste (car on reconnaît généralement chez M. Gérome un esprit curieux du passé et avide d'instruction), elle est la punition méritée d'un artiste qui substitue l'amusement d'une page érudite aux jouissances de la pure peinture. La facture de M. Gérome, il faut bien le dire, n'a jamais été forte ni originale. Indécise, au contraire, et faiblement caractérisée, elle a toujours oscillé entre Ingres et Delaroche. J'ai d'ailleurs à faire un reproche plus vif au tableau en question. Même pour montrer l'endurcissement dans le crime et dans la débauche, même pour nous faire soupçonner les bassesses secrètes de la goinfrerie, il n'est pas nécessaire de faire alliance avec la caricature, et je crois que l'habitude du commandement, surtout quand il s'agit de commander au monde, donne, à défaut de vertus, une certaine noblesse d'attitude dont s'éloigne beaucoup trop ce soi-disant César, ce boucher, ce marchand de vins obèse, qui tout au plus pourrait, comme le suggère sa pose satisfaite et provocante, aspirer au rôle de directeur du journal des *Ventrus* et des satisfaits.

Le *Roi Candaule* est encore un piége et une distraction. Beaucoup de gens s'extasient devant le mobilier et la décoration du lit royal; voilà donc une chambre à coucher asiatique! quel triomphe! Mais est-il bien vrai que la terrible reine, si jalouse d'elle-même, qui se sentait autant souillée par le regard que par la main, ressemblât à cette plate marionnette? Il y a, d'ailleurs, un grand danger dans un tel sujet, situé à égale distance du tragique et du comique. Si l'anecdote asiatique n'est pas traitée d'une manière asiatique, funeste, sanglante, elle suscitera toujours le comique; elle appellera invariablement dans l'esprit les polissonneries de Baudouin et des Biard du XVIIIe siècle, où une porte entre-bâillée permet à deux yeux écarquillés de surveiller le jeu d'une seringue entre les appas exagérés d'une marquise.

Jules César! quelle splendeur de soleil couché le nom de cet homme jette dans l'imagination! Si jamais homme sur la terre a ressemblé à la Divinité, ce fut César. Puissant et séduisant! brave, savant et généreux! Toutes les forces, toutes les gloires et toutes les élégances! Celui dont la grandeur dépassait toujours la victoire, et qui a grandi jusque dans la mort; celui dont la poitrine, traversée par le couteau, ne donnait passage qu'au cri de l'amour paternel, et qui trouvait la blessure du fer moins cruelle que la blessure de l'ingratitude! Certainement, cette fois, l'imagination de M. Gérome a été enlevée; elle subissait une crise heureuse quand elle a conçu son César *seul,* étendu devant son trône culbuté, et ce cadavre de Romain qui fut pontife, guerrier, orateur, historien et maître du monde, remplissant une salle immense et déserte. On a critiqué cette manière de montrer le sujet; on ne saurait trop la louer. L'effet en est vraiment grand.

Ce terrible résumé suffit. Nous savons tous assez l'histoire romaine pour nous figurer tout ce qui est sous-entendu, le désordre qui a précédé et le tumulte qui a suivi. Nous devinons Rome derrière cette muraille, et nous entendons les cris de ce peuple stupide et délivré, à la fois ingrat envers la victime et envers l'assassin : « Faisons Brutus César! » Reste à expliquer, relativement à la peinture elle-même, quelque chose d'inexplicable. César ne peut pas être un maugrabin; il avait la peau très-blanche; il n'est pas puéril, d'ailleurs, de rappeler que le dictateur avait autant de soin de sa personne qu'un dandy raffiné. Pourquoi donc cette couleur terreuse dont la face et le bras sont revêtus? J'ai entendu alléguer le ton cadavéreux dont la mort frappe les visages. Depuis combien de temps, en ce cas, faut-il supposer que le vivant est devenu cadavre? Les promoteurs d'une pareille excuse doivent regretter la putréfaction. D'autres se contentent de faire remarquer que le bras et la tête sont enveloppés par l'ombre. Mais cette excuse impliquerait que M. Gérome est incapable de représenter une chair blanche dans une pénombre, et cela n'est pas croyable. J'abandonne donc forcément la recherche de ce mystère. Telle qu'elle est, et avec tous ses défauts, cette toile est la meilleure et incontestablement la plus frappante qu'il nous ait montrée depuis longtemps.

Les victoires françaises engendrent sans cesse un grand nombre de peintures militaires. J'ignore ce que vous pensez, mon cher M***, de la peinture militaire considérée comme métier et spécialité. Pour moi, je ne crois pas que le patriotisme commande le goût du faux ou de l'insignifiant. Ce genre de peinture, si l'on y veut bien réfléchir, exige la fausseté ou la nullité. Une bataille *vraie* n'est pas un tableau; car, pour être intelligible et conséquemment intéressante comme *bataille,* elle ne peut être représentée que par des lignes blanches, bleues ou noires, simulant les bataillons en ligne. Le terrain devient, dans une composition de ce genre comme dans la réalité, plus important que les hommes. Mais, dans de pareilles conditions, il n'y a plus de tableau, ou du moins il n'y a qu'un tableau de tactique et de topographie. M. Horace Vernet crut une fois, plusieurs fois même, résoudre la difficulté par une série d'épisodes accumulés et juxtaposés. Dès lors, le tableau, privé d'unité, ressemble à ces mauvais drames où une surcharge d'incidents parasites empêche d'apercevoir l'idée mère, la conception génératrice. Donc, en dehors du tableau fait pour les tacticiens et les topographes, que nous devons exclure de l'art pur, un tableau militaire n'est intelligible et intéressant qu'à la condition d'être *un simple épisode de la vie militaire.* Ainsi l'a très-bien compris M. Pils, par exemple, dont nous avons souvent admiré les spirituelles et solides compositions; ainsi, autrefois, Charlet et Raffet. Mais même dans le simple épisode, dans la simple représentation d'une mêlée d'hommes sur un petit espace déterminé, que de faussetés, que d'exagérations et quelle monotonie l'œil du spectateur a souvent à souffrir! J'avoue que ce qui m'afflige le plus en ces sortes de spectacles, ce n'est pas cette abondance de blessures, cette prodigalité hideuse de membres écharpés, mais bien l'immobilité dans la violence et l'épouvantable et froide grimace d'une fureur stationnaire. Que de justes critiques ne pourrait-on pas faire encore! D'abord ces longues bandes de troupes monochromes, telles que les habillent les gouvernements modernes, supportent difficilement le pittoresque, et les artistes, à leurs heures belliqueuses, cherchent plutôt dans le passé, comme l'a fait M. Penguilly dans le *Combat des Trente*, un prétexte plausible pour développer une belle variété d'armes et de costumes. Il y a ensuite dans le cœur de l'homme un certain amour de la victoire exagéré jusqu'au mensonge, qui donne souvent à ces toiles un faux air de plaidoiries. Cela n'est pas peu propre à refroidir, dans un esprit raisonnable, un enthousiasme d'ailleurs tout prêt à éclore. Alexandre Dumas, pour avoir à ce sujet rappelé récemment la fable : *Ah ! si les lions savaient peindre !* s'est attiré une verte remontrance d'un de ses confrères. Il est juste de dire que le moment n'était pas très-bien choisi, et qu'il aurait dû ajouter que tous les peuples étalent naïvement le même défaut sur leurs théâtres et dans leurs musées. Voyez, mon cher, jusqu'à quelle folie une passion exclusive et étrangère aux arts peut entraîner un écrivain patriote : je feuilletais un jour un recueil célèbre représentant les victoires françaises accompagnées d'un texte. Une de ces estampes figurait la conclusion d'un traité de paix. Les personnages français, bottés, éperonnés, hautains, insultaient presque du regard des diplomates humbles et embarrassés; et le texte louait l'artiste d'avoir su exprimer chez les uns la vigueur morale par l'énergie des muscles, et chez les autres la lâcheté et la faiblesse par une rondeur de formes toute féminine! Mais laissons de côté ces puérilités, dont l'analyse trop longue est un hors-d'œuvre, et n'en tirons que cette morale, à savoir, qu'on peut manquer de pudeur même dans l'expression des sentiments les plus nobles et les plus magnifiques.

Il y a un tableau militaire que nous devons louer, et avec tout notre zèle; mais ce n'est point une bataille; au contraire, c'est presque une pastorale. Vous avez déjà deviné que je veux parler du tableau de M. Tabar. Le livret dit simplement : *Guerre de Crimée, Fourrageurs.* Que de verdure, et quelle belle verdure, doucement ondulée suivant le mouvement des collines! L'âme respire ici un parfum compliqué; c'est la fraîcheur végétale, c'est la beauté tranquille d'une nature qui fait rêver plutôt que penser, et en même temps c'est la contemplation de cette vie ardente, aventureuse, où chaque journée appelle un labeur différent. C'est une idylle traversée par la guerre. Les gerbes sont empilées; la moisson nécessaire est faite et l'ouvrage est sans doute fini, car le clairon jette au milieu des airs un rappel retentissant. Les soldats reviennent par bandes, montant et descendant les ondulations du terrain avec une désinvolture nonchalante et régulière. Il est difficile de tirer un meilleur parti d'un sujet aussi simple; tout y est poétique, la nature et l'homme; tout y est vrai et pittoresque, jusqu'à la ficelle ou à la bretelle unique qui soutient çà et là le pantalon rouge. L'uniforme égaye ici, avec l'ardeur du coquelicot ou du pavot, un vaste océan de verdure. Le sujet, d'ailleurs, est d'une nature suggestive; et, bien que la scène se passe en Crimée, avant d'avoir ouvert le catalogue, ma pensée, devant cette armée de moissonneurs, se porta d'abord vers nos troupes d'Afrique, que l'imagination se figure toujours si prêtes à tout, si industrieuses, si véritablement *romaines.*

Ne vous étonnez pas de voir un désordre apparent succéder pendant quelques pages à la méthodique allure de mon compte rendu. J'ai dans le triple titre de ce chapitre adopté le mot *fantaisie* non sans quelque raison. *Peinture de genre* implique un certain prosaïsme, et *peinture romanesque,* qui remplissait un peu mieux mon idée, exclut l'idée du fantastique. C'est dans ce genre surtout qu'il faut choisir avec sévérité; car la fantaisie est d'autant plus dangereuse qu'elle est plus facile et plus ouverte; dangereuse comme la poésie en prose, comme le roman, elle ressemble à l'amour qu'inspire une prostituée et qui tombe bien vite dans la puérilité ou dans la bassesse; dangereuse comme toute liberté absolue. Mais la fantaisie est vaste comme l'univers multiplié par tous les êtres pensants qui l'habitent. Elle est la première chose venue interprétée par le premier venu; et, si celui-là n'a pas l'âme qui jette une lumière magique et surnaturelle sur l'obscurité naturelle des choses, elle est une inutilité horrible, elle est la première venue souillée par le premier venu. Ici donc, plus d'analogie, sinon de hasard; mais au contraire trouble et contraste, un champ bariolé par l'absence d'une culture régulière.

En passant, nous pouvons jeter un regard d'admiration et presque de regret sur les charmantes productions de quelques hommes qui, dans l'époque de noble renaissance dont j'ai parlé au début de ce travail, représentaient le joli, le précieux, le délicieux, Eugène Lami qui, à travers ses paradoxaux petits personnages, nous fait voir un monde et un goût disparus, et Wattier, ce savant qui a tant aimé Watteau. Cette époque était si belle et si féconde, que les artistes en ce temps-là n'oubliaient aucun besoin de l'esprit. Pendant qu'Eugène Delacroix et Devéria créaient le grand et le pittoresque, d'autres, spirituels et nobles dans la petitesse, peintres du boudoir et de la beauté légère, augmentaient incessamment l'album actuel de l'élégance idéale. Cette renaissance était grande en tout, dans l'héroïque et dans la vignette. Dans de plus fortes proportions aujourd'hui, M. Chaplin, excellent peintre d'ailleurs, continue quelquefois, mais avec un peu de lourdeur, ce culte du joli; cela sent moins le monde et un peu plus l'atelier. M. Nanteuil est un des plus nobles, des plus assidus producteurs qui honorent la seconde phase de cette époque. Il a mis un doigt d'eau dans son vin ; mais il peint et il compose toujours avec énergie et imagination. Il y a une fatalité dans les enfants de cette école victorieuse. Le romantisme est une grâce, céleste ou infernale, à qui nous devons des stigmates éternels. Je ne puis jamais contempler la collection des ténébreuses et blanches vignettes dont Nanteuil illustrait les ouvrages des auteurs, ses amis, sans sentir comme un petit vent frais qui fait se hérisser le souvenir. Et M. Baron, n'est-ce pas là aussi un homme curieusement doué, et, sans exagérer son mérite outre mesure, n'est-il pas délicieux de voir tant de facultés employées dans de capricieux et modestes ouvrages? Il compose admirablement, groupe avec esprit, colore avec ardeur, et jette une flamme amusante dans tous ses drames; drames, car il a la composition dramatique et quelque chose qui ressemble au génie de l'opéra. Si j'oubliais de le remercier, je serais bien ingrat; je lui dois une sensation délicieuse. Quand, au sortir d'un taudis, sale et mal éclairé, un homme se trouve tout d'un coup transporté dans un appartement propre, orné de meubles ingénieux et revêtu de couleurs caressantes, il sent son esprit s'illuminer et ses fibres s'apprêter aux choses du bonheur. Tel le plaisir physique que m'a causé l'*Hôtellerie de Saint-Luc*. Je venais de considérer avec tristesse tout un chaos, plâtreux et terreux, d'horreur et de vulgarité, et, quand je m'approchai de cette riche et lumineuse peinture, je sentis mes entrailles crier : Enfin, nous voici dans la belle société! Comme elles sont fraîches, ces eaux qui amènent par troupes ces convives distingués sous ce portique ruisselant de lierre et de roses! Comme elles sont splendides, toutes ces femmes avec leurs compagnons, ces maîtres peintres qui se connaissent en beauté, s'engouffrant dans ce repaire de la joie pour célébrer leur patron! Cette composition, si riche, si gaie, et en même temps si noble et si élégante d'attitude, est un des meilleurs rêves de bonheur parmi ceux que la peinture a jusqu'à présent essayé d'exprimer.

Par ses dimensions, l'*Ève* de M. Clésinger fait une antithèse naturelle avec toutes les charmantes et mignonnes créatures dont nous venons de parler. Avant l'ouverture du *Salon,* j'avais entendu beaucoup jaser de cette *Ève* prodigieuse, et, quand j'ai pu la voir, j'étais si prévenu contre elle, que j'ai trouvé tout d'abord qu'on en avait beaucoup trop ri. Réaction toute naturelle, mais qui était, de plus, favorisée par mon amour incorrigible du *grand.* Car il faut, mon cher, que je vous fasse un aveu qui vous fera peut-être sourire : dans la nature et dans l'art, je préfère, en supposant l'égalité de mérite, les choses *grandes* à toutes les autres, les grands animaux, les grands paysages, les grands navires, les grands hommes, les grandes femmes, les grandes églises, et, transformant, comme tant d'autres, mes goûts en principes, je crois que la dimension n'est pas une considération sans importance aux yeux de la Muse. D'ailleurs, pour revenir à l'*Ève* de M. Clésinger, cette figure possède d'autres mérites : un mouvement heureux, l'élégance tourmentée du goût florentin, un modelé soigné, surtout dans les parties inférieures du corps, les genoux, les cuisses et le ventre, tel enfin qu'on devait l'attendre d'un sculpteur, un fort bon ouvrage qui méritait mieux que ce qui en a été dit.

Vous rappelez-vous les débuts de M. Hébert, des débuts heureux et presque tapageurs? Son second tableau attira surtout les yeux; c'était, si je ne me trompe, le portrait d'une femme onduleuse et plus qu'opaline, presque douée de transparence, et se tordant, maniérée, mais exquise, dans une atmosphère d'enchantement. Certainement le succès était mérité, et M. Hébert s'annonçait de manière à être toujours le bienvenu, comme un homme plein de distinction. Malheureusement ce qui fit sa juste notoriété fera peut-être un jour sa décadence. Cette *distinction* se limite trop volontiers aux charmes de la morbidesse et aux langueurs monotones de l'album et du keepsake. Il est incontestable qu'il peint fort bien, mais non pas avec assez d'autorité et d'énergie pour cacher une faiblesse de conception. Je cherche à creuser sous tout ce que je vois d'aimable en lui, et j'y trouve je ne sais quelle ambition mondaine, le parti pris de plaire par des moyens acceptés d'avance par le public, et enfin un certain défaut, horriblement difficile à définir, que j'appellerai, faute de mieux, le défaut de tous les *littératisants*. Je désire qu'un artiste soit lettré, mais je souffre quand je le vois cherchant à capter l'imagination par des ressources situées aux extrêmes limites, sinon même au delà de son art.

M. Baudry, bien que sa peinture ne soit pas toujours suffisamment solide, est plus naturellement artiste. Dans ses ouvrages on devine les bonnes et amoureuses études italiennes, et cette figure de petite fille, qui s'appelle, je crois, *Guillemette,* a eu l'honneur de faire penser plus d'un critique aux spirituels et vivants portraits de Velasquez. Mais enfin il est à craindre que M. Baudry ne reste qu'un homme distingué. Sa *Madeleine pénitente* est bien un peu frivole et lestement peinte, et, somme toute, à ses toiles de cette année je préfère son ambitieux, son compliqué et courageux tableau de la *Vestale.*

M. Diaz est un exemple curieux d'une fortune facile obtenue par une faculté unique. Les temps ne sont pas encore loin de nous où il était un engouement. La gaieté de sa couleur, plutôt scintillante que riche, rappelait les heureux bariolages des étoffes orientales. Les yeux s'y amusaient si sincèrement, qu'ils oubliaient volontiers d'y chercher le contour et le modelé. Après avoir usé en vrai prodigue de cette faculté unique dont la nature l'avait prodigalement doué, M. Diaz a senti s'éveiller en lui une ambition plus difficile. Ces premières velléités s'exprimèrent par des tableaux d'une dimension plus grande que ceux où nous avions généralement pris tant de plaisir. Ambition qui fut sa perte. Tout le monde a remarqué l'époque où son esprit fut travaillé de jalousie à l'endroit de Corrége et de Prud'hon. Mais on eût dit que son œil, accoutumé à noter le scintillement d'un petit monde, ne voyait plus de couleurs vives dans un grand espace. Son coloris petillant tournait au plâtre et à la craie; ou peut-être, ambitieux désormais de modeler avec soin, oubliait-il volontairement les qualités qui jusque-là avaient fait sa gloire. Il est difficile de déterminer les causes qui ont si rapidement diminué la vive personnalité de M. Diaz; mais il est permis de supposer que ces louables désirs lui sont venus trop tard. Il y a de certaines réformes impossibles à un certain âge, et rien n'est plus dangereux, dans la pratique des arts, que de renvoyer toujours au lendemain les études indispensables. Pendant de longues années on se fie à un instinct généralement heureux, et quand on veut enfin corriger une éducation de hasard et acquérir les principes négligés jusqu'alors, il n'est plus temps. Le cerveau a pris des habitudes incorrigibles, et la main, réfractaire et troublée, ne sait pas plus exprimer ce qu'elle exprimait si bien autrefois que les nouveautés dont maintenant on la charge. Il est vraiment bien désagréable de dire de pareilles choses à propos d'un homme d'une aussi notoire valeur que M. Diaz. Mais je ne suis qu'un écho; tout haut ou tout bas, avec malice ou avec tristesse, chacun a déjà prononcé ce que j'écris aujourd'hui.

Tel n'est pas M. Bida : on dirait, au contraire, qu'il a stoïquement répudié la couleur et toutes ses pompes pour donner plus de valeur et de lumière aux caractères que son crayon se charge d'exprimer. Et il les exprime avec une intensité et une profondeur remarquables. Quelquefois une teinte légère et transparente appliquée dans une partie lumineuse, rehausse agréablement le dessin sans en rompre la sévère unité. Ce qui marque surtout les ouvrages de M. Bida, c'est l'intime expression des figures. Il est impossible de les attribuer indifféremment à telle ou telle race, ou de supposer que ces personnages sont d'une religion qui n'est pas la leur. A défaut des explications du livret (*Prédication maronite dans le Liban*, *Corps de garde d'Arnautes au Caire*), tout esprit exercé devinerait aisément les différences.

M. Chifflart est un grand prix de Rome, et, miracle! il a une originalité. Le séjour dans la ville éternelle n'a pas éteint les forces de son esprit; ce qui, après tout, ne prouve qu'une chose, c'est que ceux-là seuls y meurent, qui sont trop faibles pour y vivre, et que l'école n'humilie que ceux qui sont voués à l'humilité. Tout le monde, avec raison, reproche aux deux dessins de M. Chifflart (*Faust au combat, Faust au sabbat*) trop de noirceur et de ténèbres, surtout pour des dessins aussi compliqués. Mais le style en est vraiment beau et grandiose. Quel rêve chaotique! Méphisto et son ami Faust, invincibles et invulnérables, traversent au galop, l'épée haute, tout l'orage de la guerre. Ici la Marguerite, longue, sinistre, inoubliable, est suspendue et se détache comme un remords sur le disque de la lune, immense et pâle. Je sais le plus grand gré à M. Chifflart d'avoir traité ces poétiques sujets héroïquement et dramatiquement, et d'avoir rejeté bien loin toutes les fadaises de la mélancolie apprise. Le bon Ary Scheffer, qui refaisait sans cesse un Christ semblable à son Faust et un Faust semblable à son Christ, tous deux semblables à un pianiste prêt à épancher sur les touches d'ivoire ses tristesses incomprises, aurait eu besoin de voir ces deux vigoureux dessins pour comprendre qu'il n'est permis de traduire les poëtes que quand on sent en soi une énergie égale à la leur. Je ne crois pas que le solide crayon qui a dessiné ce sabbat et cette tuerie s'abandonne jamais à la niaise mélancolie des demoiselles.

Parmi les jeunes célébrités, l'une des plus solidement établie est celle de M. Fromentin. Il n'est précisément ni un paysagiste ni un peintre de genre. Ces deux terrains sont trop restreints pour contenir sa large et souple fantaisie. Si je disais de lui qu'il est un conteur de voyages, je ne dirais pas assez; car il y a beaucoup de voyageurs sans poésie et sans âme, et son âme est une des plus poétiques et des plus précieuses que je connaisse. Sa peinture proprement dite, sage, puissante, bien gouvernée, procède évidemment d'Eugène Delacroix. Chez lui aussi on retrouve cette savante et naturelle intelligence de la couleur, si rare parmi nous. Mais la lumière et la chaleur, qui jettent dans quelques cerveaux une espèce de folie tropicale, les agitent d'une fureur inapaisable et les poussent à des danses inconnues, ne versent dans son âme qu'une contemplation douce et reposée. C'est l'extase plutôt que le fanatisme. Il est présumable que je suis moi-même atteint quelque peu d'une nostalgie qui m'entraîne vers le soleil; car de ces toiles lumineuses s'élève pour moi une vapeur enivrante, qui se condense bientôt en désirs et en regrets. Je me surprends à envier le sort de ces hommes étendus sous ces ombres bleues, et dont les yeux, qui ne sont ni éveillés ni endormis, n'expriment, si toutefois ils expriment quelque chose, que l'amour du repos et le sentiment du bonheur qu'inspire une immense lumière. L'esprit de M. Fromentin tient un peu de la femme, juste autant qu'il faut pour ajouter une grâce à la force. Mais une faculté qui n'est certes pas féminine, et qu'il possède à un degré éminent, est de saisir les parcelles du beau égarées sur la terre, de suivre le beau à la piste partout où il a pu se glisser à travers les trivialités de la nature déchue. Aussi il n'est pas difficile de comprendre de quel amour il aime les noblesses de la vie patriarcale, et avec quel intérêt il contemple ces hommes en qui subsiste encore quelque chose de l'antique héroïsme. Ce n'est pas seulement des étoffes éclatantes et des armes curieusement ouvragées que ses yeux sont épris, mais surtout de cette gravité et de ce dandysme patricien qui caractérisent les chefs des tribus puissantes. Tels nous apparurent, il y a quatorze ans à peu près, ces sauvages du Nord-Amérique, conduits par le peintre Catlin, qui, même dans leur état de déchéance, nous faisaient rêver à l'art de Phidias et aux grandeurs homériques. Mais à quoi bon m'étendre sur ce sujet? Pourquoi expliquer ce que M. Fromentin a si bien expliqué lui-même dans ses deux charmants livres : *Un Été dans le Saharah* et le *Sahel?* Tout le monde sait que M. Fromentin raconte ses voyages d'une manière double, et qu'il les écrit aussi bien qu'il les peint, avec un style qui n'est pas celui d'un autre. Les peintres anciens aimaient aussi à avoir le pied dans deux domaines et à se servir de deux outils pour exprimer leur pensée. M. Fromentin a réussi comme écrivain et comme artiste, et ses œuvres écrites ou peintes sont si charmantes, que s'il était permis d'abattre et de couper l'une des tiges pour donner à l'autre plus de solidité, plus de *robur,* il serait vraiment bien difficile de choisir. Car pour gagner peut-être, il faudrait se résigner à perdre beaucoup.

On se souvient d'avoir vu, à l'Exposition de 1855, d'excellents petits tableaux, d'une couleur riche et intense, mais d'un fini précieux, où dans les costumes et les figures se reflétait un curieux amour du passé; ces charmantes toiles étaient signées du nom de Liès. Non loin d'eux, des tableaux exquis, non moins précieusement travaillés, marqués des mêmes qualités et de la même passion rétrospective, portaient le nom de Leys. Presque le même peintre, presque le même nom. Cette lettre déplacée ressemble à un de ces jeux intelligents du hasard, qui a quelquefois l'esprit pointu comme un homme. L'un est élève de l'autre; on dit qu'une vive amitié les unit. Mais MM. Leys et Liès sont-ils donc élevés à la dignité de Dioscures? Faut-il, pour jouir de l'un, que nous soyons privés de l'autre? M. Liès s'est présenté, cette année, sans son Pollux; M. Leys nous refera-t-il visite sans Castor? Cette comparaison est d'autant plus légitime, que M. Leys a été, je crois, le maître de son ami, et que c'est aussi Pollux qui voulut céder à son frère la moitié de son immortalité. Les *Maux de la guerre!* quel titre! Le prisonnier vaincu, lanciné par le brutal vainqueur qui le suit, les paquets de butin en désordre, les filles insultées, tout un monde ensanglanté, malheureux et abattu, le reître puissant, roux et velu, la gouge qui, je crois, n'est pas là, mais qui pouvait y être, cette *fille peinte* du moyen âge, qui suivait les soldats avec l'autorisation du prince et de l'Église, comme la courtisane du Canada accompagnait les guerriers au manteau de castor, les charrettes qui cahotent durement les faibles, les petits et les infirmes, tout cela devait nécessairement produire un tableau saisissant, vraiment poétique. L'esprit se porte tout d'abord vers Callot; mais je crois n'avoir rien vu, dans la longue série de ses œuvres, qui soit plus dramatiquement composé. J'ai cependant deux reproches à faire à M. Liès : la lumière est trop généralement répandue, ou plutôt éparpillée; la couleur, monotonement claire, papillote. En second lieu, la première impression que l'œil reçoit fatalement en tombant sur ce tableau est l'impression désagréable, inquiétante d'un treillage. M. Liès a cerclé de noir, non-seulement le contour général de ses figures, mais encore toutes les parties de leur accoutrement, si bien que chacun des personnages apparaît comme un morceau de vitrail monté sur une armature de plomb. Notez que cette apparence contrariante est encore renforcée par la clarté générale des tons.

M. Penguilly est aussi un amoureux du passé. Esprit ingénieux, curieux, laborieux. Ajoutez, si vous voulez, toutes les épithètes les plus honorables et les plus gracieuses qui peuvent s'appliquer à la poésie de second ordre, à ce qui n'est pas absolument le grand, nu et simple. Il a la minutie, la patience ardente et la propreté d'un bibliomane. Ses ouvrages sont travaillés comme les armes et les meubles des temps anciens. Sa peinture a le poli du métal et le tranchant du rasoir. Pour son imagination, je ne dirai pas qu'elle est positivement grande, mais elle est singulièrement active, impressionnable et curieuse. J'ai été ravi par cette *Petite Danse macabre,* qui ressemble à une bande d'ivrognes attardés, qui va moitié se traînant et moitié dansant et qu'entraîne son capitaine décharné. Examinez, je vous prie, toutes les petites grisailles qui servent de cadre et de commentaire à la composition principale. Il n'y en a pas une qui ne soit un excellent petit tableau. Les artistes modernes négligent beaucoup trop ces magnifiques allégories du moyen âge, où l'immortel grotesque s'enlaçait en folâtrant, comme il fait encore, à l'immortel horrible. Peut-être nos nerfs trop délicats ne peuvent-ils plus supporter un symbole trop clairement redoutable. Peut-être aussi, mais c'est bien douteux, est-ce la charité qui nous conseille d'éviter tout ce qui peut affliger nos semblables. Dans les derniers jours de l'an passé, un éditeur de la rue Royale mit en vente un paroissien d'un style très-recherché, et les annonces publiées par les journaux nous instruisirent que toutes les vignettes qui encadraient le texte avaient été copiées sur d'anciens ouvrages de la même époque, de manière à donner à l'ensemble une précieuse unité de style, mais qu'une exception unique avait été faite relativement aux figures macabres, qu'on avait soigneusement évité de reproduire, disait la note rédigée sans doute par l'éditeur, *comme n'étant plus du goût de ce siècle,* si éclairé, aurait-il dû ajouter, pour se conformer tout à fait au goût dudit siècle.

> Le mauvais goût du siècle en cela me fait peur.

Il y a un brave journal où chacun sait tout et parle de tout, où chaque rédacteur, universel et encyclopédique comme les citoyens de la vieille Rome, peut enseigner tour à tour politique, religion, économie, beaux-arts, philosophie, littérature. Dans ce vaste monument de la niaiserie, penché vers l'avenir comme la tour de Pise, et où s'élabore le bonhenr du genre humain, il y a un très-honnête homme qui ne veut pas qu'on admire M. Penguilly. Mais la raison, mon cher M***, la raison? — Parce qu'il y a dans son œuvre une *monotonie fatigante.* — Ce mot n'a sans doute pas trait à l'imagination de M. Penguilly, qui est excessivement pittoresque et variée. Ce penseur a voulu dire qu'il n'aimait pas un peintre qui traitait tous les sujets avec le même style. Parbleu! c'est le *sien!* Vous voulez donc qu'il en change?

Je ne veux pas quitter cet aimable artiste, dont tous les tableaux, cette année, sont également intéressants, sans vous faire remarquer plus particulièrement les *Petites Mouettes :* l'azur intense du ciel et de l'eau, deux quartiers de roche qui font une porte ouverte sur l'infini (vous savez que l'infini paraît plus profond quand il est plus resserré), une nuée, une multitude, une avalanche, une *plaie* d'oiseaux blancs, et la solitude! Considérez cela, mon cher ami, et dites-moi ensuite si vous croyez que M. Penguilly soit dénué d'esprit poétique.

Avant de terminer ce chapitre j'attirerai aussi vos yeux sur le tableau de M. Leighton, le seul artiste anglais, je présume, qui ait été exact au rendez-vous : *Le comte Pâris se rend à la maison des Capulets pour chercher sa fiancée Juliette, et la trouve inanimée.* Peinture riche et minutieuse, avec des tons violents et un fini précieux, ouvrage plein d'opiniâtreté, mais dramatique, emphatique même; car nos amis d'outre-Manche ne représentent pas les sujets tirés du théâtre comme des scènes *vraies,* mais comme des scènes *jouées* avec l'exagération nécessaire, et ce défaut, si c'en est un, prête à ces ouvrages je ne sais quelle beauté étrange et paradoxale.

Enfin, si vous avez le temps de retourner au *Salon*, n'oubliez pas d'examiner les peintures sur émail de M. Marc Baud. Cet artiste, dans un genre ingrat et mal apprécié, déploie des qualités surprenantes, celles d'un vrai peintre. Pour tout dire, en un mot, il peint grassement là où tant d'autres étalent platement des couleurs pauvres; il sait *faire grand* dans le petit.

VII

LE PORTRAIT

Je ne crois pas que les oiseaux du ciel se chargent jamais de pourvoir aux frais de ma table, ni qu'un lion me fasse l'honneur de me servir de fossoyeur et de croque-mort; cependant, dans la Thébaïde que mon cerveau s'est faite, semblable aux solitaires agenouillés qui ergotaient contre cette incorrigible tête de mort encore farcie de toutes les mauvaises raisons de la chair périssable et mortelle, je dispute parfois avec des monstres grotesques, des hantises du plein jour, des spectres de la rue, du salon, de l'omnibus. En face de moi, je vois l'Ame de la Bourgeoisie, et croyez bien que si je ne craignais pas de maculer à jamais la tenture de ma cellule, je lui jetterais volontiers, et avec une vigueur qu'elle ne soupçonne pas, mon écritoire à la face. Voilà ce qu'elle me dit aujourd'hui, cette vilaine Ame, qui n'est pas une hallucination : « En vérité, les poëtes sont de singuliers fous de prétendre que l'imagination soit nécessaire dans toutes les fonctions de l'art. Qu'est-il besoin d'imagination, par exemple, pour faire un portrait? Pour peindre mon âme, mon âme si visible, si claire, si notoire? Je pose, et en réalité c'est moi, le modèle, qui consens à faire le gros de la besogne. Je suis le véritable fournisseur de l'artiste. Je suis, à moi tout seul, toute la matière. » Mais je lui réponds : « *Caput mortuum,* tais-toi! Brute hyperboréenne des anciens jours, éternel Esquimau porte-lunettes, ou plutôt porte-écailles, que toutes les visions de Damas, tous les tonnerres et les éclairs ne sauraient éclairer! plus la matière est, en apparence, positive et solide, et plus la besogne de l'imagination est subtile et laborieuse. Un portrait! Quoi de plus simple et de plus compliqué, de plus évident et de plus profond? Si la Bruyère eût été privé d'imagination, aurait-il pu composer ses *Caractères,* dont cependant la matière, si évidente, s'offrait si complaisamment à lui? Et si restreint qu'on suppose un sujet historique quelconque, quel historien peut se flatter de le peindre et de l'*illuminer* sans imagination? »

Le portrait, ce genre en apparence si modeste, nécessite une immense intelligence. Il faut sans doute que l'obéissance de l'artiste y soit grande, mais sa divination doit être égale. Quand je vois un bon portrait, je devine tous les efforts de l'artiste, qui a dû voir

18.

d'abord ce qui se faisait voir, mais aussi deviner ce qui se cachait. Je le comparais tout à l'heure à l'historien, je pourrais aussi le comparer au comédien, qui par devoir adopte tous les caractères et tous les costumes. Rien, si l'on veut bien examiner la chose, n'est indifférent dans un portrait. Le geste, la grimace, le vêtement, le décor même, tout doit servir à représenter un *caractère*. De grands peintres, et d'excellents peintres, David, quand il n'était qu'un artiste du XVIIIe siècle et après qu'il fut devenu un chef d'école, Holbein, dans tous ses portraits, ont visé à exprimer avec sobriété mais avec intensité le caractère qu'ils se chargeaient de peindre. D'autres ont cherché à faire davantage ou à faire autrement. Reynolds et Gérard ont ajouté l'élément romanesque, toujours en accord avec le naturel du personnage; ainsi un ciel orageux et tourmenté, des fonds légers et aériens, un mobilier poétique, une attitude alanguie, une démarche aventureuse, etc... C'est là un procédé dangereux, mais non pas condamnable, qui malheureusement réclame du génie. Enfin, quel que soit le moyen le plus visiblement employé par l'artiste, que cet artiste soit Holbein, David, Vélasquez ou Lawrence, un bon portrait m'apparaît toujours comme une biographie dramatisée, ou plutôt comme le drame naturel inhérent à tout homme. D'autres ont voulu restreindre les moyens. Était-ce par impuissance de les employer tous? était-ce dans l'espérance d'obtenir une plus grande intensité d'expression? Je ne sais; ou plutôt je serais incliné à croire qu'en ceci, comme en bien d'autres choses humaines, les deux raisons sont également acceptables. Ici, mon cher ami, je suis obligé, je le crains fort, de toucher à une de vos admirations. Je veux parler de l'école d'Ingres en général, et en particulier de sa méthode appliquée au portrait. Tous les élèves n'ont pas strictement et humblement suivi les préceptes du maître. Tandis que M. Amaury-Duval outrait courageusement l'ascétisme de l'école, M. Lehmann essayait quelquefois de faire pardonner la genèse de ses tableaux par quelques mixtures adultères. En somme on peut dire que l'enseignement a été despotique, et qu'il a laissé dans la peinture française une trace douloureuse. Un homme plein d'entêtement, doué de quelques facultés précieuses, mais décidé à nier l'utilité de celles qu'il ne possède pas, s'est attribué cette gloire extraordinaire, exceptionnelle, d'éteindre le soleil. Quant à quelques tisons fumeux, encore égarés dans l'espace, les disciples de l'homme se sont chargés de piétiner dessus. Exprimée par ces simplificateurs, la nature a paru plus intelligible; cela est incontestable; mais combien elle est devenue moins belle et moins excitante, cela est évident. Je suis obligé de confesser que j'ai vu quelques portraits peints par MM. Flandrin et Amaury-Duval, qui, sous l'apparence fallacieuse de peinture, offraient d'admirables échantillons de modelé. J'avouerai même que le caractère visible de ces portraits, moins tout ce qui est relatif à la couleur et à la lumière, était vigoureusement et soigneusement exprimé, d'une manière pénétrante. Mais je demande s'il y a loyauté à abréger les difficultés d'un art par la suppression de quelques-unes de ses parties. Je trouve qne M. Chenavard est plus courageux et plus franc. Il a simplement répudié la couleur comme une pompe dangereuse, comme un élément passionnel et damnable, et s'est fié au simple crayon pour exprimer toute la valeur de l'idée. M. Chenavard est incapable de nier tout le bénéfice que la paresse tire du procédé qui consiste à exprimer la forme d'un objet sans la lumière diversement colorée qui s'attache à chacune de ses molécules; seulement il prétend que ce sacrifice est glorieux et utile, et que la forme et l'idée y gagnent également. Mais les élèves de M. Ingres ont très-inutilement conservé un semblant de couleur. Ils croient ou feignent de croire qu'ils font de la peinture.

Voici un autre reproche, un éloge peut-être aux yeux de quelques-uns, qui les atteint plus vivement : leurs portraits ne sont pas vraiment ressemblants. Parce que je réclame sans cesse l'application de l'imagination, l'introduction de la poésie dans toutes les fonctions de l'art, personne ne supposera que je désire, dans le portrait surtout, une altération consciencieuse du modèle. Holbein connaît Érasme; il l'a si bien connu et si bien étudié qu'il le crée de nouveau et qu'il l'évoque, visible, immortel, superlatif. M. Ingres trouve un modèle grand, pittoresque, séduisant. « Voilà sans doute, se dit-il, un curieux caractère; beauté ou grandeur, j'exprimerai cela soigneusement; je n'en omettrai rien, mais *j'y ajouterai quelque chose qui est indispensable :* le style. » Et nous savons ce qu'il entend par le style; ce n'est pas la qualité naturellement poétique du sujet qu'il en faut extraire pour la rendre plus visible. C'est une poésie étrangère, empruntée généralement au passé. J'aurais le droit de conclure que si M. Ingres ajoute quelque chose à son modèle, c'est par impuissance de le faire à la fois grand et vrai. De quel droit ajouter? N'empruntez à la tradition que l'art de peindre et non pas les moyens de sophistiquer. Cette dame parisienne, ravissant échantillon des grâces évaporées d'un salon français, il la dotera malgré elle d'une certaine lourdeur, d'une bonhomie romaine. Raphaël l'exige. Ces bras sont d'un galbe très-pur et d'un contour bien séduisant, sans aucun doute; mais, un peu graciles, il leur manque, pour arriver au style *préconçu,* une certaine dose d'embonpoint et de suc matronal. M. Ingres est victime d'une obsession qui le contraint sans cesse à déplacer, à transposer et à altérer le beau. Ainsi font tous ses élèves, dont chacun, en se mettant à l'ouvrage, se prépare toujours, selon son goût dominant, à *déformer* son modèle. Trouvez-vous que ce défaut soit léger et ce reproche immérité?

Parmi les artistes qui se contentent du pittoresque naturel de l'original se font surtout remarquer M. Bonvin, qui donne à ses portraits une vigoureuse et surprenante vitalité, et M. Heim, dont quelques esprits superficiels se sont autrefois moqués, et qui cette année encore, comme en 1855, nous a révélé, dans une procession de croquis, une merveilleuse intelligence de la grimace humaine. On n'entendra pas, je présume, le mot dans un sens désagréable. Je veux parler de la grimace naturelle et professionnelle qui appartient à chacun.

M. Chaplin et M. Besson savent faire des portraits. Le premier ne nous a rien montré en ce genre cette année ; mais les amateurs qui suivent attentivement les expositions et qui savent à quelles œuvres antécédentes de cet artiste je fais allusion, en ont comme moi éprouvé du regret. Le second, qui est un fort bon peintre, a de plus toutes les qualités littéraires et tout l'esprit nécessaire pour représenter *dignement* des comédiennes. Plus d'une fois, en considérant les portraits vivants et lumineux de M. Besson, je me suis pris à songer à toute la grâce et à toute l'application que les artistes du XVIIIe siècle mettaient dans les images qu'ils nous ont léguées de leurs *étoiles* préférées.

A différentes époques, divers portraitistes ont obtenu la vogue, les uns par leurs qualités et d'autres par leurs défauts. Le public, qui aime passionnément sa propre image, n'aime pas à demi l'artiste auquel il donne plus volontiers commission de la représenter. Parmi tous ceux qui ont su arracher cette faveur, celui qui m'a paru la mériter le mieux, parce qu'il est toujours resté un franc et véritable artiste, est M. Ricard. On a vu quelquefois dans sa peinture un manque de solidité ; on lui a reproché, avec exagération, son goût pour Van Dyck, Rembrandt et Titien, sa grâce quelquefois anglaise, quelquefois italienne. Il y a là tant soit peu d'injustice. Car l'imitation est le vertige des esprits souples et brillants, et souvent même une preuve de supériorité. A des instincts de peintre tout à fait remarquables M. Ricard unit une connaissance très-vaste de l'histoire de son art, un esprit critique plein de finesse, et il n'y a pas un seul ouvrage de lui où toutes ces qualités ne se fassent deviner. Autrefois il faisait peut-être ses modèles trop jolis; encore dois-je dire que dans les portraits dont je parle le défaut en question a pu être *exigé* par le modèle; mais la partie virile et noble de son esprit a bien vite prévalu. Il a vraiment une intelligence toujours apte à peindre l'*âme* qui pose devant lui. Ainsi le portrait de cette vieille dame, où l'âge n'est pas lâchement dissimulé, révèle tout de suite un caractère reposé, une douceur et une charité qui appellent la confiance. La simplicité de regard et d'attitude s'accorde heureusement avec cette couleur chaude et mollement dorée qui me semble faite pour traduire les douces pensées du soir. Voulez-vous reconnaître l'énergie dans la jeunesse, la grâce dans la santé, la candeur dans une physionomie frémissante de vie, considérez le portrait de Mlle L. J. Voilà certes un vrai et grand portrait. Il est certain qu'un beau modèle, s'il ne donne pas du talent, ajoute du moins un charme au talent. Mais combien peu de peintres pourraient rendre, par une exécution mieux appropriée, la solidité d'une nature opulente et pure, et le ciel si profond de cet œil avec sa large étoile de velours! Le contour du visage, les ondulations de ce large front adolescent casqué de lourds cheveux, la richesse des lèvres, le grain de cette peau éclatante, tout y est soigneusement exprimé, et surtout ce qui est le plus charmant et le plus difficile à peindre, je ne sais quoi de malicieux qui est toujours mêlé à l'innocence, et cet air noblement extatique et curieux qui, dans l'espèce humaine comme chez les animaux, donne aux jeunes physionomies une si mystérieuse gentillesse. Le nombre des portraits produits par M. Ricard est actuellement très-considérable; mais celui-ci est un bon parmi les bons, et l'activité de ce remarquable esprit, toujours en éveil et en recherche, nous en promet bien d'autres.

D'une manière sommaire, mais suffisante, je crois avoir expliqué pourquoi le portrait, le vrai portrait, ce genre si modeste en apparence, est en fait si difficile à produire. Il est donc naturel que j'aie peu d'échantillons à citer. Bien d'autres artistes, madame O'Connell par exemple, savent peindre une tête humaine; mais je serais obligé, à propos de telle qualité ou de tel défaut, de tomber dans des rabâchages, et nous sommes convenus, au commencement, que je me contenterais, autant que possible, d'expliquer, à propos de chaque genre, ce qui peut être considéré comme l'idéal.

VIII

LE PAYSAGE

Si tel assemblage d'arbres, de montagnes, d'eaux et de maisons, que nous appelons un paysage, est beau, ce n'est pas par lui-même, mais par moi, par ma grâce propre, par l'idée ou le sentiment que j'y attache. C'est dire suffisamment, je pense, que tout paysagiste qui ne sait pas traduire un sentiment par un assemblage de matière végétale ou minérale n'est pas un artiste. Je sais bien que l'imagination humaine peut, par un effort singulier, concevoir un instant la nature sans l'homme, et toute la masse suggestive éparpillée dans l'espace, sans un contemplateur pour en extraire la comparaison, la métaphore et l'allégorie. Il est certain que tout cet ordre et toute cette harmonie n'en gardent pas moins la qualité inspiratrice qui y est providentiellement déposée; mais, dans ce cas, faute d'une intelligence qu'elle pût inspirer, cette qualité serait comme si elle n'était pas. Les artistes qui veulent exprimer la nature, moins les sentiments qu'elle inspire, se soumettent à une opération bizarre qui consiste à tuer en eux l'homme pensant et sentant, et malheureusement, croyez que, pour la plupart, cette opération n'a rien de bizarre ni de douloureux. Telle est l'école qui, aujourd'hui et depuis longtemps, a prévalu. J'avouerai, avec tout le monde, que l'école moderne des paysagistes est singulièrement forte et habile; mais dans ce triomphe et cette prédominance d'un genre inférieur, dans ce culte niais de la nature, non épurée, non expliquée par l'imagination, je vois un signe évident d'abaissement général. Nous saisirons sans doute quelques différences d'habileté pratique entre tel et tel paysagiste; mais ces différences sont bien petites. Élèves de maîtres divers, ils peignent tous fort bien, et presque tous oublient qu'un site naturel n'a de valeur que le sentiment actuel que l'artiste y sait mettre. La plupart tombent dans le défaut que je signalais au commencement de cette étude : ils prennent le dictionnaire de l'art pour l'art lui-même; ils copient un mot du dictionnaire, croyant copier un poëme. Or un poëme ne se copie jamais : il veut être composé. Ainsi ils ouvrent une fenêtre, et tout l'espace compris dans le carré de la fenêtre, arbres, ciel et maison, prend pour eux la valeur d'un poëme tout fait. Quelques-uns vont plus loin encore. A leurs yeux, une étude est un tableau. M. Français nous montre un arbre, un arbre antique, énorme, il est vrai, et il nous dit : voilà un paysage. La supériorité de pratique que montrent MM. Anastasi, Leroux, Breton, Belly, Chintreuil, etc., ne sert qu'à rendre plus désolante et visible la lacune universelle. Je sais que M. Daubigny veut et sait faire davantage. Ses paysages ont une grâce et une fraîcheur qui fascinent tout d'abord. Ils transmettent tout de suite à l'âme du spectateur le sentiment originel dont ils sont pénétrés. Mais on dirait que cette qualité n'est obtenue par M. Daubigny qu'aux dépens du fini et de la perfection dans le détail. Mainte peinture de lui, spirituelle d'ailleurs et charmante, manque de solidité. Elle a la grâce, mais aussi la mollesse et l'inconsistance d'une improvisation. Avant tout, cependant, il faut rendre à M. Daubigny cette justice que ses œuvres sont généralement poétiques, et je les préfère avec leurs défauts, à beaucoup d'autres plus parfaites, mais privées de la qualité qui le distingue.

M. Millet cherche particulièrement le style; il ne s'en cache pas, il en fait montre et gloire. Mais une partie du ridicule que j'attribuais aux élèves de M. Ingres s'attache à lui. Le style lui porte malheur. Ses paysans sont des pédants qui ont d'eux-mêmes une trop haute opinion. Ils étalent une manière d'abrutissement sombre et fatal qui me donne l'envie de les haïr. Qu'ils moissonnent, qu'ils sèment, qu'ils fassent paître des vaches, qu'ils tondent des animaux, ils ont toujours l'air de dire : « Pauvres déshérités de ce monde, c'est pourtant nous qui le fécondons! Nous accomplissons une mission, nous exerçons un sacerdoce ! » Au lieu d'extraire simplement la poésie naturelle de son sujet, M. Millet veut à tout prix y ajouter quelque chose. Dans leur monotone laideur, tous ces petits parias ont une prétention philosophique, mélancolique et raphaélesque. Ce malheur, dans la peinture de M. Millet, gâte toutes les belles qualités qui attirent tout d'abord le regard vers lui.

M. Troyon est le plus bel exemple de l'habileté sans âme. Aussi quelle popularité! Chez un public sans âme, il la méritait. Tout jeune, M. Troyon a peint avec la même certitude, la même habileté, la même insensibilité. Il y a de longues années, il nous étonnait déjà par l'aplomb de sa fabrication, par la *rondeur* de son jeu, comme on dit au théâtre, par son mérite infaillible, modéré et continu. C'est une âme, je le veux bien, mais trop à la portée de toutes les âmes. L'usurpation de ces talents de second ordre ne peut pas avoir lieu sans créer des injustices. Quand un autre animal que le lion se fait la part du lion, il y a infailliblement de modestes créatures dont la modeste part se trouve beaucoup trop diminuée. Je veux dire que dans les talents de second ordre cultivant avec succès un genre inférieur, il y en a plusieurs qui valent bien M. Troyon, et qui peuvent trouver singulier de ne pas obtenir tout ce qui leur est dû, quand celui-ci prend beaucoup plus que ce qui lui appartient. Je me garderai bien de citer ces noms; la victime se sentirait peut-être aussi offensée que l'usurpateur.

Les deux hommes que l'opinion publique a toujours marqués comme les plus importants dans la spécialité du paysage sont MM. Rousseau et Corot. Avec de pareils artistes, il faut être plein de réserve et de respect. M. Rousseau a le travail compliqué, plein de ruses et de repentirs. Peu d'hommes ont plus sincèrement aimé la lumière et l'ont mieux rendue. Mais la silhouette générale des formes est souvent difficile à saisir. La vapeur lumineuse, petillante et ballottée, trouble la carcasse des êtres. M. Rousseau m'a toujours ébloui; mais il m'a quelquefois fatigué. Et puis il tombe dans le fameux défaut moderne, qui naît d'un amour aveugle de la nature, de rien que la nature; il prend une simple étude pour une composition. Un marécage miroitant, fourmillant d'herbes humides et marqueté de plaques lumineuses, un tronc d'arbre rugueux, une chaumière à la toiture fleurie, un petit bout de nature enfin, deviennent à ses yeux amoureux un tableau suffisant et parfait. Tout le charme qu'il sait mettre dans ce lambeau arraché à la planète ne suffit pas toujours pour faire oublier l'absence de construction.

Si M. Rousseau, souvent incomplet, mais sans cesse inquiet et palpitant, a l'air d'un homme qui, tourmenté de plusieurs diables, ne sait auquel entendre, M. Corot, qui est son antithèse absolue, n'a pas assez souvent le diable au corps. Si défectueuse et même injuste que soit cette expression, je la choisis comme rendant approximativement la raison qui empêche ce savant artiste d'éblouir et d'étonner. Il étonne lentement, je le veux bien, il enchante peu à peu; mais il faut savoir pénétrer dans sa science, car, chez lui, il n'y a pas de papillotage, mais partout une infaillible rigueur d'harmonie. De plus, il est un des rares, le seul peut-être, qui ait gardé un profond sentiment de la construction, qui observe la valeur proportionnelle de chaque détail dans l'ensemble, et, s'il est permis de comparer la composition d'un paysage à la structure humaine, qui sache toujours où placer les ossements et quelle dimension il leur faut donner. On sent, on devine que M. Corot dessine abréviativement et largement, ce qui est la seule méthode pour amasser avec célérité une grande quantité de matériaux précieux. Si un seul homme avait pu retenir l'école française moderne dans son amour impertinent et fastidieux du détail, certes c'était lui. Nous avons entendu reprocher à cet éminent artiste sa couleur un peu trop douce et sa lumière presque crépusculaire. On dirait que pour lui toute la lumière qui inonde le monde est partout baissée d'un ou de plusieurs tons. Son regard, fin et judicieux, comprend plutôt tout ce qui confirme l'harmonie que ce qui accuse le contraste. Mais, en supposant qu'il n'y ait pas trop d'injustice dans ce reproche, il faut remarquer que nos expositions de peinture ne sont pas propices à l'effet des bons tableaux, surtout de ceux qui sont conçus et exécutés avec sagesse et modération. Un son de voix clair, mais modeste et harmonieux, se perd dans une réunion de cris étourdissants ou ronflants, et les Véronèse les plus lumineux paraîtraient souvent gris et pâles s'ils étaient entourés de certaines peintures modernes plus criardes que des foulards de village.

Il ne faut pas oublier, parmi les mérites de M. Corot, son excellent enseignement, solide, lumineux, méthodique. Des nombreux élèves qu'il a formés, soutenus ou retenus loin des entraînements de l'époque, M. Lavieille est celui que j'ai le plus agréablement remarqué. Il y a de lui un paysage fort simple : une chaumière sur une lisière de bois, avec une route qui s'y enfonce. La blancheur de la neige fait un contraste agréable avec l'incendie du soir qui s'éteint lentement derrière les innombrables mâtures de la forêt sans feuilles. Depuis quelques années, les paysagistes ont plus fréquemment appliqué leur esprit aux beautés pittoresques de la saison triste. Mais personne, je crois, ne les sent mieux que M. Lavieille. Quelques-uns des effets qu'il a souvent rendus me semblent des extraits du bonheur de l'hiver. Dans la tristesse de ce paysage, qui porte la livrée obscurément blanche et rose des beaux jours d'hiver à leur déclin, il y a une volupté élégiaque irrésistible que connaissent tous les amateurs de promenades solitaires.

Permettez-moi, mon cher, de revenir encore à ma manie, je veux dire aux regrets que j'éprouve de voir la part de l'imagination dans le paysage de plus en plus réduite. Çà et là, de loin en loin, apparaît la trace d'une protestation, un talent libre et grand qui n'est plus dans le goût du siècle. M. Paul Huet, par exemple, *un vieux de la vieille*, celui-là! (je puis appliquer aux débris d'une grandeur militante comme le *Romantisme,* déjà si lointaine, cette expression familière et grandiose); M. Paul Huet reste fidèle aux goûts de sa jeunesse. Les huit peintures, maritimes ou rustiques, qui doivent servir à la décoration d'un salon, sont de véritables poëmes pleins de légèreté, de richesse et de fraîcheur. Il me paraît superflu de détailler les talents d'un artiste aussi élevé et qui a autant produit; mais ce qui me paraît en lui de plus louable et de plus remarquable, c'est que pendant que le goût de la minutie va gagnant tous les esprits de proche en proche, lui, constant dans son caractère et sa méthode, il donne à toutes ses compositions un caractère amoureusement poétique.

Cependant il m'est venu cette année un peu de consolation, par deux artistes de qui je ne l'aurais pas attendue. M. Jadin, qui jusqu'ici avait trop modestement, cela est évident maintenant, limité sa gloire au chenil et à l'écurie, a envoyé une splendide vue de Rome prise de l'*Arco di Parma*. Il y a là, d'abord les qualités habituelles de M. Jadin, l'énergie et la solidité, mais de plus une impression poétique parfaitement bien saisie et rendue. C'est l'impression glorieuse et mélancolique du soir descendant sur la cité sainte, un soir solennel, traversé de bandes pourprées, pompeux et ardent comme la religion romaine. M. Clésinger, à qui la sculpture ne suffit plus, ressemble à ces enfants d'un sang turbulent et d'une ardeur capricante, qui veulent escalader toutes les hauteurs pour y inscrire leur nom. Ses deux paysages, *Isola Farnese* et *Castel Fusana,* sont d'un aspect pénétrant, d'une native et sévère mélancolie. Les eaux y sont plus lourdes et plus solennelles qu'ailleurs, la solitude plus silencieuse, les arbres eux-mêmes plus monumentaux. On a souvent ri de l'emphase de M. Clésinger; mais ce n'est pas par la petitesse qu'il prêtera jamais à rire. Vice pour vice, je pense comme lui que l'excès en tout vaut mieux que la mesquinerie.

Oui, l'imagination fait le paysage. Je comprends qu'un esprit appliqué à prendre des notes ne puisse pas s'abandonner aux prodigieuses rêveries contenues dans les spectacles de la nature présente; mais pourquoi l'imagination fuit-elle l'atelier du paysagiste? Peut-être les artistes qui cultivent ce genre se défient-ils beaucoup trop de leur mémoire et adoptent-ils une méthode de copie immédiate, qui s'accommode parfaitement à la paresse de leur esprit. S'ils avaient vu comme j'ai vu récemment, chez M. Boudin qui, soit dit en passant, a exposé un fort bon et fort sage tableau (le *Pardon de sainte Anne Palud*), plusieurs centaines d'études au pastel improvisées en face de la mer et du ciel, ils comprendraient ce qu'ils n'ont pas l'air de comprendre, c'est-à-dire la différence qui sépare une étude d'un tableau. Mais M. Boudin, qui pourrait s'enorgueillir de son dévouement à son art, montre très-modestement sa curieuse collection. Il sait bien qu'il faut que tout cela devienne tableau par le moyen de l'impression poétique rappelée à volonté; et il n'a pas la prétention de donner ses notes pour des tableaux. Plus tard, sans aucun doute, il nous étalera dans des peintures achevées les prodigieuses magies de l'air et de l'eau. Ces études si rapidement et si fidèlement croquées d'après ce qu'il y a de plus inconstant, de plus insaisissable dans sa forme et dans sa couleur, d'après des vagues et des nuages, portent toujours, écrits en marge, la date, l'heure et le vent; ainsi, par exemple : *8 octobre, midi, vent de nord-ouest.* Si vous avez eu quelquefois le loisir de faire connaissance avec ces beautés météorologiques, vous pourriez vérifier par mémoire l'exactitude des observations de M. Boudin. La légende cachée avec la main, vous devineriez la saison, l'heure et le vent. Je n'exagère rien. J'ai vu. A la fin de tous ces nuages aux formes fantastiques et lumineuses, ces ténèbres chaotiques, ces immensités vertes et roses, suspendues et ajoutées les unes aux autres, ces fournaises béantes, ces firmaments de satin noir ou violet, fripé, roulé ou déchiré, ces horizons en deuil ou ruisselants de métal fondu, toutes ces profondeurs, toutes ces splendeurs, me montèrent au cerveau comme une boisson capiteuse ou comme l'éloquence de l'opium. Chose assez curieuse, il ne m'arriva pas une seule fois, devant ces magies liquides ou aériennes, de me plaindre de l'absence de l'homme. Mais je me garde bien de tirer de la plénitude de ma jouissance un conseil pour qui que ce soit, non plus que pour M. Boudin. Le conseil serait trop dangereux. Qu'il se rappelle que l'homme, comme dit Robespierre, qui avait soigneusement fait ses *humanités,* ne voit jamais l'homme sans plaisir; et, s'il veut gagner un peu de popularité, qu'il se garde bien de croire que le public soit arrivé à un égal enthousiasme pour la solitude.

Ce n'est pas seulement les peintures de marine qui font défaut, un genre pourtant si poétique! (je ne prends pas pour marines des drames militaires qui se jouent sur l'eau), mais aussi un genre que j'appellerais volontiers le paysage des grandes villes, c'est-à-dire la collection des grandeurs et des beautés qui résultent d'une puissante agglomération d'hommes et de monuments, le charme profond et compliqué d'une capitale âgée et vieillie dans les gloires et les tribulations de la vie.

Il y a quelques années, un homme puissant et singulier, un officier de marine, dit-on, avait commencé une série d'études à l'eau-forte d'après les points de vue les plus pittoresques de Paris. Par l'âpreté, la finesse et la certitude de son dessin, M. Méryon rappelait les vieux et excellents aquafortistes. J'ai rarement vu représentée avec plus de poésie la solennité naturelle d'une ville immense. Les majestés de la pierre accumulée, les clochers *montrant du doigt le ciel,* les obélisques de l'industrie vomissant contre le firmament leurs coalitions de fumée, les prodigieux échafaudages des monuments en réparation, appliquant sur le corps solide de l'architecture leur architecture à jour d'une beauté si paradoxale, le ciel tumultueux, chargé de colère et de rancune, la profondeur des perspectives augmentée par la pensée de tous les drames qui y sont contenus, aucun des éléments complexes dont se compose le douloureux et glorieux décor de la civilisation n'était oublié. Si Victor Hugo a vu ces excellentes estampes, il a dû être content; il a retrouvé, dignement représentée, sa

> Morne Isis, couverte d'un voile!
> Araignée à l'immense toile,
> Où se prennent les nations!
> Fontaine d'urnes obsédée!
> Mamelle sans cesse inondée,
> Où, pour se nourrir de l'idée,
> Viennent les générations!
> . . . .
> Ville qu'un orage enveloppe!

Mais un démon cruel a touché le cerveau de M. Méryon; un délire mystérieux a brouillé ces facultés qui semblaient aussi solides que brillantes. Sa gloire naissante et ses travaux ont été soudainement interrompus. Et depuis lors nous attendons toujours avec anxiété des nouvelles consolantes de ce singulier officier, qui était devenu en un jour un puissant artiste, et qui avait dit adieu aux solennelles aventures de l'Océan pour peindre la noire majesté de la plus inquiétante des capitales [1].

Je regrette encore, et j'obéis peut-être à mon insu aux accoutumances de ma jeunesse, le paysage romantique, et même le paysage romanesque qui existait déjà au dix-huitième siècle. Nos paysagistes sont des animaux beaucoup trop herbivores. Ils ne se nourrissent pas volontiers des ruines, et, sauf un petit nombre d'hommes tels que Fromentin, le ciel et le désert les épouvantent. Je regrette ces grands lacs qui représentent l'im-

1. Charles Méryon est mort en mars 1868.

mobilité dans le désespoir, les immenses montagnes, escaliers de la planète vers le ciel, d'où tout ce qui paraissait grand paraît petit, les châteaux forts (oui, mon cynisme ira jusque-là), les abbayes crénelées qui se mirent dans les mornes étangs, les ponts gigantesques, les constructions ninivites, habitées par le vertige, et enfin tout ce qu'il faudrait inventer, si tout cela n'existait pas!

Je dois confesser en passant que, bien qu'il ne soit pas doué d'une originalité de manière bien décidée, M. Hildebrandt, par son énorme exposition d'aquarelles, m'a causé un vif plaisir. En parcourant ces amusants albums de voyage, il me semble toujours que je *revois*, que je reconnais ce que je n'ai jamais vu. Grâce à lui, mon imagination fouettée s'est promenée à travers trente-huit paysages romantiques, depuis les remparts sonores de la Scandinavie jusqu'aux pays lumineux des ibis et des cigognes, depuis le Fiord de Séraphitus jusqu'au pic de Ténériffe. La lune et le soleil ont tour à tour illuminé ces décors, l'un versant sa tapageuse lumière, l'autre ses patients enchantements.

Vous voyez, mon cher ami, que je ne puis jamais considérer le choix du sujet comme indifférent, et que, malgré l'amour nécessaire qui doit féconder le plus humble morceau, je crois que le sujet fait pour l'artiste une partie du génie, et pour moi, barbare malgré tout, une partie du plaisir. En somme, je n'ai trouvé parmi les paysagistes que des talents sages ou petits, avec une très-grande paresse d'imagination. Je n'ai pas vu chez eux, chez tous, du moins, le charme naturel, si simplement exprimé, des savanes et des prairies de Catlin (je parie qu'ils ne savent même pas ce que c'est que Catlin), non plus que la beauté surnaturelle des paysages de Delacroix, non plus que la magnifique imagination qui coule dans les dessins de Victor Hugo, comme le mystère dans le ciel. Je parle de ses dessins à l'encre de Chine, car il est trop évident qu'en poésie notre poëte est le roi des paysagistes.

Je désire être ramené vers les dioramas dont la magie brutale et énorme sait m'imposer une utile illusion. Je préfère contempler quelques décors de théâtre, où je trouve artistement exprimés et tragiquement concentrés, mes rêves les plus chers. Ces choses, parce qu'elles sont fausses, sont infiniment plus près du vrai; tandis que la plupart de nos paysagistes sont des menteurs, justement parce qu'ils ont négligé de mentir.

IX

SCULPTURE

Au fond d'une bibliothèque antique, dans le demi-jour propice qui caresse et suggère les longues pensées, Harpocrate, debout et solennel, un doigt posé sur sa bouche, vous commande le silence, et, comme un pédagogue pythagoricien, vous dit : Chut! avec un geste plein d'autorité. Apollon et les Muses, fantômes impérieux, dont les formes divines éclatent dans la pénombre, surveillent vos pensées, assistent à vos travaux, et vous encouragent au sublime.

Au détour d'un bosquet, abritée sous de lourds ombrages, l'éternelle Mélancolie mire son visage auguste dans les eaux d'un bassin, immobiles comme elle. Et le rêveur qui passe, attristé et charmé, contemplant cette grande figure aux membres robustes, mais alanguis par une peine secrète, dit : Voilà ma sœur!

Avant de vous jeter dans le confessionnal, au fond de cette petite chapelle ébranlée par le trot des omnibus, vous êtes arrêté par un fantôme décharné et magnifique, qui soulève discrètement l'énorme couvercle de son sépulcre pour vous supplier, créature passagère, de penser à l'éternité! Et au coin de cette allée fleurie qui mène à la sépulture de ceux qui vous sont encore chers, la figure prodigieuse du Deuil, prostrée, échevelée, noyée dans le ruisseau de ses larmes, écrasant de sa lourde désolation les restes poudreux d'un homme illustre, vous enseigne que richesse, gloire, patrie même, sont de pures frivolités, devant ce je ne sais quoi que personne n'a nommé ni défini, que l'homme n'exprime que par des adverbes mystérieux, tels que : peut-être, jamais, toujours! et qui contient, quelques-uns l'espèrent, la béatitude infinie, tant désirée, ou l'angoisse sans trêve dont la raison moderne repousse l'image avec le geste convulsif de l'agonie.

L'esprit charmé par la musique des eaux jaillissantes,

plus douce que la voix des nourrices, vous tombez dans un boudoir de verdure, où Vénus et Hébé, déesses badines qui présidèrent quelquefois à votre vie, étalent sous des alcôves de feuillage les rondeurs de leurs membres charmants qui ont puisé dans la fournaise le rose éclat de la vie. Mais ce n'est guère que dans les jardins du temps passé que vous trouverez ces délicieuses surprises; car des trois matières excellentes qui s'offrent à l'imagination pour remplir le rêve sculptural, bronze, terre cuite et marbre, la dernière seule, dans notre âge, jouit fort injustement, selon nous, d'une popularité presque exclusive.

Vous traversez une grande ville vieillie dans la civilisation, une de celles qui contiennent les archives les plus importantes de la vie universelle, et vos yeux sont tirés en haut, *sursùm, ad sidera;* car sur les places publiques, aux angles des carrefours, des personnages immobiles, plus grands que ceux qui passent à leurs pieds, vous racontent dans un langage muet les pompeuses légendes de la gloire, de la guerre, de la science et du martyre. Les uns montrent le ciel, où ils ont sans cesse aspiré; les autres désignent le sol d'où ils se sont élancés. Ils agitent ou contemplent ce qui fut la passion de leur vie et qui en est devenu l'emblème : un outil, une épée, un livre, une torche, *vitaï lampada!* Fussiez-vous le plus insouciant des hommes, le plus malheureux ou le plus vil, mendiant ou banquier, le fantôme de pierre s'empare de vous pendant quelques minutes, et vous commande, au nom du passé, de penser aux choses qui ne sont pas de la terre.

Tel est le rôle divin de la sculpture.

Qui peut douter qu'une puissante imagination ne soit nécessaire pour remplir un si magnifique programme? Singulier art qui s'enfonce dans les ténèbres du temps, et qui déjà, dans les âges primitifs, produisait des œuvres dont s'étonne l'esprit civilisé! Art, où ce qui doit être compté comme qualité en peinture peut devenir vice ou défaut, où la perfection est d'autant plus nécessaire que le moyen, plus complet en apparence, mais plus barbare et plus enfantin, donne toujours, même aux plus médiocres œuvres, un semblant de fini et de perfection. Devant un objet tiré de la nature et représenté par la sculpture, c'est-à-dire rond, fuyant, autour duquel on peut tourner librement, et, comme l'objet naturel lui-même, environné d'atmosphère, le paysan, le sauvage, l'homme primitif, n'éprouvent aucune indécision; tandis qu'une peinture, par ses prétentions immenses, par sa nature paradoxale et abstractive, les inquiète et les trouble. Il nous faut remarquer ici que le bas-relief est déjà un mensonge, c'est-à-dire un pas fait vers un art plus civilisé, s'éloignant d'autant de l'idée pure de sculpture. On se souvient que Catlin faillit être mêlé à une querelle fort dangereuse entre des chefs sauvages, ceux-ci plaisantant celui-là dont il avait peint le portrait de profil, et lui reprochant de s'être laissé voler la moitié de son visage. Le singe, quelquefois surpris par une magique peinture de nature, tourne derrière l'image pour en trouver l'envers. Il résulte des conditions barbares dans lesquelles la sculpture est enfermée, qu'elle réclame, en même temps qu'une exécution très-parfaite, une spiritualité très-élevée. Autrement elle ne produira que l'objet étonnant dont peuvent s'ébahir le singe et le sauvage. Il en résulte aussi que l'œil de l'amateur lui-même, quelquefois fatigué par la monotone blancheur de toutes ces grandes poupées, exactes dans toutes leurs proportions de longueur et d'épaisseur, abdique son autorité. Le médiocre ne lui semble pas toujours méprisable, et, à moins qu'une statue ne soit outrageusement détestable, il peut la prendre pour bonne; mais une sublime pour mauvaise, jamais! Ici, plus qu'en toute autre matière, le beau s'imprime dans la mémoire d'une manière indélébile. Quelle force prodigieuse l'Égypte, la Grèce, Michel-Ange, Coustou et quelques autres ont mise dans ces fantômes immobiles! Quel regard dans ces yeux sans prunelle! De même que la poésie lyrique ennoblit tout, même la passion, la sculpture, la vraie, solennise tout, même le mouvement; elle donne à tout ce qui est humain quelque chose d'éternel et qui participe de la dureté de la matière employée. La colère devient calme, la tendresse sévère, le rêve ondoyant et brillanté de la peinture se transforme en méditation solide et obstinée. Mais si l'on veut songer combien de perfections il faut réunir pour obtenir cet austère enchantement, on ne s'étonnera pas de la fatigue et du découragement qui s'emparent souvent de notre esprit en parcourant les galeries des sculptures modernes, où le but divin est presque toujours méconnu, et le joli, le minutieux, complaisamment substitués au grand.

Nous avons le goût de facile composition, et notre dilettantisme peut s'accommoder tour à tour de toutes les grandeurs et de toutes les coquetteries. Nous savons aimer l'art mystérieux et sacerdotal de l'Égypte et de Ninive, l'art de la Grèce, charmant et raisonnable à la fois, l'art de Michel-Ange, précis comme une science, prodigieux comme le rêve, l'habileté du dix-huitième siècle, qui est la fougue dans la vérité; mais dans ces différents modes de la sculpture, il y a la puissance d'expression et la richesse de sentiment, résultat inévitable d'une imagination profonde qui chez nous maintenant fait trop souvent défaut. On ne trouvera donc pas surprenant que je sois bref dans l'examen des œuvres de cette année. Rien n'est plus doux que d'admirer, rien n'est plus désagréable que de critiquer. La grande faculté, la principale, ne brille que comme les images des patriotes romains, par son absence. C'est donc ici le cas de remercier M. Franceschi pour son *Andromède*. Cette figure, généralement remarquée, a suscité quelques critiques selon nous trop faciles. Elle a cet immense mérite d'être poétique, excitante et noble. On a dit que c'était un plagiat, et que M. Franceschi avait simplement mis debout une figure couchée de Michel-Ange. Cela n'est pas vrai. La langueur de ces formes menues quoique grandes, l'élégance paradoxale de ces membres est bien le fait d'un auteur moderne. Mais quand même il aurait emprunté son inspiration au passé, j'y verrais un motif d'éloge plutôt que de critique ; il n'est pas donné à tout le monde d'imiter ce qui est grand, et quand ces imitations sont le fait d'un jeune homme, qui a naturellement un grand espace de vie ouvert devant lui, c'est bien plutôt pour la critique une raison d'espérance que de défiance.

Quel diable d'homme que M. Clésinger ! Tout ce qu'on peut dire de plus beau sur son compte, c'est qu'à voir cette facile production d'œuvres si diverses, on devine une intelligence ou plutôt un tempérament toujours en éveil, un homme qui a l'amour de la sculpture dans le ventre. Vous admirez un morceau merveilleusement réussi ; mais tel autre morceau dépare complétement la statue. Voilà une figure d'un jet élancé et enthousiasmant ; mais voici des draperies qui, voulant paraître légères, sont tubulées et tortillées comme du macaroni. M. Clésinger attrape quelquefois le mouvement, il n'obtient jamais l'élégance complète, La beauté de style et de caractère qu'on a tant louée dans ses bustes de dames romaines n'est pas décidée ni parfaite. On dirait que souvent, dans son ardeur précipitée du travail, il oublie des muscles et néglige le mouvement si précieux du modelé. Je ne veux pas parler de ses malheureuses *Saphos*, je sais que maintes fois il a fait beaucoup mieux ; mais même dans ses statues les mieux réussies, un œil exercé est affligé par cette méthode abréviative qui donne aux membres et au visage humain ce fini et ce poli banal de la cire coulée dans un moule. Si Canova fut quelquefois charmant, ce ne fut certes pas grâce à ce défaut. Tout le monde a loué fort justement son *Taureau romain;* c'est vraiment un fort bel ouvrage; mais, si j'étais M. Clésinger, je n'aimerais pas être loué si magnifiquement pour avoir fait l'image d'une bête, si noble et superbe qu'elle fût. Un sculpteur tel que lui doit avoir d'autres ambitions et caresser d'autres images que celles des taureaux.

Il y a un *Saint Sébastien* d'un élève de Rude, M. Just Becquet, qui est une patiente et vigoureuse sculpture. Elle fait à la fois penser à la peinture de Ribeira et à l'âpre statuaire espagnole. Mais si l'enseignement de M. Rude, qui eut une si grande action sur l'école de notre temps, a profité à quelques-uns, à ceux sans doute qui savaient commenter cet enseignement par leur esprit naturel, il a précipité les autres, trop dociles, dans les plus étonnantes erreurs. Voyez, par exemple, cette *Gaule!* La première forme que la Gaule revêt dans votre esprit est celle d'une personne de grande allure, libre, puissante, de forme robuste et dégagée, la fille bien découplée des forêts, la femme sauvage et guerrière, dont la voix était écoutée dans les conseils de la patrie. Or, dans la malheureuse figure dont je parle, tout ce qui constitue la force et la beauté est absent. Poitrine, hanches, cuisses, jambes, tout ce qui doit faire relief est creux. J'ai vu sur les tables de dissection de ces cadavres ravagés par la maladie et par une misère continue de quarante ans. L'auteur a-t-il voulu représenter l'affaiblissement, l'épuisement d'une femme qui n'a pas connu d'autre nourriture que le gland des chênes, et a-t-il pris l'antique et forte Gaule pour la femelle décrépite d'un Papou? Cherchons une explication moins ambitieuse, et croyons simplement qu'ayant entendu répéter fréquemment qu'il fallait copier fidèlement le modèle, et n'étant pas doué de la clairvoyance nécessaire pour en choisir un beau, il a copié le plus laid de tous avec une parfaite dévotion. Cette statue a trouvé des éloges, sans doute pour son œil de Velléda d'album lancé à l'horizon. Cela ne m'étonne pas.

Voulez-vous contempler encore une fois, mais sous une autre forme, le contraire de la sculpture? Regardez ces deux petits mondes dramatiques inventés par M. Butté et qui représentent, je crois, la *Tour de Babel* et le *Déluge*. Mais le sujet importe peu, d'ailleurs, quand par sa nature ou par la manière dont il est traité, l'essence même de l'art se trouve détruite. Ce monde lilliputien, ces processions en miniature, ces petites foules serpentant dans des quartiers de roche, font penser à la fois aux plans en relief du musée de marine, aux pendules-tableaux à musique et aux paysages avec forteresse, pont-levis et garde montante, qui se font voir chez les pâtissiers et les marchands de joujoux. Il m'est extrêmement désagréable d'écrire de pareilles choses, surtout quand il s'agit d'œuvres où d'ailleurs on trouve de l'imagination et de l'ingéniosité, et si j'en parle, c'est parce qu'elles servent à constater, importantes en cela seulement, l'un des plus grands vices de l'esprit, qui est la désobéissance opiniâtre aux règles constitutives de l'art. Quelles sont les qualités, si belles qu'on les suppose, qui pourraient contre-balancer une si défectueuse énormité? Quel cerveau bien portant peut concevoir sans horreur une peinture en relief, une sculpture agitée par la mécanique, une ode sans rimes, un roman versifié, etc.? Quand le but naturel d'un art est méconnu, il est naturel d'appeler à son secours tous les moyens étrangers à cet art. Et à propos de M. Butté, qui a voulu représenter dans de petites proportions de vastes scènes exigeant une quantité innombrable de personnages, nous pouvons remarquer que les anciens reléguaient toujours ces tentatives dans le bas-relief, et que, parmi les modernes, de très-grands et très-habiles sculpteurs ne les ont jamais osées sans détriment et sans danger. Les deux conditions essentielles, l'unité d'impression et la totalité d'effet, se trouvent douloureusement offensées, et, si grand que soit le talent du *metteur en scène,* l'esprit inquiet se demande s'il n'a pas déjà senti une impression analogue chez Curtius. Les vastes et magnifiques groupes qui ornent les jardins de Versailles ne sont pas une réfutation complète de mon opinion; car, outre qu'ils ne sont pas toujours également réussis, et que quelques-uns, par leur caractère de débandade, surtout parmi ceux où presque toutes les figures sont verticales, ne serviraient au contraire qu'à confirmer ladite opinion, je ferai de plus remarquer que c'est là une sculpture toute spéciale où les défauts, quelquefois très-voulus, disparaissent sous un feu d'artifice liquide, sous une pluie lumineuse; enfin c'est un art complété par l'hydraulique, un art inférieur en somme. Cependant les plus parfaits parmi ces groupes ne sont tels que parce qu'ils se rapprochent davantage de la vraie sculpture et que, par leurs attitudes penchées et leurs entrelacements, les figures créent cette arabesque générale de la composition, immobile et fixe dans la peinture, mobile et variable dans la sculpture comme dans les pays de montagnes.

Nous avons déjà, mon cher M***, parlé des *esprits pointus,* et nous avons reconnu que parmi ces esprits pointus, tous plus ou moins entachés de désobéissance à l'idée de l'art pur, il y en avait cependant un ou deux intéressants. Dans la sculpture, nous retrouvons les mêmes malheurs. Certes M. Frémiet est un bon sculpteur; il est habile, audacieux, subtil, cherchant l'effet étonnant, le trouvant quelquefois; mais, c'est là son malheur, le cherchant souvent à côté de la voie naturelle. L'*Orang-outang entraînant une femme au fond des bois* (ouvrage refusé, que naturellement je n'ai pas vu), est bien l'idée d'un esprit pointu. Pourquoi pas un crocodile, un tigre, ou toute autre bête susceptible de manger une femme? Non pas! songez bien qu'il ne s'agit pas de manger, mais de violer. Or le singe seul, le singe gigantesque, à la fois plus et moins qu'un homme, a manifesté quelquefois un appétit humain pour la femme. Voilà donc le moyen d'étonnement trouvé! « *Il* l'entraîne; saura-t-*elle* résister? » telle est la question que se fera tout le public féminin. Un sentiment bizarre, compliqué, fait en partie de terreur et en partie de curiosité priapique, enlèvera le succès. Cependant, comme M. Frémiet est un excellent ouvrier, l'animal et la femme seront également bien imités et modelés. En vérité, de tels sujets ne sont pas dignes d'un talent aussi mûr, et le jury s'est bien conduit en repoussant ce vilain drame.

Si M. Frémiet me dit que je n'ai pas le droit de scruter les intentions et de parler de ce que je n'ai pas vu, je me rabattrai humblement sur son *Cheval de saltimbanque*. Pris en lui-même, le petit cheval est charmant; son épaisse crinière, son mufle carré, son air spirituel, sa croupe avalée, ses petites jambes solides et grêles à la fois, tout le désigne comme un de ces humbles animaux qui ont de la race. Ce hibou, perché sur son dos, m'inquiète (car je suppose que je n'ai pas lu le livret), et je me demande pourquoi l'oiseau de Minerve est posé sur la création de Neptune? Mais j'aperçois les marionnettes accrochées à la selle: L'idée de sagesse représentée par le hibou m'entraîne à croire que les marionnettes figurent les frivolités du monde. Reste à expliquer l'utilité du cheval, qui, dans le langage apocalyptique, peut fort bien symboliser l'intelligence, la volonté, la vie. Enfin, j'ai positivement et patiemment découvert que l'ouvrage de M. Frémiet représente l'intelligence humaine portant partout avec elle l'idée de la sagesse et le goût de la folie. Voilà bien l'immortelle antithèse philosophique, la contradiction essentiellement humaine sur laquelle pivote depuis le commencement des âges toute philosophie et toute littérature, depuis les règnes tumultueux d'Ormuz et d'Ahrimane jusqu'au révérend Maturin, depuis Manès jusqu'à Shakspeare!..... Mais un voisin que j'irrite veut bien m'avertir que je cherche midi à quatorze heures, et que cela représente simplement le cheval d'un saltimbanque..... Ce hibou solennel, ces marionnettes mystérieuses n'ajoutaient donc aucun sens nouveau à l'idée *cheval?* En tant que simple cheval, en quoi augmentent-elles son mérite? Il fallait évidemment intituler cet ouvrage : *Cheval de saltimbanque, en l'absence du saltimbanque, qui est allé tirer les cartes et boire un coup dans un cabaret supposé du voisinage!* Voilà le vrai titre!

MM. Carrier, Oliva et Prouha sont plus modestes que M. Frémiet et moi; ils se contentent d'étonner par la souplesse et l'habileté de leur art. Tous les trois, avec des facultés plus ou moins tendues, ont une visible sympathie pour la sculpture vivante du XVIIIe et du XVIIe siècle. Ils ont aimé et étudié Caffieri, Puget, Coustou, Houdon, Pigalle, Francin. Depuis longtemps les vrais amateurs ont admiré les bustes de M. Oliva, vigoureusement modelés, où la vie respire, où le regard même étincelle. Celui qui représente le *Général Bizot* est un des bustes les plus *militaires* que j'aie vus. *M. de Mercey* est un chef-d'œuvre de finesse. Tout le monde a remarqué récemment dans la cour du Louvre une charmante figure de M. Prouha qui rappelait les grâces nobles et mignardes de la Renaissance. M. Carrier peut se féliciter et se dire content de lui. Comme les maîtres qu'il affectionne, il possède l'énergie et l'esprit. Un peu trop de décolleté et de débraillé dans le costume contraste peut-être malheureusement avec le fini vigoureux et patient des visages. Je ne trouve pas que ce soit un défaut de chiffonner une chemise ou une cravate et de tourmenter agréablement les revers d'un habit, je parle seulement d'un manque d'accord relativement à l'idée d'ensemble; et encore avouerai-je volontiers que je crains d'attribuer trop d'importance à cette observation, et les bustes de M. Carrier m'ont causé un assez vif plaisir pour me faire oublier cette petite impression toute fugitive.

Vous vous rappelez, mon cher, que nous avons déjà parlé de *Jamais et toujours*; je n'ai pas encore pu trouver l'explication de ce titre logogryphique. Peut-être est-ce un coup de désespoir, ou un caprice sans motif, comme *Rouge et Noir*. Peut-être M. Hébert a-t-il cédé à ce goût de MM. Commerson et Paul de Kock, qui les pousse à voir une pensée dans le choc fortuit de toute antithèse. Quoi qu'il en soit, il a fait une charmante sculpture de chambre, dira-t-on (quoiqu'il soit douteux que le bourgeois et la bourgeoise en veuillent décorer leur boudoir), espèce de vignette en sculpture, mais qui cependant pourrait peut-être, exécutée dans de plus grandes proportions, faire une excellente décoration funèbre dans un cimetière ou dans une chapelle. La jeune fille, d'une forme riche et souple, est enlevée et balancée avec une légèreté harmonieuse; et son corps, convulsé dans une extase ou dans une agonie, reçoit avec résignation le baiser de l'immense squelette. On croit généralement, peut-être parce que l'antiquité ne le connaissait pas ou le connaissait peu, que le squelette doit être exclu du domaine de la sculpture. C'est une grande erreur. Nous le voyons apparaître au moyen âge, se comportant et s'étalant avec toute la maladresse cynique et toute la superbe de l'idée sans art. Mais, depuis lors jusqu'au XVIIIe siècle, climat historique de l'amour et des roses, nous voyons le squelette fleurir avec bonheur dans tous les sujets où il lui est permis de s'introduire. Le sculpteur comprit bien vite tout ce qu'il y a de beauté mystérieuse et abstraite dans cette maigre carcasse, à qui la chair sert d'habit, et qui est comme le plan du poëme humain. Et cette grâce, caressante, mordante, presque scientifique, se dresse à son tour, claire et purifiée des souillures de l'humus, parmi les grâces innombrables que l'Art avait déjà extraites de l'ignorante Nature. Le squelette de M. Hébert n'est pas, à proprement parler, un squelette. Je ne crois pas cependant que l'artiste ait voulu esquiver, comme on dit, la difficulté. Si ce puissant personnage porte ici le caractère vague des fantômes, des larves et des lamies, s'il est encore, en de certaines parties, revêtu d'une peau parcheminée qui se colle aux jointures comme les membranes d'un palmipède, s'il s'enveloppe et se drape à moitié d'un immense suaire soulevé çà et là par les saillies des articulations, c'est que sans doute l'auteur voulait surtout exprimer l'idée vaste et flottante du néant. Il a réussi, et son fantôme est *plein de vide.*

L'agréable occurrence de ce sujet macabre m'a fait regretter que M. Christophe n'ait pas exposé deux morceaux de sa composition, l'un d'une nature tout à fait analogue, l'autre plus gracieusement allégorique. Ce dernier représente une femme nue, d'une grande et vigoureuse tournure florentine (car M. Christophe n'est pas de ces artistes faibles, en qui l'enseignement positif et minutieux de Rude a détruit l'imagination), et qui, vue en face, présente au spectateur un visage souriant et mignard, un visage de théâtre. Une légère draperie, habilement tortillée, sert de suture entre cette jolie tête de convention et la robuste poitrine sur laquelle elle a l'air de s'appuyer. Mais, en faisant un pas de plus à gauche ou à droite, vous découvrez le secret de l'allégorie, la morale de la fable, je veux dire la véritable tête révulsée, se pâmant dans les larmes et l'agonie. Ce qui avait d'abord enchanté vos yeux, c'était un masque, c'était le masque universel, votre masque, mon masque, joli éventail dont une main habile se sert pour voiler aux yeux du monde la douleur ou le remords. Dans cet ouvrage, tout est charmant et robuste. Le caractère vigoureux du corps fait un contraste pittoresque avec l'expression mystique d'une idée toute mondaine, et la surprise n'y joue pas un rôle plus important qu'il n'est permis. Si jamais l'auteur consent à jeter cette conception dans le commerce, sous la forme d'un bronze de petite dimension, je puis, sans imprudence, lui prédire un immense succès.

Quant à l'autre idée, si charmante qu'elle soit, ma foi, je n'en répondrais pas; d'autant moins que, pour être pleinement exprimée, elle a besoin de deux matières, l'une claire et terne pour exprimer le squelette, l'autre sombre et brillante pour rendre le vêtement, ce qui augmenterait naturellement l'horreur de l'idée et son impopularité. Hélas!

Les charmes de l'horreur n'enivrent que les forts!

Figurez-vous un grand squelette féminin tout prêt à partir pour une fête. Avec sa face aplatie de négresse, son sourire sans lèvre et sans gencive, et son regard qui n'est qu'un trou plein d'ombre, l'horrible chose qui fut une belle femme a l'air de chercher vaguement dans l'espace l'heure délicieuse du rendez-vous ou l'heure solennelle du sabbat inscrite au cadran invisible des siècles. Son buste, disséqué par le temps, s'élance coquettement de son corsage, comme de son cornet un bouquet desséché, et toute cette pensée funèbre se dresse sur le piédestal d'une fastueuse crinoline. Qu'il me soit permis, pour abréger, de citer un lambeau rimé dans lequel j'ai essayé non pas d'*illus-*

trer, mais d'expliquer le plaisir subtil contenu dans cette figurine, à peu près comme un lecteur soigneux barbouille de crayon les marges de son livre :

> Fière, autant qu'un vivant, de sa noble stature,
> Avec son gros bouquet, son mouchoir et ses gants
> Elle a la nonchalance et la désinvolture
> D'une coquette maigre aux airs extravagants.
>
> Vit on jamais au bal une taille plus mince?
> Sa robe, exagérée en sa royale ampleur,
> S'écroule abondamment sur un pied sec que pince
> Un soulier pomponné joli comme une fleur.
>
> La ruche qui se joue au bord des clavicules,
> Comme un ruisseau lascif qui se frotte au rocher,
> Défend pudiquement des lazzi ridicules
> Les funèbres appas qu'elle tient à cacher.
>
> Ses yeux profonds sont faits de vide et de ténèbres,
> Et son crâne, de fleurs artistement coiffé,
> Oscille mollement sur ses frêles vertèbres.
> O charme du néant follement attifé!
>
> Aucuns t'appelleront une caricature,
> Qui ne comprennent pas, amants ivres de chair,
> L'élégance sans nom de l'humaine armature!
> Tu réponds, grand squelette, à mon goût le plus cher!
>
> Viens-tu troubler, avec ta puissante grimace,
> La fête de la vie. . . . .?

Je crois, mon cher, que nous pouvons nous arrêter ici; je citerais de nouveaux échantillons que je n'y pourrais trouver que de nouvelles preuves superflues à l'appui de l'idée principale qui a gouverné mon travail depuis le commencement, à savoir que les talents les plus ingénieux et les plus patients ne sauraient suppléer le goût du grand et la sainte fureur de l'imagination. On s'est amusé, depuis quelques années, à critiquer, plus qu'il n'est permis, un de nos amis les plus chers; eh bien! je suis de ceux qui confessent, et sans rougir, que, quelle que soit l'habileté développée annuellement par nos sculpteurs, je ne retrouve pas dans leurs œuvres (depuis la disparition de David) le plaisir immatériel que m'ont donné si souvent les rêves tumultueux, même incomplets, d'Auguste Préault.

X

ENVOI

Enfin, il m'est permis de proférer l'irrésistible *ouf!* que lâche avec tant de bonheur tout simple mortel, non privé de sa rate et condamné à une course forcée, quand il peut se jeter dans l'oasis de repos tant espérée depuis longtemps. Dès le commencement, je l'avouerai volontiers, les caractères béatifiques qui composent le mot FIN apparaissaient à mon cerveau, revêtus de leur peau noire, comme de petits baladins éthiopiens qui exécuteraient la plus aimable des danses de *caractère*. MM. les artistes, je parle des vrais artistes, de ceux-là qui pensent comme moi que tout ce qui n'est pas la perfection devrait se cacher, et que tout ce qui n'est pas sublime est inutile et coupable, de ceux-là qui savent qu'il y a une épouvantable profondeur dans la première idée venue, et que, parmi les manières innombrables de l'exprimer, il n'y en a tout au plus que deux ou trois d'excellentes (je suis moins sévère que La Bruyère); ces artistes-là, dis-je, toujours mécontents et non rassasiés, comme des âmes enfermées, ne prendront pas de travers certains badinages et certaines humeurs quinteuses dont ils souffrent aussi souvent que le critique. Eux aussi, ils savent que rien n'est plus fatigant que d'expliquer ce que tout le monde devrait savoir. Si l'ennui et le mépris peuvent être considérés comme des passions, pour eux aussi le mépris et l'ennui ont été les passions les plus difficilement rejetables, les plus fatales, les plus sous la main. Je m'impose à moi-même les dures conditions que je voudrais voir chacun s'imposer; je me dis sans cesse : *à quoi bon?* et je me demande, en supposant que j'aie exposé quelques bonnes raisons : à qui et à quoi peuvent-elles servir? Parmi les nombreuses omissions que j'ai commises, il y en a de volontaires; j'ai fait exprès de négliger une foule de talents évidents, trop reconnus pour être loués, pas assez singuliers, en bien ou en mal, pour servir de thème à la critique. Je m'étais imposé de chercher l'Imagination à travers le *Salon*, et, l'ayant rarement trouvée, je n'ai dû parler que d'un petit nombre d'hommes. Quant aux omissions ou erreurs involontaires que j'ai pu commettre, la Peinture me les pardonnera, comme à un homme qui, à défaut de connaissances étendues, a l'amour de la Peinture jusque dans les nerfs. D'ailleurs, ceux qui peuvent avoir quelque raison de se plaindre trouveront des vengeurs ou des consolateurs bien nombreux, sans compter celui de nos amis que vous chargerez de l'analyse de la prochaine exposition, et à qui vous donnerez les mêmes libertés que vous avez bien voulu m'accorder. Je souhaite de tout mon cœur qu'il rencontre plus de motifs d'étonnement ou d'éblouissement que je n'en ai consciencieusement trouvé. Les nobles et excellents artistes que j'invoquais tout à l'heure diront comme moi : en résumé, beaucoup de pratique et d'habileté, mais très-peu de génie! C'est ce que tout le monde dit. Hélas! je suis d'accord avec tout le monde. Vous voyez, mon cher M***, qu'il était bien inutile d'expliquer ce que chacun d'eux pense comme nous. Ma seule consolation est d'avoir peut-être su plaire, dans l'étalage de ces lieux communs, à deux ou trois personnes qui me devinent quand je pense à elles, et au nombre desquelles je vous prie de vouloir bien vous compter.

Votre très-dévoué collaborateur et ami.

VI

DE L'ESSENCE DU RIRE

ET GÉNÉRALEMENT

DU COMIQUE DANS LES ARTS PLASTIQUES

I

Je ne veux pas écrire un traité de la caricature; je veux simplement faire part au lecteur de quelques réflexions qui me sont venues souvent au sujet de ce genre singulier. Ces réflexions étaient devenues pour moi une espèce d'obsession; j'ai voulu me soulager. J'ai fait, du reste, tous mes efforts pour y mettre un certain ordre et en rendre ainsi la digestion plus facile. Ceci est donc purement un article de philosophe et d'artiste. Sans doute une histoire générale de la caricature dans ses rapports avec tous les faits politiques et religieux, graves ou frivoles, relatifs à l'esprit national ou à la mode, qui ont agité l'humanité, est une œuvre glorieuse et importante. Le travail est encore à faire, car les essais publiés jusqu'à présent ne sont guère que matériaux; mais j'ai pensé qu'il fallait diviser le travail. Il est clair qu'un ouvrage sur la caricature, ainsi compris, est une histoire de faits, une immense galerie anecdotique. Dans la caricature, bien plus que dans les autres branches de l'art, il existe deux sortes d'œuvres précieuses et recommandables à des titres différents et presques contraires. Celles-ci ne valent que par le fait qu'elles représentent. Elles ont droit sans doute à l'attention de l'historien, de l'archéologue et même du philosophe; elles doivent prendre leur rang dans les archives nationales, dans les registres biographiques de la pensée humaine. Comme les feuilles volantes du journalisme, elles disparaissent emportées par le souffle incessant qui en amène de nouvelles; mais les autres, et ce sont celles dont je veux spécialement m'occuper, contiennent un élément mystérieux, durable, éternel, qui les recommande à l'attention des artistes. Chose curieuse et vraiment digne d'attention que l'introduction de cet élément insaisissable du beau jusque dans les œuvres destinées à représenter à l'homme sa propre laideur morale et physique! Et, chose non moins mystérieuse, ce spectacle lamentable excite en lui une hilarité immortelle et incorrigible. Voilà donc le véritable sujet de cet article.

Un scrupule me prend. Faut-il répondre par une démonstration en règle à une espèce de question préalable que voudraient sans doute malicieusement soulever certains professeurs jurés de sérieux, charlatans de la gravité, cadavres pédantesques sortis des froids hypogées de l'Institut, et revenus sur la terre des vivants, comme certains fantômes avares, pour arracher quelques sous à de complaisants ministères? D'abord, diraient-ils, la caricature est-elle un genre? Non, répondraient leurs compères, la caricature n'est pas un genre. J'ai entendu résonner à mes oreilles de pareilles hérésies dans des dîners d'académiciens. Ces braves gens laissaient passer à côté d'eux la comédie de Robert Macaire sans y apercevoir de grands symptômes moraux et littéraires. Contemporains de Rabelais, ils l'eussent traité de vil et de grossier bouffon. En vérité, faut-il donc démontrer que rien de ce qui sort de l'homme n'est frivole aux yeux du philosophe? A coup sûr ce sera, moins que tout autre, cet élément profond et mystérieux qu'aucune philosophie n'a jusqu'ici analysé à fond.

Nous allons donc nous occuper de l'essence du rire et des éléments constitutifs de la caricature. Plus tard, nous examinerons peut-être quelques-unes des œuvres les plus remarquables produites en ce genre.

II

Le Sage ne rit qu'en tremblant. De quelles lèvres pleines d'autorité, de quelle plume parfaitement orthodoxe est tombée cette étrange et saisissante maxime? Nous vient-elle du roi philosophe de la Judée? Faut-il l'attribuer à Joseph de Maistre, ce soldat animé de l'Esprit-Saint? J'ai un vague souvenir de l'avoir lue dans un de ses livres, mais donnée comme citation, sans doute. Cette sévérité de pensée et de style va bien à la sainteté majestueuse de Bossuet; mais la tournure elliptique de la pensée et la finesse quintessenciée me porteraient plutôt à en attribuer l'honneur à Bourdaloue, l'impitoyable psychologue chrétien. Cette singulière maxime me revient sans cesse à l'esprit depuis que j'ai conçu le projet de cet article, et j'ai voulu m'en débarrasser tout d'abord.

Analysons, en effet, cette curieuse proposition :

Le Sage, c'est-à-dire celui qui est animé de l'esprit du Seigneur, celui qui possède la pratique du formulaire divin, ne rit, ne s'abandonne au rire qu'en tremblant. Le Sage tremble d'avoir ri; le Sage craint le rire, comme il craint les spectacles mondains, la concupiscence. Il s'arrête au bord du rire comme au bord de la tentation. Il y a donc, suivant le Sage, une certaine contradiction secrète entre son caractère de sage et le caractère primordial du rire. En effet, pour n'effleurer qu'en passant des souvenirs plus que solennels, je ferai remarquer, — ce qui corrobore parfaitement le caractère officiellement chrétien de cette maxime, — que le Sage par excellence, le Verbe Incarné, n'a jamais ri. Aux yeux de Celui qui sait tout et qui peut tout, le comique n'est pas. Et pourtant le Verbe Incarné a connu la colère, il a même connu les pleurs.

Ainsi, notons bien ceci : en premier lieu, voici un

auteur, — un chrétien, sans doute, — qui considère comme certain que le Sage y regarde de bien près avant de se permettre de rire, comme s'il devait lui en rester je ne sais quel malaise et quelle inquiétude, et, en second lieu, le comique disparaît au point de vue de la science et de la puissance absolues. Or, en inversant les deux propositions, il en résulterait que le rire est généralement l'apanage des fous, et qu'il implique toujours plus ou moins d'ignorance et de faiblesse. Je ne veux point m'embarquer aventureusement sur une mer théologique, pour laquelle je ne serais sans doute pas muni de boussole ni de voiles suffisantes; je me contente d'indiquer au lecteur et de lui montrer du doigt ces singuliers horizons.

Il est certain, si l'on veut se mettre au point de vue de l'esprit orthodoxe, que le rire humain est intimement lié à l'accident d'une chute ancienne, d'une dégradation physique et morale. Le rire et la douleur s'expriment par les organes où résident le commandement et la science du bien et du mal : les yeux et la bouche. Dans le paradis terrestre (qu'on le suppose passé ou à venir, souvenir ou prophétie, comme les théologiens ou comme les socialistes), dans le paradis terrestre, c'est-à-dire dans le milieu où il semblait à l'homme que toutes les choses créées étaient bonnes, la joie n'était pas dans le rire. Aucune peine ne l'affligeant, son visage était simple et uni, et le rire qui agite maintenant les nations ne déformait point les traits de sa face. Le rire et les larmes ne peuvent pas se faire voir dans le paradis de délices. Ils sont également les enfants de la peine, et ils sont venus parce que le corps de l'homme énervé manquait de force pour les contraindre[1]. Au point de vue de mon philosophe chrétien, le rire de ses lèvres est signe d'une aussi grande misère que les larmes de ses yeux. L'Être qui voulut multiplier son image n'a point mis dans la bouche de l'homme les dents du lion, mais l'homme mord avec le rire; ni dans ses yeux toute la ruse fascinatrice du serpent, mais il séduit avec les larmes. Et remarquez que c'est aussi avec les larmes que l'homme lave les peines de l'homme, que c'est avec le rire qu'il adoucit quelquefois son cœur et l'attire; car les phénomènes engendrés par la chute deviendront les moyens du rachat.

Qu'on me permette une supposition poétique qui me servira à vérifier la justesse de ces assertions, que beaucoup de personnes trouveront sans doute entachées de l'*à priori* du mysticisme. Essayons, puisque le comique est un élément damnable et d'origine diabolique, de mettre en face une âme absolument primitive et sortant, pour ainsi dire, des mains de la nature. Prenons pour exemple la grande et typique figure de Virginie, qui symbolise parfaitement la pureté et la naïveté absolues. Virginie arrive à Paris encore toute trempée des brumes de la mer et dorée par le soleil des tropiques, les yeux pleins des grandes images primitives des vagues, des montagnes et des forêts. Elle

1. Philippe de Chennevières.

tombe ici en pleine civilisation turbulente, débordante et méphitique, elle, tout imprégnée des pures et riches senteurs de l'Inde; elle se rattache à l'humanité par la famille et par l'amour, par sa mère et par son amant, son Paul, angélique comme elle, et dont le sexe ne se distingue pour ainsi dire pas du sien dans les ardeurs inassouvies d'un amour qui s'ignore. Dieu, elle l'a connu dans l'église des Pamplemousses, une petite église toute modeste et toute chétive, et dans l'immensité de l'indescriptible azur tropical, et dans la musique immortelle des forêts et des torrents. Certes, Virginie est une grande intelligence; mais peu d'images et peu de souvenirs lui suffisent, comme au Sage peu de livres. Or, un jour, Virginie rencontre par hasard, innocemment, au Palais-Royal, aux carreaux d'un vitrier, sur une table, dans un lieu public, une caricature! une caricature bien appétissante pour nous, grosse de fiel et de rancune, comme sait les faire une civilisation perspicace et ennuyée. Supposons quelque bonne farce de boxeurs, quelque énormité britannique, pleine de sang caillé et assaisonnée de quelques monstreux *goddam;* ou, si cela sourit davantage à votre imagination curieuse, supposons devant l'œil de notre virginale Virginie quelque charmante et agaçante impureté, un Gavarni de ce temps-là, et des meilleurs, quelque satire insultante contre des folies royales, quelque diatribe plastique contre le Parc-aux-Cerfs, ou les précédents fangeux d'une grande favorite, ou les escapades nocturnes de la proverbiale Autrichienne.

La caricature est double : le dessin et l'idée : le dessin violent, l'idée mordante et voilée; complication d'éléments pénibles pour un esprit naïf, accoutumé à comprendre d'intuition des choses simples comme lui. Virginie a vu; maintenant elle regarde. Pourquoi? Elle regarde l'inconnu. Du reste, elle ne comprend guère ni ce que cela veut dire ni à quoi cela sert. Et pourtant, voyez-vous ce reploiement d'ailes subit, ce frémissement d'une âme qui se voile et veut se retirer? L'ange a senti que le scandale était là. Et, en vérité, je vous le dis, qu'elle ait compris ou qu'elle n'ait pas compris, il lui restera de cette impression je ne sais quel malaise, quelque chose qui ressemble à la peur. Sans doute, que Virginie reste à Paris et que la science lui vienne, le rire lui viendra; nous verrons pourquoi. Mais, pour le moment, nous, analyste et critique, qui n'oserions certes pas affirmer que notre intelligence est supérieure à celle de Virginie, constatons la crainte et la souffrance de l'ange immaculé devant la caricature.

III

Ce qui suffirait pour démontrer que le comique est un des plus clairs signes sataniques de l'homme et un des nombreux pepins contenus dans la pomme symbolique, est l'accord unanime des physiologistes du rire sur la raison première de ce monstrueux phénomène. Du reste, leur découverte n'est pas très-profonde et ne va guère loin. Le rire, disent-ils, vient de la supériorité. Je ne serais pas étonné que devant cette découverte le physiologiste se fût mis à rire en pensant à sa propre supériorité. Aussi, il fallait dire : Le rire vient de l'idée de sa propre supériorité. Idée satanique s'il en fut jamais! Orgueil et aberration! Or, il est notoire que tous les fous des hôpitaux ont l'idée de leur propre supériorité développée outre mesure. Je ne connais guère de fous d'humilité. Remarquez que le rire est une des expressions les plus fréquentes et les plus nombreuses de la folie. Et voyez comme tout s'accorde : quand Virginie, déchue, aura baissé d'un degré en pureté, elle commencera à avoir l'idée de sa propre supériorité, elle sera plus savante au point de vue du monde, et elle rira.

J'ai dit qu'il y avait symptôme de faiblesse dans le rire; et, en effet, quel signe plus marquant de débilité qu'une convulsion nerveuse, un spasme involontaire comparable à l'éternument, et causé par la vue du malheur d'autrui? Ce malheur est presque toujours une faiblesse d'esprit. Est-il un phénomène plus déplorable que la faiblesse se réjouissant de la faiblesse? Mais il y a pis. Ce malheur est quelquefois d'une espèce très-inférieure, une infirmité dans l'ordre physique. Pour prendre un des exemples les plus vulgaires de la vie, qu'y a-t-il de si réjouissant dans le spectacle d'un homme qui tombe sur la glace ou sur le pavé, qui trébuche au bout d'un trottoir, pour que la face de son frère en Jésus-Christ se contracte d'une façon désordonnée, pour que les muscles de son visage se mettent à jouer subitement comme une horloge à midi ou un joujou à ressorts? Ce pauvre diable s'est au moins défiguré, peut-être s'est-il fracturé un membre essentiel. Cependant, le rire est parti, irrésistible et subit. Il est certain que si l'on veut creuser cette situation, on trouvera au fond de la pensée du rieur un certain orgueil inconscient. C'est là le point de départ : *moi,* je ne tombe pas; *moi,* je marche droit; *moi,* mon pied est ferme et assuré. Ce n'est pas *moi* qui commettrais la sottise de ne pas voir un trottoir interrompu ou un pavé qui barre le chemin.

L'école romantique, ou, pour mieux dire, une des subdivisions de l'école romantique, l'école satanique, a bien compris cette loi primordiale du rire; ou du moins, si tous ne l'ont pas comprise, tous, même dans leurs plus grossières extravagances et exagérations, l'ont sentie et appliquée juste. Tous les mécréants de mélodrame, maudits, damnés, fatalement marqués d'un rictus qui court jusqu'aux oreilles, sont dans l'orthodoxie pure du rire. Du reste, ils sont presque tous des petits-fils légitimes ou illégitimes du célèbre voyageur Melmoth, la grande création satanique du révérend Maturin. Quoi de plus grand, quoi de plus puissant relativement à la pauvre humanité que ce pâle et ennuyé Melmoth? Et pourtant, il y a en lui un côté faible, abject, antidivin et antilumineux. Aussi comme il rit, comme il rit, se comparant sans cesse aux chenilles humaines, lui si fort, si intelligent, lui pour qui une partie des lois conditionnelles de l'humanité, physiques et intellectuelles, n'existent plus ! Et ce rire est l'explosion perpétuelle de sa colère et de sa souffrance. Il est, qu'on me comprenne bien, la résultante nécessaire de sa double nature contradictoire, qui est infiniment grande relativement à l'homme, infiniment vile et basse relativement au Vrai et au Juste absolus. Melmoth est une contradiction vivante. Il est sorti des conditions fondamentales de la vie; ses organes ne supportent plus sa pensée. C'est pourquoi ce rire glace et tord les entrailles. C'est un rire qui ne dort jamais, comme une maladie qui va toujours son chemin et exécute un ordre providentiel. Et ainsi le rire de Melmoth, qui est l'expression la plus haute de l'orgueil, accomplit perpétuellement sa fonction, en déchirant et en brûlant les lèvres du rieur irrémissible.

IV

Maintenant, résumons un peu, et établissons plus visiblement les propositions principales, qui sont comme une espèce de théorie du rire. Le rire est satanique, il est donc profondément humain. Il est dans l'homme la conséquence de l'idée de sa propre supériorité ; et, en effet, comme le rire est essentiellement humain, il est essentiellement contradictoire, c'est-à-dire qu'il est à la fois signe d'une grandeur infinie et d'une misère infinie, misère infinie relativement à l'Être absolu dont il possède la conception, grandeur infinie relativement aux animaux. C'est du choc perpétuel de ces deux infinis que se dégage le rire. Le comique, la puissance du rire est dans le rieur et nullement dans l'objet du rire. Ce n'est point l'homme qui tombe qui rit de sa propre chute, à moins qu'il ne soit un philosophe, un homme qui ait acquis, par habitude, la force de se dédoubler rapidement et d'assister comme spectateur désintéressé aux phénomènes de son *moi*. Mais le cas est rare. Les animaux les plus comiques sont les plus sérieux ; ainsi les singes et les perroquets. D'ailleurs, supposez l'homme ôté de la création, il n'y aura plus de comique, car les animaux ne se croient pas supérieurs aux végétaux, ni les végétaux aux minéraux. Signe de supériorité relativement aux bêtes, et je comprends sous cette dénomination les parias nombreux de l'intelligence, le rire est signe d'infériorité relativement aux sages, qui par l'innocence contemplative de leur esprit se rapprochent de l'enfance. Comparant, ainsi que nous en avons le droit, l'humanité à l'homme, nous voyons que les nations primitives, ainsi que Virginie, ne conçoivent pas la caricature et n'ont pas de comédies (les livres sacrés, à quelques nations qu'ils appartiennent, ne rient jamais), et que, s'avançant peu à peu vers les pics nébuleux de l'intelligence, ou se penchant sur les fournaises ténébreuses de la métaphysique, les nations se mettent à rire diaboliquement du rire de Melmoth; et, enfin, que si dans ces mêmes nations ultra-civilisées, une intelligence, poussée par une ambition supérieure, veut franchir les limites de l'orgueil mondain et s'élancer hardiment vers la poésie pure, dans cette poésie, limpide et profonde comme la nature, le rire fera défaut comme dans l'âme du Sage.

Comme le comique est signe de supériorité ou de croyance à sa propre supériorité, il est naturel de croire qu'avant qu'elles aient atteint la purification absolue promise par certains prophètes mystiques, les nations verront s'augmenter en elles les motifs de comique à mesure que s'accroîtra leur supériorité. Mais aussi le comique change de nature. Ainsi l'élément angélique et l'élément diabolique fonctionnent parallèlement. L'humanité s'élève, et elle gagne pour le mal et l'intelligence du mal une force proportionnelle à celle qu'elle a gagnée pour le bien. C'est pourquoi je ne trouve pas étonnant que nous, enfants d'une loi meilleure que les lois religieuses antiques, nous, disciples favorisés de Jésus, nous possédions plus d'éléments comiques que la païenne antiquité. Cela même est une condition de notre force intellectuelle générale. Permis aux contradicteurs jurés de citer la classique historiette du philosophe qui mourut de rire en voyant un âne qui mangeait des figues, et même les comédies d'Aristophane et celles de Plaute. Je répondrai qu'outre que ces époques sont essentiellement civilisées, et que la croyance s'était déjà bien retirée, ce comique n'est pas tout à fait le nôtre. Il a même quelque chose de sauvage, et nous ne pouvons guère nous l'approprier que par un effort d'esprit à reculons, dont le résultat s'appelle pastiche. Quant aux figures grotesques que nous a laissées l'antiquité, les masques, les figurines de bronze, les Hercules tout en muscles, les petits Priapes à la langue recourbée en l'air, aux oreilles pointues, tout en cervelet et en phallus, — quant à ces phallus prodigieux sur lesquels les blanches filles de Romulus montent innocemment à cheval, ces monstrueux appareils de la génération armée de sonnettes et d'ailes, je crois que toutes ces choses sont pleines de sérieux. Vénus, Pan, Hercule, n'étaient pas des personnages risibles. On en a ri après la venue de Jésus, Platon et Sénèque aidant. Je crois que l'antiquité était pleine de respect pour les tambours-majors et les faiseurs de tours de force en tout genre, et que tous les fétiches extravagants que je citais ne sont que des signes d'adoration, ou tout au plus des symboles de force, et nullement des émanations de l'esprit intentionnellement comiques. Les idoles indiennes et chinoises ignorent qu'elles sont ridicules; c'est en nous, chrétiens, qu'est le comique.

V

Il ne faut pas croire que nous soyons débarrassés de toute difficulté. L'esprit le moins accoutumé à ces subtilités esthétiques saurait bien vite m'opposer cette objection insidieuse : Le rire est divers. On ne se réjouit pas toujours d'un malheur, d'une faiblesse, d'une infériorité. Bien dès spectacles qui excitent en nous le rire sont fort innocents, et non-seulement les amusements de l'enfance, mais encore bien des choses qui servent au divertissement des artistes, n'ont rien à démêler avec l'esprit de Satan.

Il y a bien là quelque apparence de vérité. Mais il faut d'abord bien distinguer la joie d'avec le rire. La joie existe par elle-même, mais elle a des manifestations diverses. Quelquefois elle est presque invisible ; d'autres fois, elle s'exprime par les pleurs. Le rire n'est qu'une expression, un symptôme, un diagnostic. Symptôme de quoi? Voilà la question. La joie est *une*. Le rire est l'expression d'un sentiment double, ou contradictoire ; et c'est pour cela qu'il y a convulsion. Aussi le rire des enfants, qu'on voudrait en vain m'objecter, est-il tout à fait différent, même comme expression physique, comme forme, du rire de l'homme qui assiste à une comédie, regarde une caricature, ou du rire terrible de Melmoth ; de Melmoth, l'être déclassé, l'individu situé entre les dernières limites de la patrie humaine et les frontières de la vie supérieure ; de

Melmoth se croyant toujours près de se débarrasser de son pacte infernal, espérant sans cesse troquer ce pouvoir surhumain, qui fait son malheur, contre la conscience pure d'un ignorant qui lui fait envie. — Le rire des enfants est comme un épanouissement de fleur. C'est la joie de recevoir, la joie de respirer, la joie de s'ouvrir, la joie de contempler, de vivre, de grandir. C'est une joie de plante. Aussi, généralement, est-ce plutôt le sourire, quelque chose d'analogue au balancement de queue des chiens ou au ronron des chats. Et pourtant, remarquez bien que si le rire des enfants diffère encore des expressions du contentement animal, c'est que ce rire n'est pas tout à fait exempt d'ambition, ainsi qu'il convient à des bouts d'hommes, c'est-à-dire à des Satans en herbe.

Il y a un cas où la question est plus compliquée. C'est le rire de l'homme, mais rire vrai, rire violent, à l'aspect d'objets qui ne sont pas un signe de faiblesse ou de malheur chez ses semblables. Il est facile de deviner que je veux parler du rire causé par le grotesque. Les créations fabuleuses, les êtres dont la raison, la légitimation ne peut pas être tirée du code du sens commun, excitent souvent en nous une hilarité folle, excessive, et qui se traduit en des déchirements et des pâmoisons interminables. Il est évident qu'il faut distinguer, et qu'il y a là un degré de plus. Le comique est, au point de vue artistique, une imitation; le grotesque, une création. Le comique est une imitation mêlée d'une certaine faculté créatrice, c'est-à-dire d'une idéalité artistique. Or, l'orgueil humain, qui prend toujours le dessus, et qui est la cause naturelle du rire dans le cas du comique, devient aussi cause naturelle du rire dans le cas de grotesque, qui est une création mêlée d'une certaine faculté imitatrice d'éléments préexistants dans la nature. Je veux dire que dans ce cas-là le rire est l'expression de l'idée de supériorité, non plus de l'homme sur l'homme, mais de l'homme sur la nature. Il ne faut pas trouver cette idée trop subtile; ce ne serait pas une raison suffisante pour la repousser. Il s'agit de trouver une autre explication plausible. Si celle-ci paraît tirée de loin et quelque peu difficile à admettre, c'est que le rire causé par le grotesque a en soi quelque chose de profond, d'axiomatique et de primitif qui se rapproche beaucoup plus de la vie innocente et de la joie absolue que le rire causé par le comique de mœurs. Il y a entre ces deux rires, abstraction faite de la question d'utilité, la même différence qu'entre l'école littéraire intéressée et l'école de l'art pour l'art. Ainsi le grotesque domine le comique d'une hauteur proportionnelle.

J'appellerai désormais le grotesque comique absolu, comme antithèse au comique ordinaire, que j'appellerai comique significatif. Le comique significatif est un langage plus clair, plus facile à comprendre pour le vulgaire, et surtout plus facile à analyser, son élément étant visiblement double : l'art et l'idée morale; mais le comique absolu, se rapprochant beaucoup plus de la nature, se présente sous une espèce *une,* et qui veut être saisie par intuition. Il n'y a qu'une vérification du grotesque, c'est le rire, et le rire subit; en face du comique significatif, il n'est pas défendu de rire après coup; cela n'argue pas contre sa valeur; c'est une question de rapidité d'analyse.

J'ai dit : comique absolu; il faut toutefois prendre garde. Au point de vue de l'absolu définitif, il n'y a plus que la joie. Le comique ne peut être absolu que relativement à l'humanité déchue, et c'est ainsi que je l'entends.

VI

L'essence très-relevée du comique absolu en fait l'apanage des artistes supérieurs qui ont en eux la réceptibilité suffisante de toute idée absolue. Ainsi l'homme qui a jusqu'à présent le mieux senti ces idées, et qui en a mis en œuvre une partie dans des travaux de pure esthétique et aussi de création, est Théodore Hoffmann. Il a toujours bien distingué le comique ordinaire du comique qu'il appelle *comique innocent.* Il a cherché souvent à résoudre en œuvres artistiques les théories savantes qu'il avait émises didactiquement, ou jetées sous la forme de conversations inspirées et de dialogues critiques; et c'est dans ces mêmes œuvres que je puiserai tout à l'heure les exemples les plus éclatants, quand j'en viendrai à donner une série d'applications des principes ci-dessus énoncés et à coller un échantillon sous chaque titre de catégorie.

D'ailleurs, nous trouvons dans le comique absolu et le comique significatif des genres, des sous-genres et des familles. La division peut avoir lieu sur différentes bases. On peut la construire d'abord d'après une loi philosophique pure, ainsi que j'ai commencé à le faire, puis d'après la loi artistique de création. La première est créée par la séparation primitive du comique absolu d'avec le comique significatif; la seconde est basée sur le genre de facultés spéciales de chaque artiste. Et, enfin, on peut aussi établir une classification de comiques suivant les climats et les diverses aptitudes nationales. Il faut remarquer que chaque terme de chaque classification peut se compléter et se nuancer par l'adjonction d'un terme d'une autre, comme la loi grammaticale nous enseigne à modifier le substantif par l'adjectif. Ainsi, tel artiste allemand ou anglais est plus ou moins propre au comique absolu, et en même temps il est plus ou moins idéalisateur. Je vais essayer de donner des exemples choisis de comique absolu et significatif, et de caractériser brièvement l'esprit comique propre à quelques nations principalement artistes, avant d'arriver à la partie où je veux discuter et analyser plus longuement le talent des hommes qui en ont fait leur étude et leur existence.

En exagérant et poussant aux dernières limites les conséquences du comique significatif, on obtient le comique féroce, de même que l'expression synonymique du comique innocent, avec un degré de plus, est le comique absolu.

En France, pays de pensée et de démonstration claires, où l'art vise naturellement et directement à l'utilité, le comique est généralement significatif. Molière fut dans ce genre la meilleure expression française; mais comme le fond de notre caractère est un éloignement de toute chose extrême, comme un des diagnostics particuliers de toute passion française, de toute science, de tout art français est de fuir l'excessif, l'absolu et le profond, il y a conséquemment ici peu de comique féroce; de même notre grotesque s'élève rarement à l'absolu.

Rabelais, qui est le grand maître français en grotesque, garde au milieu de ses plus énormes fantaisies quelque chose d'utile et de raisonnable. Il est directement symbolique. Son comique a presque toujours la transparence d'un apologue. Dans la caricature française, dans l'expression plastique du comique, nous retrouverons cet esprit dominant. Il faut l'avouer, la prodigieuse bonne humeur poétique nécessaire au vrai grotesque se trouvent rarement chez nous à une dose égale et continue. De loin en loin, on voit réapparaître le filon; mais il n'est pas essentiellement national. Il faut mentionner dans ce genre quelques intermèdes de Molière, malheureusement trop peu lus et trop peu joués, entre antres ceux du *Malade imaginaire* et du *Bourgeois gentilhomme,* et les figures carnavalesques de Callot. Quant au comique des *Contes* de Voltaire, essentiellement français, il tire toujours sa raison d'être de l'idée de supériorité; il est tout à fait significatif.

La rêveuse Germanie nous donnera d'excellents échantillons de comique absolu. Là tout est grave, profond, excessif. Pour trouver du comique féroce et très-féroce, il faut passer la Manche et visiter les royaumes brumeux du spleen. La joyeuse, bruyante et oublieuse Italie abonde en comique innocent. C'est en pleine Italie, au cœur du carnaval méridional, au milieu du turbulent Corso, que Théodore Hoffmann a judicieusement placé le drame excentrique de la *Princesse Brambilla*. Les Espagnols sont très-bien doués en fait de comique. Ils arrivent vite au cruel, et leurs fantaisies les plus grotesques contiennent souvent quelque chose de sombre.

Je garderai longtemps le souvenir de la première pantomime anglaise que j'aie vu jouer. C'était au théâtre des Variétés, il y a quelques années. Peu de gens s'en souviendront sans doute, car bien peu ont paru goûter ce genre de divertissement, et ces pauvres mimes anglais reçurent chez nous un triste accueil. Le public français n'aime guère être dépaysé. Il n'a pas le goût très-cosmopolite, et les déplacements d'horizon lui troublent la vue. Pour mon compte, je fus excessivement frappé de cette manière de comprendre le comique. On disait, et c'étaient les indulgents, pour expliquer l'insuccès, que c'étaient des artistes vulgaires et médiocres, des doublures; mais ce n'était pas là la question. Ils étaient Anglais, c'est là l'important.

Il m'a semblé que le signe distinctif de ce genre de comique était la violence. Je vais en donner la preuve par quelques échantillons de mes souvenirs.

D'abord, le Pierrot n'était pas ce personnage pâle comme la lune, mystérieux comme le silence, souple et muet comme le serpent, droit et long comme une potence, cet homme artificiel, mû par des ressorts singuliers, auquel nous avait accoutumés le regrettable Debureau. Le Pierrot anglais arrivait comme la tempête, tombait comme un ballot, et quand il riait, son rire faisait trembler la salle; ce rire ressemblait à un joyeux tonnerre. C'était un homme court et gros, ayant augmenté sa prestance par un costume chargé de rubans, qui faisaient autour de sa jubilante personne l'office des plumes et du duvet autour des oiseaux, ou de la fourrure autour des angoras. Par-dessus la farine de son visage, il avait collé crûment, sans gradation, sans transition, deux énormes plaques de rouge pur. La bouche était agrandie par une prolongation simulée des lèvres au moyen de deux bandes de carmin, de sorte que, quand il riait, la gueule avait l'air de courir jusqu'aux oreilles.

Quant au moral, le fond était le même que celui du Pierrot que tout le monde connaît : insouciance et neutralité, et partant accomplissement de toutes les fantaisies gourmandes et rapaces, au détriment, tantôt de Harlequin, tantôt de Cassandre ou de Léandre. Seulement, là où Debureau eût trempé le bout du doigt pour le lécher, il y plongeait les deux poings et les deux pieds.

Et toutes choses s'exprimaient ainsi dans cette singulière pièce, avec emportement; c'était le vertige de l'hyperbole.

Pierrot passe devant une femme qui lave le carreau de sa porte : après lui avoir dévalisé les poches, il veut faire passer dans les siennes l'éponge, le balai, le baquet et l'eau elle-même. — Quant à la manière dont il essayait de lui exprimer son amour, chacun peut se le figurer par les souvenirs qu'il a gardés de la contemplation des mœurs phanérogamiques des singes, dans la célèbre cage du Jardin-des-Plantes. Il faut ajouter que le rôle de la femme était rempli par un homme très-long et très-maigre, dont la pudeur violée jetait les hauts cris. C'était vraiment une ivresse de rire, quelque chose de terrible et d'irrésistible.

Pour je ne sais quel méfait, Pierrot devait être finalement guillotiné. Pourquoi la guillotine au lieu de la pendaison, en pays anglais?... Je l'ignore ; sans doute pour amener ce qu'on va voir. L'instrument funèbre était donc là dressé sur des planches françaises, fort étonnées de cette romantique nouveauté. Après avoir lutté et beuglé comme un bœuf qui flaire l'abattoir, Pierrot subissait enfin son destin. La tête se détachait du cou, une grosse tête blanche et rouge, et roulait avec bruit devant le trou du souffleur, montrant le disque saignant du cou, la vertèbre scindée, et tous les détails d'une viande de boucherie récemment taillée pour l'étalage. Mais voilà que, subitement, le torse raccourci, mû par la monomanie irrésistible du vol, se dressait, escamotait victorieusement sa propre tête comme un jambon ou une bouteille de vin, et, bien plus avisé que le grand saint Denis, la fourrait dans sa poche !

Avec une plume tout cela est pâle et glacé. Comment la plume pourrait-elle rivaliser avec la pantomime? La pantomime est l'épuration de la comédie ; c'en est la quintessence; c'est l'élément comique pur, dégagé et concentré. Aussi, avec le talent spécial des acteurs anglais pour l'hyperbole, toutes ces monstrueuses farces prenaient-elles une réalité singulièrement saisissante.

Une des choses les plus remarquables comme comique absolu, et, pour ainsi dire, comme métaphysique du comique absolu, était certainement le début de cette belle pièce, un prologue plein d'une haute esthétique. Les principaux personnages de la pièce, Pierrot, Cassandre, Harlequin, Colombine, Léandre, sont devant le public, bien doux et bien tranquilles. Ils sont à peu près raisonnables et ne diffèrent pas beaucoup des braves gens qui sont dans la salle. Le souffle merveilleux qui va les faire se mouvoir extraordinairement n'a pas encore soufflé sur leurs cervelles. Quelques jovialités de Pierrot ne peuvent donner qu'une pâle idée de ce qu'il fera tout à l'heure. La rivalité de Harlequin et de Léandre vient de se déclarer. Une fée s'intéresse à Harlequin : c'est l'éternelle protectrice des mortels amoureux et pauvres. Elle lui promet sa protection, et, pour lui en donner une preuve immédiate, elle promène avec un geste mystérieux et plein d'autorité sa baguette dans les airs.

Aussitôt le vertige est entré, le vertige circule dans l'air; on respire le vertige; c'est le vertige qui remplit les poumons et renouvelle le sang dans le ventricule.

Qu'est-ce que ce vertige? C'est le comique absolu ; il s'est emparé de chaque être. Léandre, Pierrot, Cassandre, font des gestes extraordinaires, qui démontrent clairement qu'ils se sentent introduits de force dans une existence nouvelle. Ils n'en ont pas l'air fâché. Ils s'exercent aux grands désastres et à la destinée tumultueuse qui les attend, comme quelqu'un qui crache dans ses mains et les frotte l'une contre l'autre avant de faire une action d'éclat. Ils font le moulinet avec leurs bras, ils ressemblent à des moulins à vent tourmentés par la tempête. C'est sans doute pour assouplir leurs jointures, ils en auront besoin. Tout cela s'opère avec de gros éclats de rire, pleins d'un vaste contentement; puis ils sautent les uns par-dessus les autres, et leur agilité et leur aptitude étant bien dûment constatées, suit un éblouissant bouquet de coups de pied, de coups de poing et de soufflets qui font le tapage et la lumière d'une artillerie; mais tout cela est sans rancune. Tous leurs gestes, tous leurs cris, toutes leurs mines disent : La fée l'a voulu, la destinée nous précipite, je ne m'en afflige pas; allons! courons!

élançons-nous! Et ils s'élancent à travers l'œuvre fantastique, qui, à proprement parler, ne commence que là, c'est-à-dire sur la frontière du merveilleux.

Harlequin et Colombine, à la faveur de ce délire, se sont enfuis en dansant, et d'un pied léger ils vont courir les aventures.

Encore un exemple: celui-là est tiré d'un auteur singulier, esprit très-général, quoi qu'on en dise, et qui unit à la raillerie significative française la gaieté folle, mousseuse et légère des pays du soleil, en même temps que le profond comique germanique. Je veux encore parler d'Hoffmann.

Dans le conte intitulé : *Daucus Carota, le Roi des Carottes,* et par quelques traducteurs *la Fiancée du roi,* quand la grande troupe des Carottes arrive dans la cour de la ferme où demeure la fiancée, rien n'est plus beau à voir. Tous ces petits personnages d'un rouge écarlate comme un régiment anglais, avec un vaste plumet vert sur la tête comme les chasseurs de carrosse, exécutent des cabrioles et des voltiges merveilleuses sur de petits chevaux. Tout cela se meut avec une agilité surprenante. Ils sont d'autant plus adroits et il leur est d'autant plus facile de retomber sur la tête, qu'elle est plus grosse et plus lourde que le reste du corps, comme les soldats en moelle de sureau qui ont un peu de plomb dans leur shako.

La malheureuse jeune fille, entichée de rêves de grandeur, est fascinée par ce déploiement de forces militaires. Mais qu'une armée à la parade est différente d'une armée dans ses casernes, fourbissant ses armes, astiquant son fourniment, ou, pis encore, ronflant ignoblement sur ses lits de camp puants et sales! Voilà le revers de la médaille; car tout ceci n'était que sortilége, appareil de séduction. Son père, homme prudent et bien instruit dans la sorcellerie, veut lui montrer l'envers de toutes ses splendeurs. Ainsi, à l'heure où les légumes dorment d'un sommeil brutal, ne soupçonnant pas qu'ils peuvent être surpris par l'œil d'un espion, le père entr'ouvre une des tentes de cette magnifique armée; et alors la pauvre rêveuse voit cette masse de soldats rouges et verts dans leur épouvantable déshabillé, nageant et dormant dans la fange terreuse d'où elle est sortie. Toute cette splendeur militaire en bonnet de nuit n'est plus qu'un marécage infect.

Je pourrais tirer de l'admirable Hoffmann bien d'autres exemples de comique absolu. Si l'on veut bien comprendre mon idée, il faut lire avec soin *Daucus Carota, Peregrinus Tyss, le Pot d'or,* et surtout, avant tout, *la Princesse Brambilla,* qui est comme un catéchisme de haute esthétique.

Ce qui distingue très-particulièrement Hoffmann est le mélange involontaire, et quelquefois très-volontaire, d'une certaine dose de comique significatif avec le comique le plus absolu. Ses conceptions comiques les plus supra-naturelles, les plus fugitives, et qui ressemblent souvent à des visions de l'ivresse, ont un sens moral très-visible : c'est à croire qu'on a affaire à un physiologiste ou à un médecin de fous des plus profonds, et qui s'amuserait à revêtir cette profonde science de formes poétiques, comme un savant qui parlerait par apologues et paraboles.

Prenez, si vous voulez, pour exemple, le personnage de Giglio Fava, le comédien atteint de dualisme chronique, dans *la Princesse Brambilla.* Ce personnage *un* change de temps en temps de personnalité, et, sous le nom de Giglio Fava, il se déclare l'ennemi du prince assyrien Cornelio Chiapperi; et quand il est prince assyrien, il déverse le plus profond et le plus royal mépris sur son rival auprès de la princesse, sur un misérable histrion qui s'appelle, à ce qu'on dit, Giglio Fava.

Il faut ajouter qu'un des signes très-particuliers du comique absolu est de s'ignorer lui-même. Cela est visible, non-seulement dans certains animaux du comique desquels la gravité fait partie essentielle, comme les singes, et dans certaines caricatures sculpturales antiques dont j'ai déjà parlé, mais encore dans les monstruosités chinoises qui nous réjouissent si fort, et qui ont beaucoup moins d'intentions comiques qu'on le croit généralement. Une idole chinoise, quoiqu'elle soit un objet de vénération, ne diffère guère d'un poussah ou d'un magot de cheminée.

Ainsi, pour en finir avec toutes ces subtilités et toutes ces définitions, et pour conclure, je ferai remarquer une dernière fois qu'on retrouve l'idée dominante de supériorité dans le comique absolu comme dans le comique significatif, ainsi que je l'ai, trop longuement peut-être, expliqué; — que, pour qu'il y ait comique, c'est-à-dire émanation, explosion, dégagement de comique, il faut qu'il y ait deux êtres en présence; — que c'est spécialement dans le rieur, dans le spectateur, que gît le comique; — que cependant, relativement à cette loi d'ignorance, il faut faire une exception pour les hommes qui ont fait métier de développer en eux le sentiment du comique et de le tirer d'eux-mêmes pour le divertissement de leurs semblables, lequel phénomène rentre dans la classe de tous les phénomènes artistiques qui dénotent dans l'être humain l'existence d'une dualité permanente, la puissance d'être à la fois soi et un autre.

Et pour en revenir à mes primitives définitions et m'exprimer plus clairement, je dis que quand Hoffmann engendre le comique absolu, il est bien vrai qu'il le sait; mais il sait aussi que l'essence de ce comique est de paraître s'ignorer lui-même et de développer chez le spectateur, ou plutôt chez le lecteur, la joie de sa propre supériorité et la joie de la supériorité de l'homme sur la nature. Les artistes créent le comique; ayant étudié et rassemblé les éléments du comique, ils savent que tel être est comique, et qu'il ne l'est qu'à la condition d'ignorer sa nature; de même que, par une loi inverse, l'artiste n'est artiste qu'à la condition d'être double et de n'ignorer aucun phénomène de sa double nature.

VII

QUELQUES

CARICATURISTES FRANÇAIS

CARLE VERNET — PIGAL — CHARLET
DAUMIER — MONNIER — GRANVILLE — GAVARNI
TRIMOLET — TRAVIÈS — JACQUE

I

Un homme étonnant fut ce Carle Vernet. Son œuvre est un monde, une petite *Comédie humaine;* car les images triviales, les croquis de la foule et de la rue, les caricatures, sont souvent le miroir le plus fidèle de la vie. Souvent même les caricatures, comme les gravures de modes, deviennent plus caricaturales à mesure qu'elles sont plus démodées. Ainsi le roide, le dégingandé des figures de ce temps-là nous surprend et nous blesse étrangement; cependant tout ce monde est beaucoup moins volontairement étrange qu'on ne le croit d'ordinaire. Telle était la mode, tel était l'être humain : les hommes ressemblaient aux peintures; le monde s'était moulé dans l'art. Chacun était roide,

22.

droit, et avec son frac étriqué, ses bottes à revers et ses cheveux pleurant sur le front, chaque citoyen avait l'air d'une *académie* qui aurait passé chez le fripier. Ce n'est pas seulement pour avoir gardé profondément l'empreinte sculpturale et la prétention au style de cette époque, ce n'est pas seulement, dis-je, au point de vue historique que les caricatures de Carle Vernet ont une grande valeur, elles ont aussi un prix artistique certain. Les poses, les gestes ont un accent véridique; les têtes et les physionomies sont d'un style que beaucoup d'entre nous peuvent vérifier en pensant aux gens qui fréquentaient le salon paternel aux années de notre enfance. Ses caricatures de modes sont superbes. Chacun se rappelle cette grande planche qui représente une maison de jeu. Autour d'une vaste table ovale sont réunis des joueurs de différents caractères et de différents âges. Il n'y manque pas les filles indispensables, avides et épiant les chances, courtisanes éternelles des joueurs en veine. Il y a là des joies et des désespoirs violents; de jeunes joueurs fougueux et brûlant la chance; des joueurs froids, sérieux et tenaces; des vieillards qui ont perdu leurs rares cheveux au vent furieux des anciens équinoxes. Sans doute, cette composition, comme tout ce qui sort de Carle Vernet et de l'école, manque de liberté; mais, en revanche, elle a beaucoup de sérieux, une dureté qui plaît, une sécheresse de manière qui convient assez bien au sujet, le jeu étant une passion à la fois violente et contenue.

Un de ceux qui, plus tard, marquèrent le plus, fut

Pigal. Les premières œuvres de Pigal remontent assez haut, et Carle Vernet vécut très-longtemps. Mais l'on peut dire souvent que deux contemporains représentent deux époques distinctes, fussent-ils même assez rapprochés par l'âge. Cet amusant et doux caricaturiste n'envoie-t-il pas encore à nos expositions annuelles de petits tableaux d'un comique innocent que M. Biard doit trouver bien faible? C'est le caractère et non l'âge qui décide. Ainsi Pigal est-il tout autre chose que Carle Vernet. Sa manière sert de transition entre la caricature telle que la concevait celui-ci et la caricature plus moderne de Charlet, par exemple, dont j'aurai à parler tout à l'heure. Charlet, qui est de la même époque que Pigal, est l'objet d'une observation analogue : le mot moderne s'applique à la manière et non au temps. Les scènes populaires de Pigal sont bonnes. Ce n'est pas que l'originalité en soit très-vive, ni même le dessin très-comique. Pigal est un comique modéré, mais le sentiment de ses compositions est bon et juste. Ce sont des vérités vulgaires, mais des vérités. La plupart de ses tableaux ont été pris sur nature. Il s'est servi d'un procédé simple et modeste : il a regardé, il a écouté, puis il a raconté. Généralement il y a une grande bonhomie et une certaine innocence dans toutes ses compositions : presque toujours des hommes du peuple, des dictons populaires, des ivrognes, des scènes de ménage, et particulièrement une prédilection involontaire pour les types vieux. Aussi, ressemblant en cela à beaucoup d'autres caricaturistes, Pigal ne sait pas très-bien exprimer la jeunesse ; il arrive souvent que ces jeunes gens ont l'air grimé. Le dessin, généralement facile, est plus riche et plus *bonhomme* que celui de Carle Vernet. Presque tout le mérite de Pigal se résume donc dans une habitude d'observation sûre, une bonne mémoire et une certitude suffisante d'exécution ; peu ou pas d'imagination, mais du bon sens. Ce n'est ni l'emportement carnavalesque de la gaieté italienne, ni l'âpreté forcenée des Anglais. Pigal est un caricaturiste essentiellement raisonnable.

Je suis assez embarrassé pour exprimer d'une manière convenable mon opinion sur Charlet. C'est une grande réputation, une réputation essentiellement française, une des gloires de la France. Il a réjoui, amusé, attendri aussi, dit-on, toute une génération d'hommes vivant encore. J'ai connu des gens qui s'indignaient de bonne foi de ne pas voir Charlet à l'Institut. C'était pour eux un scandale aussi grand que l'absence de Molière à l'Académie. Je sais que c'est jouer un assez vilain rôle que de venir déclarer aux gens qu'ils ont eu tort de s'amuser ou de s'attendrir d'une certaine façon ; il est bien douloureux d'avoir maille à partir avec le suffrage universel. Cependant il faut avoir le courage de dire que Charlet n'appartient pas à la classe des hommes éternels et des génies cosmopolites. Ce n'est pas un caricaturiste citoyen de l'univers ; et, si l'on me répond qu'un caricaturiste ne peut jamais être cela, je dirai qu'il peut l'être plus ou moins. C'est un artiste de circonstance et un patriote exclusif, deux empêchements au génie. Il a cela de commun avec un autre homme célèbre, que je ne veux pas nommer parce que les temps ne sont pas encore mûrs[1], qu'il a tiré sa gloire exclusivement de la France et surtout de l'aristocratie du soldat. Je dis que cela est mauvais et dénote un petit esprit. Comme l'autre grand homme, il a beaucoup insulté les calotins : cela est mauvais, dis-je, mauvais symptôme; ces gens-là sont inintelligibles au delà du détroit, au delà du Rhin et des Pyrénées. Tout à l'heure nous parlerons de l'artiste, c'est-à-dire du talent, de l'exécution, du dessin, du style : nous viderons la question. A présent que je ne parle que de l'esprit.

Charlet a toujours fait sa cour au peuple. Ce n'est pas un homme libre, c'est un esclave : ne cherchez pas en lui un artiste désintéressé. Un dessin de Charlet est rarement une vérité; c'est presque toujours une câlinerie adressée à la caste préférée. Il n'y a de beau, de bon, de noble, d'aimable, de spirituel, que le soldat. Les quelques milliards d'animalcules qui broutent cette planète n'ont été créés par Dieu et doués d'organes et de sens, que pour contempler le soldat et les dessins de Charlet dans toute leur gloire. Charlet affirme que le tourlourou et le grenadier sont la cause finale de la création. A coup sûr, ce ne sont pas là des caricatures, mais des dithyrambes et des panégyriques, tant cet homme prenait singulièrement son métier à

1. Ce fragment est tiré d'un livre resté inachevé et commencé il y a plusieurs années. M. de Béranger vivait encore.

rebours. Les grossières naïvetés que Charlet prête à ses conscrits sont tournées avec une certaine gentillesse qui leur fait honneur et les rend intéressants. Cela sent les vaudevilles où les paysans font les *pataqu'est-ce* les plus touchants et les plus spirituels. Ce sont des cœurs d'ange avec l'esprit d'une académie, sauf les liaisons. Montrer le paysan tel qu'il est, c'est une fantaisie inutile de Balzac; peindre rigoureusement les abominations du cœur de l'homme, cela est bon pour Hogarth, esprit taquin et hypocondriaque; montrer au naturel les vices du soldat, ah! quelle cruauté! cela pourrait le décourager. C'est ainsi que le célèbre Charlet entend la caricature.

Relativement au *calotin*, c'est le même sentiment qui dirige notre partial artiste. Il ne s'agit pas de peindre, de dessiner d'une manière originale les laideurs morales de la sacristie; il faut plaire au soldat-laboureur : le soldat-laboureur mangeait du jésuite. Dans les arts, *il ne s'agit que de plaire,* comme disent les bourgeois.

Goya, lui aussi, s'est attaqué à la gent monastique. Je présume qu'il n'aimait pas les moines, car il les a faits bien laids; mais qu'ils sont beaux dans leur laideur et triomphants dans leur crasse et leur crapule monacales! Ici l'art domine, l'art purificateur comme le feu; là, la servilité qui corrompt l'art. Comparez maintenant l'artiste avec le courtisan : ici de superbes dessins, là un prêche voltairien.

On a beaucoup parlé des gamins de Charlet, ces

chers petits anges qui feront de si jolis soldats, qui aiment tant les vieux militaires, et qui jouent à la guerre avec des sabres de bois. Toujours ronds et frais comme des pommes d'api, le cœur sur la main, l'œil clair et souriant à la nature. Mais les *enfants terribles*, mais le *pâle voyou* du grand poëte, *à la voix rauque au teint jaune comme un vieux sou,* Charlet a le cœur trop pur pour voir ces choses-là.

Il avait quelquefois, il faut l'avouer, de bonnes intentions. — Dans une forêt, des brigands et leurs femmes mangent et se reposent auprès d'un chêne, où un pendu, déjà long et maigre, prend le frais de haut et respire la rosée, le nez incliné vers la terre et les pointes des pieds correctement alignées comme celles d'un danseur. Un des brigands dit en le montrant du doigt : *Voilà peut-être comme nous serons dimanche !*

Hélas ! il nous fournit peu de croquis de cette espèce. Encore si l'idée est bonne, le dessin est insuffisant; les têtes n'ont pas un caractère bien écrit. Cela pourrait être beaucoup plus beau, et, à coup sûr, ne vaut pas les vers de Villon soupant avec ses camarades sous le gibet, dans la plaine ténébreuse.

Le dessin de Charlet n'est guère que du chic, toujours des ronds et des ovales. Les sentiments, il les prenait tout faits dans les vaudevilles. C'est un homme très-artificiel qui s'est mis à imiter les idées du temps. Il a décalqué l'opinion, il a découpé son intelligence sur la mode. Le public était vraiment son *patron*.

Il avait cependant fait une fois une assez bonne

chose. C'est une galerie de costumes de la jeune et de la vieille garde, qu'il ne faut pas confondre avec une œuvre analogue publiée dans ces derniers temps, et qui, je crois, est même une œuvre posthume. Les personnages ont un caractère réel. Ils doivent être très-ressemblants. L'allure, le geste, les airs de tête sont excellents. Alors Charlet était jeune, il ne se croyait pas un grand homme, et sa popularité ne le dispensait pas encore de dessiner ses figures correctement et de les poser d'aplomb. Il a toujours été se négligeant de plus en plus, et il a fini par faire et recommencer sans cesse un vulgaire crayonnage que ne voudrait pas avouer le plus jeune des rapins, s'il avait un peu d'orgueil. Il est bon de faire remarquer que l'œuvre dont je parle est d'un genre simple et sérieux, et qu'elle ne demande aucune des qualités qu'on a attribuées plus tard gratuitement à un artiste aussi incomplet dans le comique. Si j'avais suivi ma pensée droite, ayant à m'occuper des caricaturistes, je n'aurais pas introduit Charlet dans le catalogue, non plus que Pinelli ; mais on m'aurait accusé de commettre des oublis graves.

En résumé : fabricant de niaiseries nationales, commerçant patenté de proverbes politiques, idole qui n'a pas, en somme, la vie plus dure que toute autre idole, il connaîtra prochainement la force de l'oubli, et il ira, avec le *grand* peintre et le *grand* poëte, ses cousins germains en ignorance et en sottise, dormir dans le panier de l'indifférence, comme ce papier inutilement profané qui n'est plus bon qu'à faire du papier neuf.

Je veux parler maintenant de l'un des hommes les plus importants, je ne dirai pas seulement de la caricature, mais encore de l'art moderne, d'un homme qui, tous les matins, divertit la population parisienne, qui, chaque jour, satisfait aux besoins de la gaieté publique et lui donne sa pâture. Le bourgeois, l'homme d'affaires, le gamin, la femme, rient et passent souvent, les ingrats! sans regarder le nom. Jusqu'à présent les artistes seuls ont compris tout ce qu'il y a de sérieux là dedans, et que c'est vraiment matière à une étude. On devine qu'il s'agit de Daumier.

Les commencements d'Honoré Daumier ne furent pas très-éclatants; il dessina, parce qu'il avait besoin de dessiner, vocation inéluctable. Il mit d'abord quelques croquis dans un petit journal créé par William Duckett; puis Achille Ricourt, qui faisait alors le commerce des estampes, lui en acheta quelques autres. La révolution de 1830 causa, comme toutes les révolutions, une fièvre caricaturale. Ce fut vraiment pour les caricaturistes une belle époque. Dans cette guerre acharnée contre le gouvernement, et particulièrement contre le roi, on était tout cœur, tout feu. C'est véritablement une œuvre curieuse à contempler aujourd'hui que cette vaste série de bouffonneries historiques qu'on appelait la *Caricature,* grandes archives comiques, où tous les artistes de quelque valeur apportèrent leur contingent. C'est un tohu-bohu, un capharnaüm, une prodigieuse comédie satanique, tantôt bouffonne, tantôt sanglante, où défilent, affublées de costumes variés et grotesques, toutes les honorabilités politiques. Parmi tous ces grands hommes de la monarchie naissante, que de noms déjà oubliés! Cette fantastique épopée est dominée, couronnée par la pyramidale et olympienne *Poire* de processive mémoire. On se rappelle que Philippon, qui avait à chaque instant maille à partir avec la justice royale, voulant une fois prouver au tribunal que rien n'était plus innocent que cette irritante et malencontreuse poire, dessina à l'audience même une série de croquis dont le premier représentait exactement la figure royale, et dont chacun, s'éloignant de plus en plus du type primitif, se rapprochait davantage du terme fatal : la poire. « Voyez, disait-il, quel rapport trouvez-vous entre ce dernier croquis et le premier? » On a fait des expériences analogues sur la tête de Jésus et sur celle de l'Apollon, et je crois qu'on est parvenu à ramener l'une des deux à la ressemblance d'un crapaud. Cela ne prouvait absolument rien. Le symbole avait été trouvé par une analogie complaisante. Le symbole dès lors suffisait. Avec cette espèce d'argot plastique, on était le maître de dire et de faire comprendre au peuple tout ce qu'on voulait. Ce fut donc autour de cette poire tyrannique et maudite que se rassembla la grande bande des hurleurs patriotes. Le fait est qu'on y mettait un acharnement et un ensemble merveilleux, et avec quelque opiniâtreté que ripostât la justice, c'est aujourd'hui un sujet d'énorme étonnement, quand on feuillette ces bouffonnes archives, qu'une guerre si furieuse ait pu se continuer pendant des années.

Tout à l'heure, je crois, j'ai dit : bouffonnerie sanglante. En effet, ces dessins sont souvent pleins de sang et de fureur. Massacres, emprisonnements, arrestations, perquisitions, procès, assommades de la police, tous ces épisodes des premiers temps du gouvernement de 1830 reparaissent à chaque instant ; qu'on en juge :

La Liberté, jeune et belle, assoupie dans un dangereux sommeil, coiffée de son bonnet phrygien, ne pense guère au danger qui la menace. *Un homme* s'avance vers elle avec précaution, plein d'un mauvais dessein. Il a l'encolure épaisse des hommes de la halle ou des gros propriétaires. Sa tête piriforme est surmontée d'un toupet très-proéminent et flanquée de larges favoris. Le monstre est vu de dos, et le plaisir de deviner son nom n'ajoutait pas peu de prix à l'estampe. Il s'avance vers la jeune personne. Il s'apprête à la violer.

— *Avez-vous fait vos prières ce soir, Madame?* — C'est Othello-Philippe qui étouffe l'innocente Liberté, malgré ses cris et sa résistance.

Le long d'une maison plus que suspecte passe une toute jeune fille, coiffée de son petit bonnet phrygien ; elle le porte avec l'innocente coquetterie d'une grisette démocrate. MM. un tel et un tel (visages connus, — des ministres, à coup sûr, des plus honorables) font ici un singulier métier. Ils circonviennent la pauvre enfant, lui disent à l'oreille des câlineries ou des saletés, et la poussent doucement vers l'étroit corridor. Derrière une porte, l'*Homme* se devine. Son profil est perdu, mais c'est bien lui ! Voilà le toupet et les favoris. Il attend, il est impatient !

Voici la Liberté traînée devant une cour prévôtale ou tout autre tribunal gothique : grande galerie de portraits actuels avec costumes anciens.

Voici la Liberté amenée dans la chambre des tourmenteurs. On va lui broyer ses chevilles délicates, on va lui ballonner le ventre avec des torrents d'eau, ou accomplir sur elle toute autre abomination. Ces athlètes aux bras nus, aux formes robustes, affamés de tortures, sont faciles à reconnaître. C'est M. un tel, M. un tel et M. un tel, — les bêtes noires de l'opinion [1].

Dans tous ces dessins, dont la plupart sont faits avec un sérieux et une conscience remarquables, le roi joue toujours un rôle d'ogre, d'assassin, de Gargantua inassouvi, pis encore quelquefois. Depuis la révolution de février, je n'ai vu qu'une seule caricature dont la férocité me rappelât le temps des grandes fureurs politiques; car tous les plaidoyers politiques étalés aux carreaux, lors de la grande élection présidentielle, n'offraient que des choses pâles au prix des produits de l'époque dont je viens de parler. C'était peu après les malheureux massacres de Rouen. — Sur le premier plan, un cadavre, troué de balles, couché sur une ci-

1. Je n'ai plus les pièces sous les yeux, il se pourrait que l'une de ces dernières fût de Traviès.

vière; derrière lui tous les gros bonnets de la ville, en uniforme, bien frisés, bien sanglés, bien attifés, les moustaches en croc et gonflés d'orgueil; il doit y avoir là dedans des dandys bourgeois qui vont monter leur garde ou réprimer l'émeute avec un bouquet de violettes à la boutonnière de leur tunique; enfin, un idéal de *garde bourgeoise,* comme disait le plus célèbre de nos démagogues. A genoux devant la civière, enveloppé dans sa robe de juge, la bouche ouverte et montrant comme un requin la double rangée de ses dents taillées en scie, F. C. promène lentement sa griffe sur la chair du cadavre qu'il égratigne avec délices. — Ah! le Normand! dit-il, il fait le mort pour ne pas répondre à la Justice!

C'était avec cette même fureur que *la Caricature* faisait la guerre au gouvernement. Daumier joua un rôle important dans cette escarmouche permanente. On avait inventé un moyen de subvenir aux amendes dont *le Charivari* était accablé; c'était de publier dans *la Caricature* des dessins supplémentaires dont la vente était affectée au payement des amendes. A propos du lamentable massacre de la rue Transnonain, Daumier se montra vraiment grand artiste; le dessin est devenu assez rare, car il fut saisi et détruit. Ce n'est pas précisément de la caricature, c'est de l'histoire, de la triviale et terrible réalité. — Dans une chambre pauvre et triste, la chambre traditionnelle du prolétaire, aux meubles banals et indispensables, le corps d'un ouvrier nu, en chemise et en bonnet de coton, gît sur le dos, tout de son long, les jambes et les bras écartés. Il y a eu sans doute dans la chambre une grande lutte et un grand tapage, car les chaises sont renversées, ainsi que la table de nuit et le pot de chambre. Sous le poids de son cadavre, le père écrase entre son dos et le carreau le cadavre de son petit enfant. Dans cette mansarde froide il n'y a rien que le silence et la mort.

Ce fut aussi à cette époque que Daumier entreprit une galerie satirique de portraits de personnages politiques. Il y en eut deux, l'une en pied, l'autre en buste. Celle-ci, je crois, est postérieure et ne contenait que des pairs de France. L'artiste y révéla une intelligence merveilleuse du portrait; tout en chargeant et en exagérant les traits originaux, il est si sincèrement resté dans la nature, que ces morceaux peuvent servir de modèle à tous les portraitistes. Toutes les pauvretés de l'esprit, tous les ridicules, toutes les manies de l'intelligence, tous les vices du cœur se lisent et se font voir clairement sur ces visages animalisés; et en même temps, tout est dessiné et accentué largement. Daumier fut à la fois souple comme un artiste et exact comme Lavater. Du reste, celles de ses œuvres datées de ce temps-là diffèrent beaucoup de ce qu'il fait aujourd'hui. Ce n'est pas la même facilité d'improvisation, le lâché et la légèreté de crayon qu'il a acquis plus tard. C'est quelquefois un peu lourd, rarement cependant, mais toujours très-fini, très-consciencieux et très-sévère.

Je me rappelle encore un fort beau dessin qui appartient à la même classe : *La Liberté de la Presse*. Au milieu de ses instruments émancipateurs, de son matériel d'imprimerie, un ouvrier typographe, coiffé sur l'oreille du sacramentel bonnet de papier, les manches de chemise retroussées, carrément campé, établi solidement sur ses grands pieds, ferme les deux poings et fronce les sourcils. Tout cet homme est musclé et charpenté comme les figures des grands maîtres. Dans le fond, l'éternel *Philippe* et ses sergents de ville. Ils n'osent pas venir s'y frotter.

Mais notre grand artiste a fait des choses bien diverses. Je vais décrire quelques-unes des planches les plus frappantes, empruntées à des genres différents. J'analyserai ensuite la valeur philosophique et artistique de ce singulier homme, et à la fin, avant de me séparer de lui, je donnerai la liste des différentes séries et catégories de son œuvre ou du moins je ferai pour le mieux, car actuellement son œuvre est un labyrinthe, une forêt d'une abondance inextricable.

Le Dernier Bain, caricature sérieuse et lamentable.— Sur le parapet d'un quai, debout et déjà penché, faisant un angle aigu avec la base d'où il se détache comme une statue qui perd son équilibre, un homme se laisse tomber roide dans la rivière. Il faut qu'il soit bien décidé; ses bras sont tranquillement croisés; un fort gros pavé est attaché à son cou avec une corde. Il a bien juré de n'en pas réchapper. Ce n'est pas un suicide de poëte qui veut être repêché et faire parler de lui. C'est la redingote chétive et grimaçante qu'il faut voir, sous laquelle tous les os font saillie! Et la cravate maladive et tortillée comme un serpent, et la pomme d'Adam, osseuse et pointue! Décidément, on n'a pas le courage d'en vouloir à ce pauvre diable d'aller fuir sous l'eau le spectacle de la civilisation. Dans le fond, de l'autre côté de la rivière, un bourgeois contemplatif, au ventre rondelet, se livre aux délices innocentes de la pêche.

Figurez-vous un coin très-retiré d'une barrière inconnue et peu passante, accablée d'un soleil de plomb. Un homme d'une tournure assez funèbre, un croque-mort ou un médecin, trinque et boit chopine sous un bosquet sans feuilles, un treillis de lattes poussiéreuses, en tête-à-tête avec un hideux squelette. A côté est posé le sablier et la faux. Je ne me rappelle pas le titre de cette planche. Ces deux vaniteux personnages font sans doute un pari homicide ou une savante dissertation sur la mortalité.

Daumier a éparpillé son talent en mille endroits différents. Chargé d'illustrer une assez mauvaise publication médico-poétique, la *Némésis médicale,* il fit des dessins merveilleux. L'un d'eux, qui a trait au choléra, représente une place publique inondée, criblée de lumière et de chaleur. Le ciel parisien, fidèle à son habitude ironique dans les grands fléaux et les grands remue-ménages politiques, le ciel est splendide; il est blanc, incandescent d'ardeur. Les ombres sont noires et nettes. Un cadavre est posé en travers d'une porte. Une femme rentre précipitamment en se bouchant le nez et la bouche. La place est déserte et brûlante, plus désolée qu'une place populeuse dont l'émeute a fait une solitude. Dans le fond, se profilent tristement deux ou trois petits corbillards attelés de haridelles comiques, et au milieu de ce forum de la désolation, un pauvre chien désorienté, sans but et sans pensée, maigre jusqu'aux os, flaire le pavé desséché, la queue serrée entre les jambes.

II

Voici maintenant le bagne. Un monsieur très-docte, habit noir et cravate blanche, un philanthrope, un redresseur de torts, est assis extatiquement entre deux forçats d'une figure épouvantable, stupides comme des crétins, féroces comme des bouledogues, usés comme des loques. L'un d'eux lui raconte qu'il a assassiné son père, violé sa sœur, ou fait toute autre action d'éclat. — Ah! mon ami, quelle riche organisation vous possédiez! s'écrie le savant extasié.

Ces échantillons suffisent pour montrer combien sérieuse est souvent la pensée de Daumier, et comme il attaque vivement son sujet. Feuilletez son œuvre, et vous verrez défiler devant vos yeux, dans sa réalité fantastique et saisissante, tout ce qu'une grande ville contient de vivantes monstruosités. Tout ce qu'elle renferme de trésors effrayants, grotesques, sinistres et bouffons, Daumier le connaît. Le cadavre vivant et affamé, le cadavre gras et repu, les misères ridicules du ménage, toutes les sottises, tous les orgueils, tous les enthousiasmes, tous les désespoirs du bourgeois, rien n'y manque. Nul comme celui-là n'a connu et aimé (à la manière des artistes) le bourgeois, ce dernier vestige du moyen âge, cette ruine gothique qui a la vie si dure, ce type à la fois si banal et si excentrique. Daumier a vécu intimement avec lui, il l'a épié le jour et la nuit, il a appris les mystères de son alcôve, il s'est lié avec sa femme et ses enfants, il sait la forme de son nez et la construction de sa tête, il sait quel esprit fait vivre la maison du haut en bas.

Faire une analyse complète de l'œuvre de Daumier serait chose impossible; je vais donner les titres de ses principales séries, sans trop d'appréciations ni de commentaires. Il y a dans toutes des fragments merveilleux.

Robert Macaire, Mœurs conjugales, Types parisiens, Profils et silhouettes, les Baigneurs, les Baigneuses, les Canotiers parisiens, les Bas-bleus, Pastorales, Histoire ancienne, les Bons Bourgeois, les Gens de Justice, la Journée de M. Coquelet, les Philanthropes du jour, Actualités, Tout ce qu'on voudra, les Représentants représentés. Ajoutez à cela les deux galeries de portraits dont j'ai parlé[1].

1. Une production incessante et régulière a rendu cette liste plus que incomplète. Une fois j'ai voulu, avec Daumier, faire le catalogue complet de son œuvre. A nous deux, nous n'avons pu y réussir.

J'ai deux remarques importantes à faire à propos de deux de ces séries, *Robert Macaire* et l'*Histoire ancienne*. — *Robert Macaire* fut l'inauguration décisive de la caricature de mœurs. La grande guerre politique s'était un peu calmée. L'opiniâtreté des poursuites, l'attitude du gouvernement qui s'était affermi, et une certaine lassitude naturelle à l'esprit humain avaient jeté beaucoup d'eau sur tout ce feu. Il fallait trouver du nouveau. Le pamphlet fit place à la comédie. La *Satire Ménippée* céda le terrain à Molière, et la grande épopée de Robert Macaire, racontée par Daumier d'une manière *flambante*, succéda aux colères révolutionnaires et aux dessins allusionnels. La caricature, dès lors, prit une allure nouvelle, elle ne fut plus spécialement politique. Elle fut la satire générale des citoyens. Elle entra dans le domaine du roman.

L'*Histoire ancienne* me paraît une chose importante, parce que c'est pour ainsi dire la meilleure paraphrase du vers célèbre : *Qui nous délivrera des Grecs et des Romains?* Daumier s'est abattu brutalement sur l'antiquité, sur la fausse antiquité, — car nul ne sent mieux que lui les grandeurs anciennes, — il a craché dessus ; et le bouillant Achille, et le prudent Ulysse, et la sage Pénélope, et Télémaque, ce grand dadais, et la belle Hélène qui perdit Troie, et tous enfin nous apparaissent dans une laideur bouffonne qui rappelle ces vieilles carcasses d'acteurs tragiques prenant une prise de tabac dans les coulisses. Ce fut un blasphème très-amusant, et qui eut son utilité. Je me rappelle qu'un poëte lyrique et païen de mes amis en était fort indigné. Il appelait cela une impiété et parlait de la belle Hélène comme d'autres parlent de la vierge Marie. Mais ceux-là qui n'ont pas un grand respect pour l'Olympe et pour la tragédie furent naturellement portés à s'en réjouir.

Pour conclure, Daumier a poussé son art très-loin, il en a fait un art sérieux; c'est un *grand* caricaturiste. Pour l'apprécier dignement, il faut l'analyser au point de vue de l'artiste et au point de vue moral. — Comme artiste, ce qui distingue Daumier, c'est la certitude. Il dessine comme les grands maîtres. Son dessin est abondant, facile, c'est une improvisation suivie; et pourtant ce n'est jamais du *chic*. Il a une mémoire merveilleuse et quasi-divine qui lui tient lieu de modèle. Toutes ses figures sont bien d'aplomb, toujours dans un mouvement vrai. Il a un talent d'observation tellement sûr qu'on ne trouve pas chez lui une seule tête qui jure avec le corps qui la supporte. Tel nez, tel front, tel œil, tel pied, telle main. C'est la logique du savant transportée dans un art léger, fugace, qui a contre lui la mobilité même de la vie.

Quant au moral, Daumier a quelques rapports avec Molière. Comme lui, il va droit au but. L'idée se dégage d'emblée. On regarde, on a compris. Les légendes qu'on écrit au bas de ses dessins ne servent pas à grand'chose, car ils pourraient généralement s'en passer. Son comique est, pour ainsi dire, involontaire. L'artiste ne cherche pas, on dirait plutôt que l'idée lui échappe. Sa caricature est formidable d'ampleur, mais sans rancune et sans fiel. Il y a dans toute son œuvre un fonds d'honnêteté et de bonhomie. Il a, remarquez bien ce trait, souvent refusé de traiter certains motifs satiriques très-beaux et très-violents, parce que cela, disait-il, dépassait les limites du comique et pouvait blesser la conscience du genre humain. Aussi quand il est navrant ou terrible, c'est presque sans l'avoir voulu. Il a dépeint ce qu'il a vu, et le résultat s'est produit. Comme il aime très-passionnément et très-naturellement la nature, il s'élèverait difficilement au comique absolu. Il évite même avec soin tout ce qui ne serait pas pour un public français l'objet d'une perception claire et immédiate.

Encore un mot. Ce qui complète le caractère remarquable de Daumier, et en fait un artiste spécial appartenant à l'illustre famille des maîtres, c'est que son dessin est naturellement coloré. Ses lithographies et ses dessins sur bois éveillent des idées de couleur. Son crayon contient autre chose que du noir bon à délimiter des contours. Il fait deviner la couleur comme la pensée; or c'est le signe d'un art supérieur, et que tous les artistes intelligents ont clairement vu dans ses ouvrages.

Henri Monnier a fait beaucoup de bruit il y a quelques années; il a eu un grand succès dans le monde bourgeois et dans le monde des ateliers, deux espèces de villages. Deux raisons à cela. La première est qu'il remplissait trois fonctions à la fois, comme Jules César :

comédien, écrivain, caricaturiste. La seconde est qu'il a un talent essentiellement bourgeois. Comédien, il était exact et froid; écrivain, vétilleux; artiste, il avait trouvé le moyen de faire du chic d'après nature.

Il est juste la contre-partie de l'homme dont nous venons de parler. Au lieu de saisir entièrement et d'emblée tout l'ensemble d'une figure ou d'un sujet, Henri Monnier procédait par un lent et successif examen des détails. Il n'a jamais connu le grand art. Ainsi Monsieur Prudhomme, ce type monstrueusement vrai, Monsieur Prudhomme n'a pas été conçu en grand. Henri Monnier l'a étudié, le Prudhomme vivant, réel; il l'a étudié jour à jour, pendant un très-long espace de temps. Combien de tasses de café a dû avaler Henri Monnier, combien de parties de dominos, pour arriver à ce prodigieux résultat, je l'ignore. Après l'avoir étudié, il l'a traduit; je me trompe, il l'a décalqué. A première vue, le produit apparaît comme extraordinaire; mais quand tout Monsieur Prudhomme a été dit, Henri Monnier n'avait plus rien à dire. Plusieurs de ses *Scènes populaires* sont certainement agréables; autrement il faudrait nier le charme cruel et surprenant du daguerréotype; mais Monnier ne sait rien créer, rien idéaliser, rien arranger. Pour en revenir à ses dessins, qui sont ici l'objet important, ils sont généralement froids et durs, et, chose singulière! il reste une chose vague dans la pensée, malgré la précision pointue du crayon. Monnier a une faculté étrange, mais il n'en a qu'une. C'est la froideur, la limpidité du miroir, d'un miroir qui ne pense pas et qui se contente de réfléchir les passants.

Quant à Grandville, c'est tout autre chose. Grandville est un esprit maladivement littéraire, toujours en quête de moyens bâtards pour faire entrer sa pensée dans le domaine des arts plastiques; aussi l'avons-nous vu souvent user du vieux procédé qui consiste à attacher aux bouches de ses personnages des banderoles parlantes. Un philosophe ou un médecin aurait à faire une bien belle étude psychologique et physiologique sur Grandville. Il a passé sa vie à chercher des idées, les trouvant quelquefois. Mais comme il était artiste par métier et homme de lettres par la tête, il n'a jamais pu les bien exprimer. Il a touché naturellement à plusieurs grandes questions, et il a fini par tomber dans le vide, n'étant tout à fait ni philosophe ni artiste. Grandville a roulé pendant une grande partie de son existence sur l'idée générale de l'Analogie. C'est même par là qu'il a commencé : *Métamorphoses du jour*. Mais il ne savait pas en tirer des conséquences justes; il cahotait comme une locomotive déraillée. Cet homme, avec un courage surhumain, a passé sa vie à refaire la création. Il la prenait dans ses mains, la tordait, la rarrangeait, l'expliquait, la commentait; et la nature se transformait en apocalypse. Il a mis le monde sens dessus dessous. Au fait, n'a-t-il pas composé un livre d'images qui s'appelle *Le Monde à l'envers?* Il y a des gens superficiels que Grandville divertit; quant à moi, il m'effraye. Car c'est à l'artiste malheureusement que je m'intéresse et non à ses dessins. Quand j'entre dans l'œuvre de Grandville, j'éprouve un certain malaise, comme dans un appartement où le désordre serait systématiquement organisé, où des corniches saugrenues s'appuieraient sur le plancher, où les tableaux se présenteraient déformés par des procédés d'opticien, où les objets se blesseraient obliquement par les angles, où les meubles se tiendraient les pieds en l'air, et où les tiroirs s'enfonceraient au lieu de sortir.

Sans doute Grandville a fait de belles et bonnes choses, ses habitudes têtues et minutieuses le servant beaucoup ; mais il n'avait pas de souplesse, et aussi n'a-t-il jamais su dessiner une femme. Or c'est par le côté fou de son talent que Grandville est important. Avant de mourir, il appliquait sa volonté, toujours opiniâtre, à noter sous une forme plastique la succession des rêves et des cauchemars, avec la précision d'un sténographe qui écrit le discours d'un orateur. L'artiste-Grandville voulait, oui, il voulait que le crayon expliquât la loi d'association des idées. Grandville est très-comique; mais il est souvent un comique sans le savoir.

Voici maintenant un artiste, bizarre dans sa grâce, mais bien autrement important. Gavarni commença cependant par faire des dessins de machines, puis des dessins de modes, et il me semble qu'il lui en est resté longtemps un stigmate; cependant il est juste de dire que Gavarni a toujours été en progrès. Il n'est pas tout à fait un caricaturiste, ni même uniquement un artiste, il est aussi un littérateur. Il effleure, il fait deviner. Le caractère particulier de son comique est une grande finesse d'observation, qui va quelquefois jusqu'à la ténuité. Il connaît, comme Marivaux, toute la puissance de la réticence, qui est à la fois une amorce et une flatterie à l'intelligence du public. Il fait lui-même les légendes de ses dessins, et quelquefois très-entortillées. Beaucoup de gens préfèrent Gavarni à Daumier, et cela n'a rien d'étonnant. Comme Gavarni est moins artiste, il est plus facile à comprendre pour eux. Daumier est un génie franc et direct. Otez-lui la légende, le dessin reste une belle et claire chose. Il n'en est pas ainsi de Gavarni ; celui-ci est double : il y a le dessin, plus la légende. En second lieu, Gavarni n'est pas essentiellement satirique; il flatte souvent au lieu de mordre; il ne blâme pas, il encourage. Comme tous les hommes de lettres, homme de lettres lui-même, il est légèrement teinté de corruption. Grâce à l'hypocrisie charmante de sa pensée et à la puissante tactique des demi-mots, il ose tout. D'autres fois, quand sa pensée cynique se dévoile franchement, elle endosse un vêtement gracieux, elle caresse les préjugés et fait du monde son complice. Que de raisons de popularité! Un échantillon entre mille : vous rappelez-vous cette grande et belle fille qui regarde avec une moue dédaigneuse un jeune homme joignant devant elle les mains dans une attitude suppliante? « Un petit baiser, ma bonne dame charitable, pour l'amour de Dieu! s'il vous plaît.— Repassez ce soir, on a déjà donné à votre père ce matin. » On dirait vraiment que la dame est un portrait. Ces coquins-là sont si jolis que la jeunesse aura fatalement envie de les imiter. Remarquez, en outre, que le plus beau est dans la légende, le dessin étant impuissant à dire tant de choses.

Gavarni a créé la Lorette. Elle existait bien un peu avant lui, mais il l'a complétée. Je crois même que c'est lui qui a inventé le mot. La Lorette, on l'a déjà dit, n'est pas la fille entretenue, cette chose de l'Empire, condamnée à vivre en tête-à-tête funèbre avec le cadavre métallique dont elle vivait, général ou banquier. La Lorette est une personne libre. Elle va et elle vient. Elle tient maison ouverte. Elle n'a pas de maître; elle fréquente les artistes et les journalistes. Elle fait ce qu'elle peut pour avoir de l'esprit. J'ai dit que Gavarni l'avait complétée; et, en effet, entraîné par son imagination littéraire, il invente au moins autant qu'il voit, et, pour cette raison, il a beaucoup agi sur les mœurs. Paul de Kock a créé la Grisette, et Gavarni la Lorette; et quelques-unes de ces filles se sont perfectionnées en se l'assimilant, comme la jeunesse du quartier latin avait subi l'influence de ses *étudiants,* comme beaucoup de gens s'efforcent de ressembler aux gravures de mode.

Tel qu'il est, Gavarni est un artiste plus qu'intéressant, dont il restera beaucoup. Il faudra feuilleter ces œuvres-là pour comprendre l'histoire des dernières années de la monarchie. La république a un peu effacé Gavarni; loi cruelle, mais naturelle. Il était né avec l'apaisement, il s'éclipse avec la tempête. — La véritable gloire et la vraie mission de Gavarni et de Daumier ont été de compléter Balzac, qui d'ailleurs le savait bien, et les estimait comme des auxiliaires et des commentateurs.

Les principales créations de Gavarni sont : *La Boîte aux lettres, les Étudiants, les Lorettes, les Actrices, les Coulisses, les Enfants terribles, Hommes et Femmes de plume,* et une immense série de sujets détachés.

Il me reste à parler de Trimolet, de Traviès et de Jacque. — Trimolet fut une destinée mélancolique; on ne se douterait guère, à voir la bouffonnerie gracieuse et enfantine qui souffle à travers ses compositions, que tant de douleurs graves et de chagrins cuisants aient assailli sa pauvre vie. Il a gravé lui-même à l'eau-forte, pour la collection des *Chansons populaires de la France* et pour les almanachs comiques d'Aubert, de fort beaux dessins, ou plutôt des croquis, où règne la plus folle et la plus innocente gaieté. Trimolet dessinait librement sur la planche, sans dessin préparatoire, des compositions très-compliquées, procédé dont il résulte bien, il faut l'avouer, un peu de fouillis. Évidemment l'artiste avait été très-frappé par les œuvres de Cruikshank; mais, malgré tout, il garde son originalité; c'est un humoriste qui mérite une place à part; il y a là une saveur *sui generis*, un goût fin qui se distingue de tous autres pour les gens qui ont le palais fin.

Un jour, Trimolet fit un tableau; c'était bien conçu et c'était une grande pensée : dans une nuit sombre et mouillée, un de ces vieux hommes qui ont l'air d'une ruine ambulante et d'un paquet de guenilles vivantes s'est étendu au pied d'un mur décrépi. Il lève ses yeux reconnaissants vers le ciel sans étoiles, et s'écrie: « Je vous bénis, mon Dieu, qui m'avez donné ce mur pour m'abriter et cette natte pour me couvrir! » Comme tous les déshérités harcelés par la douleur, ce brave homme n'est pas difficile, et il fait volontiers crédit du reste au Tout-Puissant. Quoi qu'en dise la race des optimistes qui, selon Désaugiers, se laissent quelquefois choir après boire, au risque d'écraser *un pauvre homme qui n'a pas dîné,* il y a des génies qui ont passé de ces nuits-là! Trimolet est mort; il est mort au moment où l'aurore éclaircissait son horizon, et où la fortune plus clémente avait envie de lui sourire. Son talent grandissait, sa machine intellectuelle était bonne et fonctionnait activement; mais sa machine physique était gravement avariée et endommagée par des tempêtes anciennes.

Traviès, lui aussi, fut une fortune malencontreuse. Selon moi, c'est un artiste éminent et qui ne fut pas dans son temps délicatement apprécié. Il a beaucoup produit, mais il manque de certitude. Il veut être plaisant, et il ne l'est pas, à coup sûr. D'autres fois, il trouve une belle chose et il l'ignore. Il s'amende, il se corrige sans cesse; il se tourne, il se retourne et poursuit un idéal intangible. Il est le prince du guignon. Sa muse est une nymphe de faubourg, pâlotte et mélancolique. A travers toutes ses tergiversations, on suit partout un filon souterrain aux couleurs et au caractère assez notables. Traviès a un profond sentiment des joies et des douleurs du peuple; il connaît la canaille à fond, et nous pouvons dire qu'il l'a aimée avec une tendre charité. C'est la raison pour laquelle ses *Scènes bachiques* resteront une œuvre remarquable; ses chiffonniers d'ailleurs sont généralement très-ressemblants, et toutes ces guenilles ont l'ampleur et la noblesse presque insaisissable du style tout fait, tel que l'offre la nature dans ses caprices. Il ne faut pas oublier que Traviès est le créateur de *Mayeux*, ce type excentrique et vrai qui a tant amusé Paris. Mayeux est à lui comme *Robert Macaire* est à Daumier, comme *M. Prudhomme* est à Monnier. — En ce temps déjà lointain, il y avait à Paris une espèce de bouffon physionomane, nommé Léclaire, qui courait les guinguettes, les caveaux et les petits théâtres. Il faisait des *têtes d'expression*, et entre deux bougies il illuminait successivement sa figure de toutes les passions. C'était le cahier des *Caractères des passions de M. Lebrun, peintre du roi.* Cet homme, accident bouffon plus commun qu'on ne le suppose dans les castes excentriques, était très-mélancolique et possédé de la rage de l'amitié. En dehors de ses études et de ses représentations grotesques, il passait son temps à chercher un ami, et quand il avait bu, ses yeux pleuvaient abondamment les larmes de la solitude. Cet infortuné possédait une telle puissance objective et une si grande aptitude à se grimer, qu'il imitait à s'y méprendre la bosse, le front plissé d'un bossu, ses grandes pattes simiesques et son parler criard et baveux. Traviès le vit; on était encore en plein dans la grande ardeur patriotique de Juillet; une idée lumineuse s'abattit dans son cerveau; Mayeux fut créé, et pendant longtemps le turbulent Mayeux parla, cria, pérora, gesticula dans la mémoire du peuple parisien. Depuis lors on a reconnu que Mayeux existait, et l'on a cru que Traviès l'avait connu et copié. Il en a été ainsi de plusieurs autres créations populaires.

Depuis quelque temps Traviès a disparu de la scène, on ne sait trop pourquoi, car il y a aujourd'hui, comme toujours, de solides entreprises d'albums et de journaux comiques. C'est un malheur réel, car il est très-observateur, et, malgré ses hésitations et ses défaillances, son talent a quelque chose de sérieux et de tendre qui le rend singulièrement attachant.

Il est bon d'avertir les collectionneurs que, dans les caricatures relatives à Mayeux, les femmes qui, comme on sait, ont joué un grand rôle dans l'épopée de ce Ragotin galant et patriotique, ne sont pas de Traviès : elles sont de Philippon, qui avait l'idée excessivement *comique* et qui dessinait les femmes d'une manière séduisante, de sorte qu'il se réservait le plaisir de faire les femmes dans les *Mayeux* de Traviès, et qu'ainsi chaque dessin se trouvait doublé d'un style qui ne *doublait* vraiment pas l'intention comique.

Jacque, l'excellent artiste, à l'intelligence multiple, a été aussi occasionnellement un recommandable caricaturiste. En dehors de ses peintures et de ses gravures à l'eau-forte, où il s'est montré toujours grave et poétique, il a fait de fort bons dessins grotesques, où l'idée d'ordinaire se projette bien et d'emblée. Voir *Militairiana* et *Malades et Médecins*. Il dessine richement et spirituellement, et sa caricature a, comme tout ce qu'il fait, le mordant et la soudaineté du poëte observateur.

VIII

QUELQUES
CARICATURISTES ÉTRANGERS

HOGARTH — CRUIKSHANK — GOYA — PINELLI
BRUEGHEL

I

Un nom tout à fait populaire, non-seulement chez les artistes, mais aussi chez les gens du monde, un artiste des plus éminents en matière de comique, et qui remplit la mémoire comme un proverbe, est Hogarth. J'ai souvent entendu dire de Hogarth : « C'est l'enterrement du comique. » Je le veux bien; le mot peut être pris pour spirituel, mais je désire qu'il soit entendu comme éloge; je tire de cette formule malveillante le symptôme, le diagnostic d'un mérite tout particulier. En effet, qu'on y fasse attention, le talent de Hogarth comporte en soi quelque chose de froid, d'astringent, de funèbre. Cela serre le cœur. Brutal et violent, mais toujours préoccupé du sens moral de ses compositions, moraliste avant tout, il les charge, comme notre Grandville, de détails allégoriques et allusionnels, dont la fonction, selon lui, est de compléter et d'élucider sa pensée. Pour le spectateur, j'allais, je crois, dire pour le lecteur, il arrive quelquefois, au rebours de son désir, qu'elles retardent l'intelligence et l'embrouillent.

D'ailleurs Hogarth a, comme tous les artistes très-chercheurs, des manières et des morceaux assez variés. Son procédé n'est pas toujours aussi dur, aussi écrit, aussi tatillon. Par exemple, que l'on compare les planches du *Mariage à la mode* avec celles qui représentent *les Dangers et les Suites de l'incontinence, le Palais du Gin, le Supplice du Musicien, le Poëte dans son ménage,* on reconnaîtra dans ces dernières beaucoup plus d'aisance et d'abandon. Une des plus curieuses est certainement celle qui nous montre un cadavre aplati, roide et allongé sur la table de dissection. Sur une poulie ou toute autre mécanique scellée au plafond se dévident les intestins du mort débauché. Ce mort est horrible, et rien ne peut faire un contraste plus singulier avec ce cadavre, cadavérique entre tous, que les hautes, longues, maigres ou rotondes figures, grotesquement graves, de tous ces docteurs britanniques, chargées de monstrueuses perruques à rouleaux. Dans un coin, un chien plonge goulûment son museau dans un seau et y pille quelques débris humains. Hogarth, l'enterrement du comique! j'aimerais mieux dire que c'est le comique dans l'enterrement. Ce chien anthropophage m'a toujours fait rêver au cochon historique qui se soûlait impudemment du sang de l'infortuné Fualdès, pendant qu'un orgue de Barbarie exécutait, pour ainsi dire, le service funèbre de l'agonisant.

J'affirmais tout à l'heure que le bon mot d'atelier devait être pris comme un éloge. En effet, je retrouve bien dans Hogarth ce je ne sais quoi de sinistre, de violent et de résolu, qui respire dans presque toutes les œuvres du pays du spleen. Dans le *Palais du Gin*, à côté des mésaventures innombrables et des accidents grotesques dont est semée la vie et la route des ivrognes, on trouve des cas terribles qui sont peu comiques à notre point de vue français : presque toujours des cas de mort violente. Je ne veux pas faire ici une analyse détaillée des œuvres de Hogarth ; de nombreuses appréciations ont déjà été faites du singulier et minutieux moraliste, et je veux me borner à constater le caractère général qui domine les œuvres de chaque artiste important.

Il serait injuste, en parlant de l'Angleterre, de ne pas mentionner Seymour, dont tout le monde a vu les admirables charges sur la pêche et la chasse, double épopée de maniaques. C'est à lui que primitivement fut empruntée cette merveilleuse allégorie de l'araignée qui a filé sa toile entre la ligne et le bras de ce pêcheur que l'impatience ne fait jamais trembler.

Dans Seymour, comme dans les autres Anglais, violence et amour de l'excessif ; manière simple, archibrutale et directe, de poser le sujet. En matière de caricature, les Anglais sont des ultra. — *Oh! the deep,*

deep sea! s'écrie dans une béate contemplation, tranquillement assis sur le banc d'un canot, un gros Londonien, à un quart de lieue du port. Je crois même qu'on aperçoit encore quelques toitures dans le fond. L'extase de cet imbécile est extrême; aussi il ne voit pas les deux grosses jambes de sa chère épouse, qui dépassent l'eau et se tiennent droites, les pointes en l'air. Il paraît que cette grasse personne s'est laissée choir, la tête la première, dans le liquide élément dont l'aspect enthousiasme cet épais cerveau. De cette malheureuse créature les jambes sont tout ce qu'on voit. Tout à l'heure ce puissant amant de la nature cherchera flegmatiquement sa femme et ne la trouvera plus.

Le mérite spécial de George Cruikshank (je fais abstraction de tous ses autres mérites, finesse d'expression, intelligence du fantastique, etc.) est une abondance inépuisable dans le grotesque. Cette verve est inconcevable, et elle serait réputée impossible, si les preuves n'étaient pas là, sous forme d'une œuvre immense, collection innombrable de vignettes, longue série d'albums comiques, enfin d'une telle quantité de personnages, de situations, de physionomies, de tableaux grotesques, que la mémoire de l'observateur s'y perd; le grotesque coule incessamment et inévitablement de la pointe de Cruikshank, comme les rimes riches de la plume des poëtes naturels. Le grotesque est son habitude.

Si l'on pouvait analyser sûrement une chose aussi fugitive et impalpable que le sentiment en art, ce je ne sais quoi qui distingue toujours un artiste d'un autre, quelque intime que soit en apparence leur parenté, je dirais que ce qui constitue surtout le grotesque de Cruikshank, c'est la violence extravagante du geste et du mouvement, et l'explosion dans l'expression. Tous ses petits personnages miment avec fureur et turbulence comme des acteurs de pantomime. Le seul défaut qu'on puisse lui reprocher est d'être souvent plus homme d'esprit, plus crayonneur qu'artiste, enfin de ne pas toujours dessiner d'une manière assez consciencieuse. On dirait que, dans le plaisir qu'il éprouve à s'abandonner à sa prodigieuse verve, l'auteur oublie de douer ses personnages d'une vitalité suffisante. Il dessine un peu trop comme les hommes de lettres qui s'amusent à barbouiller des croquis. Ces prestigieuses petites créatures ne sont pas toujours nées viables. Tout ce monde minuscule se culbute, s'agite et se mêle avec une pétulance indicible, sans trop s'inquiéter si tous ses membres sont bien à leur place naturelle. Ce ne sont trop souvent que des hypothèses humaines qui se démènent comme elles peuvent. Enfin, tel qu'il est, Cruikshank est un artiste doué de riches facultés comiques, et qui restera dans toutes les collections. Mais que dire de ces plagiaires français modernes, impertinents jusqu'à prendre non-seulement des sujets et des canevas, mais même la manière et le style? Heureusement la naïveté ne se vole pas. Ils ont réussi à être de glace dans leur enfantillage affecté, et ils dessinent d'une façon encore plus insuffisante.

II

En Espagne, un homme singulier a ouvert dans le comique de nouveaux horizons.

A propos de Goya, je dois d'abord renvoyer mes lecteurs à l'excellent article que Théophile Gautier a écrit sur lui dans *le Cabinet de l'Amateur*, et qui fut depuis reproduit dans un volume de mélanges. Théophile Gautier est parfaitement doué pour comprendre de semblables natures. D'ailleurs, relativement aux procédés de Goya, — aqua-tinte et eau-forte mêlées, avec retouches à la pointe sèche, — l'article en question contient tout ce qu'il faut. Je veux seulement ajouter quelques mots sur l'élément très-rare que Goya a introduit dans le comique : je veux parler du fantastique. Goya n'est précisément rien de spécial, de particulier, ni comique absolu, ni comique purement significatif, à la manière française. Sans doute il plonge souvent dans le comique féroce et s'élève jusqu'au comique absolu ; mais l'aspect général sous lequel il voit les choses est surtout fantastique, ou plutôt le regard qu'il jette sur les choses est un traducteur naturellement fantastique. *Los Caprichos* sont une œuvre merveilleuse, non-seulement par l'originalité des conceptions, mais encore par l'exécution. J'imagine devant *les Caprices* un homme, un curieux, un amateur, n'ayant aucune notion des faits historiques auxquels plusieurs de ces planches font allusion, un simple esprit d'artiste qui ne sache ce que c'est ni que Godoï, ni le roi Charles, ni la reine; il éprouvera toutefois au fond de son cerveau une commotion vive, à cause de la manière originale, de la plénitude et de la certitude des moyens de l'artiste, et aussi de cette atmosphère fantastique qui baigne tous ses sujets. Du reste, il y a dans les œuvres issues des profondes individualités quelque chose qui ressemble à ces rêves périodiques ou chroniques qui assiégent régulièrement notre sommeil. C'est là ce qui marque le véritable artiste, toujours durable et vivace même dans ces œuvres fugitives, pour ainsi dire suspendues aux événements, qu'on appelle *caricatures;* c'est là, dis-je, ce qui distingue les caricaturistes historiques d'avec les caricaturistes artistiques, le comique fugitif d'avec le comique éternel.

Goya est toujours un grand artiste, souvent effrayant. Il unit à la gaieté, à la jovialité, à la satire espagnole du bon temps de Cervantes, un esprit beaucoup plus moderne, ou du moins qui a été beaucoup plus cherché dans les temps modernes, l'amour de l'insaisissable, le sentiment des contrastes violents, des épouvantements de la nature et des physionomies humaines étrangement animalisées par les circonstances. C'est chose curieuse à remarquer que cet esprit qui vient après le grand mouvement satirique et démolisseur du XVIIIe siècle, et auquel Voltaire aurait su gré, pour l'idée seulement (car le pauvre grand homme ne s'y connaissait guère quant au reste), de toutes ces caricatures monacales, — moines bâillants, moines goinfrants, têtes carrées d'assassins se préparant à matines, têtes rusées, hypocrites, fines et méchantes comme des profils d'oiseaux de proie; — il est curieux, dis-je, que ce haïsseur de moines ait tant rêvé sorcières, sabbat, diableries, enfants qu'on fait cuire à la broche, que sais-je? toutes les débauches du rêve, toutes les hyperboles de l'hallucination, et puis toutes ces blanches et sveltes Espagnoles que de vieilles sempiternelles lavent et préparent soit pour le sabbat, soit pour la prostitution du soir, sabbat de la civilisation! La lumière et les ténèbres se jouent à travers toutes ces grotesques horreurs. Quelle singulière jovialité! Je me rappelle surtout deux planches extraordinaires : — l'une représente un paysage fantastique, un mélange de nuées et de rochers. Est-ce un coin de Sierra inconnue et infréquentée? un échantillon du chaos? Là, au sein de ce théâtre abominable, a lieu une bataille acharnée entre deux sorcières suspendues au milieu des airs. L'une est à cheval sur l'autre; elle la rosse, elle la dompte. Ces deux monstres roulent à travers l'air ténébreux. Toute la hideur, toutes les saletés morales, tous les vices que l'esprit humain peut concevoir sont écrits sur ces deux faces, qui, suivant une habitude fréquente et un procédé inexplicable de l'artiste, tiennent le milieu entre l'homme et la bête.

L'autre planche représente un être, un malheureux, une monade solitaire et désespérée, qui veut à toute force sortir de son tombeau. Des démons malfaisants, une myriade de vilains gnomes lilliputiens pèsent de tous leurs efforts réunis sur le couvercle de la tombe entre-bâillée. Ces gardiens vigilants de la mort se sont coalisés contre l'âme récalcitrante qui se consume dans une lutte impossible. Ce cauchemar s'agite dans l'horreur du vague et de l'indéfini.

A la fin de sa carrière, les yeux de Goya étaient affaiblis au point qu'il fallait, dit-on, lui tailler ses crayons. Pourtant il a, même à cette époque, fait de grandes lithographies très-importantes, entre autres des courses de taureaux pleines de foule et de fourmillement, planches admirables, vastes tableaux en miniature, — preuves nouvelles à l'appui de cette loi singulière qui préside à la destinée des grands artistes, et qui veut que, la vie se gouvernant à l'inverse de l'intelligence, ils gagnent d'un côté ce qu'ils perdent de l'autre, et qu'ils aillent ainsi, suivant une jeunesse progressive, se renforçant, se ragaillardissant, et croissant en audace jusqu'au bord de la tombe.

Au premier plan d'une de ces images, où règnent un tumulte et un tohu-bohu admirables, un taureau furieux, un de ces rancuniers qui s'acharnent sur les morts, a déculotté la partie postérieure d'un des combattants. Celui-ci, qui n'est que blessé, se traîne lourdement sur les genoux. La formidable bête a soulevé avec ses cornes la chemise lacérée et mis à l'air les deux fesses du malheureux, et elle abaisse de nouveau son mufle menaçant; mais cette indécence dans le carnage n'émeut guère l'assemblée.

Le grand mérite de Goya consiste à créer le monstrueux vraisemblable. Ses monstres sont nés viables, harmoniques. Nul n'a osé plus que lui dans le sens de l'absurde possible. Toutes ces contorsions, ces faces bestiales, ces grimaces diaboliques sont pénétrées d'*humanité*. Même au point de vue particulier de l'histoire naturelle, il serait difficile de les condamner, tant il y a analogie et harmonie dans toutes les parties de leur être; en un mot, la ligne de suture, le point de jonction entre le réel et le fantastique est impossible à saisir; c'est une frontière vague que l'analyste le plus subtil ne saurait pas tracer, tant l'art est à la fois transcendant et naturel[1].

III

Le climat de l'Italie, pour méridional qu'il soit, n'est pas celui de l'Espagne, et la fermentation du comique n'y donne pas les mêmes résultats. Le pédantisme italien (je me sers de ce terme à défaut d'un terme absent) a trouvé son expression dans les caricatures de Léonard de Vinci et dans les scènes de mœurs de Pinelli. Tous les artistes connaissent les caricatures de Léonard de Vinci, véritables portraits. Hideuses et

1. Nous possédions, il y a quelques années, plusieurs précieuses peintures de Goya, reléguées malheureusement dans des coins obscurs de la galerie; elles ont disparu avec le Musée espagnol.

froides, ces caricatures ne manquent pas de cruauté, mais elles manquent de comique; pas d'expansion, pas d'abandon; le grand artiste ne s'amusait pas en les dessinant, il les a faites en savant, en géomètre, en professeur d'histoire naturelle. Il n'a eu garde d'omettre la moindre verrue, le plus petit poil. Peut-être, en somme, n'avait-il pas la prétention de faire des caricatures. Il a cherché autour de lui des types de laideur excentriques, et il les a copiés.

Cependant, tel n'est pas, en général, le caractère italien. La plaisanterie en est basse, mais elle est franche. Les tableaux de Bassan qui représentent le carnaval de Venise nous en donnent une juste idée. Cette gaieté regorge de saucissons, de jambons et de macaroni. Une fois par an, le comique italien fait explosion au Corso et il y atteint les limites de la fureur. Tout le monde a de l'esprit, chacun devient artiste comique; Marseille et Bordeaux pourraient peut-être nous donner des échantillons de ces tempéraments. — Il faut voir, dans la *Princesse Brambilla,* comme Hoffmann a bien compris le caractère italien, et comme les artistes allemands qui boivent au café Greco en parlent délicatement. Les artistes italiens sont plutôt bouffons que comiques. Ils manquent de profondeur, mais ils subissent tous la franche ivresse de la gaieté nationale. Matérialiste, comme est généralement le Midi, leur plaisanterie sent toujours la cuisine et le mauvais lieu. Au total, c'est un artiste français, c'est Callot, qui, par la concentration d'esprit et la fermeté de volonté propres à notre pays, a donné à ce genre de comique sa plus belle expression. C'est un Français qui est resté le meilleur bouffon italien.

J'ai parlé tout à l'heure de Pinelli, du classique Pinelli, qui est maintenant une gloire bien diminuée. Nous ne dirons pas de lui qu'il est précisément un caricaturiste; c'est plutôt un *croqueur* de scènes pittoresques. Je ne le mentionne que parce que ma jeunesse a été fatiguée de l'entendre louer comme le type du *caricaturiste noble.* En vérité, le comique n'entre là dedans que pour une quantité infinitésimale. Dans toutes les études de cet artiste nous trouvons une préoccupation constante de la ligne et des compositions antiques, une aspiration systématique au style.

Mais Pinelli, — ce qui sans doute n'a pas peu contribué à sa réputation, — eut une existence beaucoup plus romantique que son talent. Son originalité se manifesta bien plus dans son caractère que dans ses ouvrages; car il fut un des types les plus complets de l'*artiste,* tel que se le figurent les bons bourgeois, c'est-à-dire du désordre classique, de l'inspiration s'exprimant par l'inconduite et les habitudes violentes. Pinelli possédait tout le charlatanisme de certains artistes : ses deux énormes chiens qui le suivaient partout comme des confidents et des camarades, son gros bâton noueux, ses cheveux en cadenette qui coulaient le long de ses joues, le cabaret, la mauvaise compagnie, le parti pris de détruire fastueusement les œuvres dont on ne lui offrait pas un prix satisfaisant, tout cela faisait partie de sa réputation. Le ménage de Pinelli n'était guère mieux ordonné que la conduite du chef de la maison. Quelquefois, en rentrant chez lui, il trouvait sa femme et sa fille se prenant aux cheveux, les yeux hors de la tête, dans toute l'excitation et la furie italiennes. Pinelli trouvait cela superbe : « Arrêtez ! leur criait-il, — ne bougez pas, restez ainsi ! » Et le drame se métamorphosait en un dessin. On voit que Pinelli était de la race des artistes qui se promènent à travers la nature matérielle pour qu'elle vienne en aide à la paresse de leur esprit, toujours prêts *à saisir leurs pinceaux*. Il se rapproche ainsi par un côté du malheureux Léopold Robert, qui prétendait, lui aussi, trouver dans la nature, et seulement dans la nature, de ces sujets tout faits, qui, pour des artistes plus imaginatifs, n'ont qu'une valeur de notes. Encore ces sujets, même les plus nationalement comiques et pittoresques, sont-ils toujours par Pinelli, comme par Léopold Robert, passés au crible, au tamis implacable du goût.

Pinelli a-t-il été calomnié? Je l'ignore, mais telle est sa légende. Or tout cela me paraît signe de faiblesse. Je voudrais que l'on créât un néologisme, que l'on fabriquât un mot destiné à flétrir ce genre de poncif, le poncif dans l'allure et la conduite, qui s'introduit dans la vie des artistes comme dans leurs œuvres. D'ailleurs, je remarque que le contraire se présente fréquemment dans l'histoire, et que les artistes les plus inventifs, les plus étonnants, les plus excentriques dans leurs conceptions, sont souvent des hommes dont la vie est calme et minutieusement rangée. Plusieurs d'entre ceux-là ont eu les vertus de ménage très-développées. N'avez-vous pas remarqué souvent que rien ne ressemble plus au parfait bourgeois que l'artiste de génie concentré?

IV

Les Flamands et les Hollandais ont, dès le principe, fait de très-belles choses, d'un caractère vraiment spécial et indigène. Tout le monde connaît les anciennes et singulières productions de Brueghel le Drôle, qu'il ne faut pas confondre, ainsi que l'ont fait plusieurs écrivains, avec Brueghel d'Enfer. Qu'il y ait là dedans une certaine systématisation, un parti pris d'excentricité, une méthode dans le bizarre, cela n'est pas douteux. Mais il est bien certain aussi que cet étrange talent a une origine plus haute qu'une espèce de gageure artistique. Dans les tableaux fantastiques de Brueghel le Drôle se montre toute la puissance de l'hallucination. Quel artiste pourrait composer des œuvres aussi monstrueusement paradoxales, s'il n'y était poussé dès le principe par quelque force inconnue? En art, c'est une chose qui n'est pas assez remarquée, la part laissée à la volonté de l'homme est bien moins grande qu'on ne le croit. Il y a dans l'idéal baroque que Brueghel paraît avoir poursuivi, beaucoup de rapports avec celui de Grandville, surtout si l'on veut bien examiner les tendances que l'artiste français a manifestées dans les dernières années de sa vie : visions d'un cerveau malade, hallucinations de la fièvre, changements à vue du rêve, associations bizarres d'idées, combinaisons de formes fortuites et hétéroclites.

Les œuvres de Brueghel le Drôle peuvent se diviser en deux classes : l'une contient des allégories politiques presque indéchiffrables aujourd'hui ; c'est dans cette série qu'on trouve des maisons dont les fenêtres sont des yeux, des moulins dont les ailes sont des bras, et mille compositions effrayantes où la nature est incessamment transformée en logogriphe. Encore, bien souvent, est-il impossible de démêler si ce genre de composition appartient à la classe des dessins politiques et allégoriques, ou à la seconde classe, qui est évidemment la plus curieuse. Celle-ci, que notre siècle, pour qui rien n'est difficile à expliquer, grâce à son double caractère d'incrédulité et d'ignorance, qualifierait simplement de fantaisies et de caprices, contient, ce me semble, une espèce de *mystère*. Les derniers travaux de quelques médecins, qui ont enfin entrevu la nécessité d'expliquer une foule de faits historiques et miraculeux autrement que par les moyens commodes de l'école voltairienne, laquelle ne voyait partout que l'habileté dans l'imposture, n'ont pas encore débrouillé tous les arcanes psychiques. Or, je défie qu'on explique le capharnaüm diabolique et drolatique de Brueghel le

Drôle autrement que par une espèce de grâce spéciale et satanique. Au mot grâce spéciale substituez, si vous voulez, le mot folie, ou hallucination; mais le mystère restera presque aussi noir. La collection de toutes ces pièces répand une contagion; les cocasseries de Brueghel le Drôle donnent le vertige. Comment une intelligence humaine a-t-elle pu contenir tant de diableries et de merveilles, engendrer et décrire tant d'effrayantes absurdités? Je ne puis le comprendre ni en déterminer positivement la raison; mais souvent nous trouvons dans l'histoire, et même dans plus d'une partie moderne de l'histoire, la preuve de l'immense puissance des contagions, de l'empoisonnement par l'atmosphère morale, et je ne puis m'empêcher de remarquer (mais sans affectation, sans pédantisme, sans visée positive, comme de prouver que Brueghel a pu voir le diable en personne) que cette prodigieuse floraison de monstruosités coïncide de la manière la plus singulière avec la fameuse et historique *épidémie des sorciers*.

FIN DES CURIOSITÉS ESTHÉTIQUES

ET DU TOME DEUXIÈME.

TABLE

I. Salon de 1845.

II. Salon de 1846.

IV. Exposition universelle 1855.

Beaux-arts.

V. Salon de 1859.

Lettres à M. le Directeur de la Revue française.

VI. De l'essence du rire

Et généralement du comique dans les arts plastiques.

VII. Quelques caricaturistes français.

VIII. Quelques caricaturistes étrangers.

FIN DE LA TABLE.

PARIS. — J. CLAYE, IMPRIMEUR, 7, RUE SAINT-BENOIT. — [668]

BIBLIOTHÈQUE CONTEMPORAINE

CHARLES BAUDELAIRE

OEUVRES COMPLÈTES

II

CURIOSITÉS ESTHÉTIQUES

ÉDITION DÉFINITIVE

PRÉCÉDÉE DUNE NOTICE PAR THÉOPHILE GAUTIER

ET ORNÉE D'UN BEAU PORTRAIT GRAVÉ SUR ACIER

M · L

PARIS
MICHEL LÉVY FRÈRES, ÉDITEURS
RUE VIVIENNE, 2 BIS, ET BOULEVARD DES ITALIENS, 15
A LA LIBRAIRIE NOUVELLE
1869

POISSY. — TYP. ARBIEU, LEJAY ET Cie.

Lightning Source UK Ltd.
Milton Keynes UK
175035UK00001BA/11/P